HOMBRE, SOCIEDAD Y RELIGION EN LA NOVELISTICA GALDOSIANA
(1888 - 1905)

ACTA SALMANTICENSIA

IVSSV SENATVS VNIVERSITATIS EDITA

FILOSOFIA Y LETRAS

124

JOSE LUIS MORA GARCIA

HOMBRE, SOCIEDAD Y RELIGION EN LA NOVELISTICA GALDOSIANA (1888 - 1905)

EDICIONES UNIVERSIDAD DE SALAMANCA
EXCMO. CABILDO INSULAR DE GRAN CANARIA
1981

Portada: Pérez de Cossío

Ediciones Universidad de Salamanca
Apartado Postal 325
Salamanca (España)

Excmo. Cabildo Insular de Gran Canaria

ISBN: 84-7481-140-6   Depósito Legal: S. 209-1981

Imprenta «Kadmos», Soc. Coop. L. - Compañía, 1 - Teléf. 21 98 13 - Salamanca, 1981

Prólogo

Benito Pérez Galdós murió en 1920. Ahora, 60 años después, los críticos pueden ver su obra con una perspectiva mucho más profunda de muchas frases de su obra. ¿Es Galdós un escritor religioso? ¿Es, como dicen sus enemigos durante su vida, casi un ateo? Cuando murió, las revistas jesuitas Razón y Fe (española) y Etudes (francesa) lo atacaron duramente. Sus críticos entre el clero no pueden comprender que la actitud de Galdós «no es una crítica en contra del clero sino en contra del mal clero, de lo falso con apariencia de religiosidad» [1].

Hasta estos momentos no existe ningún libro que trate de darnos un estudio de conjunto en cuanto a los aspectos ético-religiosos de su novelística. Es verdad que existen algunas disertaciones inéditas que tratan de su anti-clericalismo, la ética que se halla en sus obras, o temas como el clérigo en su obra, el simbolismo religioso de sus novelas, etc. Pero los estudios publicados son muy pocos y la mayoría de ellos discuten los aspectos religiosos en novelas particulares. Es decir, hay estudios sobre el anti-clericalismo en Doña Perfecta, el tema religioso de Gloria o el carácter de Nazarín en la novela de este nombre.

Este estudio del prof. José Luis Mora García es una revisión de su disertación (Universidad Pontificia de Salamanca, Sección de filosofía, 1977), y como filósofo, el prof. Mora no ve la novela galdosiana exactamente como los críticos literarios. Se interesa en el desarrollo de las ideas éticas y religiosas de Galdós durante el período 1888-1905 vistas dentro de sus novelas. Muestra un conocimiento profundo de las corrientes religiosas y filosóficas que se hallan en la novelística galdosiana. Su bibliografía no omite ningún estudio importante que trata de su tema. Ha leído con detenimiento y cuidado las novelas que discute. No tiene miedo de no ponerse de acuerdo con críticos anteriores cuando piensa que no tienen razón y siempre puede defender su punto de vista basándose en su conocimiento de los textos galdosianos y de su interpretación de los textos religiosos (como los acuerdos de Vaticano II) y de las Sagradas Escrituras. Discute las opiniones anteriores y nos presenta sus opiniones que algunas veces difieren bastante de ellas.

---

1 Walter Rubin, 'Las monjas en la obra de Galdós', *Atlantida* 53 (sept.-oct. de 1971) 625.

Este no es el lugar de discutir este libro en detalle. Lo importante en el texto del prof. Mora García que enfoca una nueva luz sobre una década de la novela galdosiana y de un importante tema de su obra. Me parece que este libro nos muestra que el tema religioso tiene más importancia que la admitida por los críticos anteriores. También nos muestra que Galdós se adelantó mucho a su época. La Iglesia nos habla de la tolerancia, se pone en muchos lugares como defensora de los derechos humanos, trata de acercarse a toda la gente (no solamente a la clase alta que la defendió).

Recomiendo este libro a todos los que se interesen en la novela goldosiana y en el punto de vista de un filósofo que estudia la obra galdosiana con la ayuda de otras disciplinas (filosofía, la ética y la religión).

HENSLEY C. WOODBRIDGE
CARBONDALE, ILLINOIS

Siglas

Obras de Benito Pérez Galdós

MI: *Miau.*
LI: *La incógnita.*
RE: *Realidad.*
TH: *Torquemada en la hoguera.*
TC: *Torquemada en la cruz.*
TP: *Torquemada en el purgatorio.*
TSP: *Torquemada y San Pedro.*
AG: *Angel Guerra.*
TR: *Tristana.*
LCA: *La loca de la casa.*
NA: *Nazarín.*
HA: *Halma.*
MIS: *Misericordia.*
AB: *El abuelo.*
CA: *Casandra.*
LSQ: *La de San Quintín.*
LC: *Los condenados.*
EL: *Electra.*

Introducción

1. Justificación del tema

Las relaciones entre cada una de las áreas culturales ha sido siempre motivo de interés y ello por una doble y unitaria razón: por qué existen formas diversas de pensamiento y cuál es el significado de esta pluralidad por su referencia al todo. La importancia de la filosofía en tanto que ontología es absolutamente prioritaria en este tema porque ocupa un puesto rector y porque ella misma ha ido ocupando diversas posiciones según la correlación de fuerzas habida en cada época histórica.

Esta monografía ha nacido de la preocupación por profundizar en las relaciones que puedan establecerse entre literatura y filosofía con una referencia clara al caso español y mediante el estudio de un literato: Benito Pérez Galdós.

Los motivos generales por los que me he centrado en este tema deben encontrarse en las aportaciones de Goldmann y Lukács sobre la novela o de Hauser sobre el arte en general; los motivos particulares se hallan en algunos interrogantes que debemos hacernos sobre el caso español. Galdós, por su parte, es un genuino creador de novelas que aborda temas fundamentales, como veremos después, desde una perspectiva española pero con una intención de universalidad. Se encuentra por ello situado en ese esfuerzo al que se refiere Hauser: «Las grandes obras de arte renuncian al ilusionismo engañoso de un mundo estético cerrado sobre sí mismo y van más allá de sí mismas. Están en relación directa con los grandes problemas vitales de su tiempo y buscan siempre una respuesta a estas preguntas: ¿Cómo se puede hallar un sentido a la vida humana? ¿Cómo podemos participar nosotros en este sentido?» (1).

Así pues, hay una cierta unidad temática entre filosofía y literatura que contribuye al acercamiento. Por otra parte, como señala Goldmann, la novela nace de aspiraciones afectivas no conceptuales (precisamente por no poder serlo) y de esta manera equilibra la acción racional del hombre sobre la realidad que necesita satisfacciones afectivas que suelen hallarse fuera del

---

(1)   A. Hauser, *Historia social de la literatura y el arte*, v. III (Madrid, 1969), 35.

concepto. Desde Freud esto debe tenerse en cuenta y no es gratuita, históricamente hablando, la doble faceta de Camús, Sartre o Simone de Beauvoir como pensadores y novelistas. Interrogantes como estas: ¿por qué llegan a cohabitar filosofía y literatura en una misma biografía individual? ¿Por qué la imagen del mundo y del hombre elaboradas metafísicamente necesitaron un desarrollo estético?, muestran la cercanía de estas dos formas de pensamiento.

El caso español no es menos significativo. En el I Seminario de Historia de la Filosofía española, celebrado en Salamanca (1978), llegó a plantearse si El Quijote debería ser incluido en la Historia de la Filosofía española. La cuestión está aún en el aire pero la respuesta vendrá dada por uno de estos canales: o bien El Quijote incluye dentro de sí la imagen estética y la metafísica, o bien la imagen estética es susceptible, como de hecho lo ha sido, de un desarrollo filosófico. Lo mismo podría decirse de otros autores y otras obras.

He aquí un tema que atañe al historiador por una parte, al filósofo por otra y en ambas la necesidad de acercarse a la literatura. Si, como dice Julián Marías, lo interesante de la filosofía española es la aptitud para «fecundar» las demás disciplinas y si, como dice el mismo autor, la novela, una de las formas supremas de pensar la realidad humana, es creación española, puede comprenderse la necesidad del esfuerzo por establecer un campo común de estudio y poder así explicar coherentemente el proceso seguido por la cultura española. El mismo Quijote, la Celestina, la picaresca, Quevedo, Gracián cuya influencia en la Ilustración alemana está demostrada, la mística, generaciones como la de 1868, 98 y 1927 encierran la mayor parte de nuestra riqueza cultural y deben merecer la atención del filósofo y del historiador de la filosofía.

2. EL ASPECTO FUNDAMENTAL

Mi acercamiento a Galdós se produjo tras una lectura de sus novelas y encontrar en ellas un discurso estético que remitía por encima de la descripción de situaciones concretas a preguntas por el sentido del hombre, de la sociedad, la naturaleza, la ética, la religión... incluso hasta tocar un típico problema filosófico: ¿cuál es el asentamiento de lo real? Es acaso el modelo esencial o más bien su realización histórica? Este problema que adquiere modalidades y connotaciones diferentes según el campo donde se plantea ha adquirido en España un tratamiento muy peculiar tanto a través de lo que genéricamente se denomina «quijotismo» como en la mística; planteamiento secular el primero, religioso el segundo, han sido incluso conjugados como intento de configurar un pensamiento típicamente hispánico.

Para comprender la forma como Galdós aborda estos temas hemos de tener en cuenta estos tres puntos: 1. Sus lecturas abundantes de filósofos principalmente los naturalistas franceses del XVIII y los positivistas del XIX; su conocimiento del idealismo alemán por la cercanía del krausismo junto con lecturas de los utilitaristas ingleses ayudaron a darle una visión de la realidad y a dotar a su obra de una racionalidad por encima de lo que tradicionalmente se ha creído. Leyó asimismo literatura inglesa y francesa pero sobre todo y trascendentalmente a Cervantes. El esquema de *El Quijote* donde, de acuerdo con Lukács, se aborda un problema polivalente: las relaciones entre la conciencia individual (mundo interior) y la realidad social (mundo exterior), variante ética del tema ideal-real, sirvió a Galdós como instrumento de interpretación y conocimiento hasta constituir un soporte esencial de su creación estética. Para abordar los temas religiosos completó sus lecturas con la mística española sobre todo Santa Teresa.

2.   Su conocimiento de la historia española (sobre todo la inmediata) y de su realidad contemporánea le aportó experiencias intelectuales y vitales determinantes para corregir cualquier visión de la realidad exclusivamente racional o teórica que pudiera deducirse de sus lecturas anteriores. Entre estos hechos adquiere especial importancia el fracaso de la revolución del 68, la permanente lucha contra el absolutismo y el oscurantismo y las fuertes reticencias hacia los movimientos obreros de finales de siglo.

3.   El estudio que realizó del público al que debía dirigir sus novelas. Esta es, según mi opinión, la causa de esa forma popular de exponer los temas que se atragantó a los hombres del 98 pero que ha hecho, no obstante, que miles de lectores hayan conocido en la obra del autor canario los valores personales y sociales, éticos y religiosos antes que en cualquier otro texto. El didactismo galdosiano venía a mostrar indirectamente el vacío de las propias disciplinas pedagógicas. Por otra parte la crítica galdosiana ha mostrado ya sobradamente que su obra encierra mayor profundidad y complejidad de la que supieron ver Unamuno, Baroja o Valle Inclán.

Su novelística se sitúa en un realismo que tiene la necesidad de «desentrañar el sentido profundo que la realidad encierra» y la obligación de atenerse a «las cosas y personas, caracteres y lugares como Dios los ha hecho» según la definición dada por Francisco Ayala que no difiere apenas nada de la dada por Lukács en su referencia a Balzac pero que podemos aplicar al mismo Galdós: es una forma de novelar que está arraigada «en los problemas de la época y en la necesidad de configurar la auténtica esencia de la realidad». Estas definiciones nos muestran los dos elementos que configuran el realismo galdosiano: la descripción de su propio entorno, la recreación estética de su tiempo, y en segundo lugar, una prolongación de la crónica: búsqueda del sentido, de la esencia, de la realidad. Esto viene a demostrar que su obra literaria responde a un plan racional tanto como a la intuición literaria. Desde esta racionalidad Galdós se aprovecha de muchos elementos filosóficos pero muestra también las limitaciones de una filosofía excesivamente racional, sobre todo del krausismo. La literatura no practica ninguna reducción y así junto a la razón se establecen la imaginación, la afectividad... hasta configurar una visión completa de la realidad.

De acuerdo con esto la perspectiva elegida pretende ser fiel a Galdós como centro del enfoque realizado por él mismo. Es decir, se puede hablar del pensamiento político de Galdós o de otros aspectos pero en realidad todos están infundidos de un primordial enfoque humanista donde la ética y la religión ocupan posiciones de privilegio. Esto se puede comprender si tenemos en cuenta el talante liberal de los círculos krausistas que Galdós frecuentaba, su formación humanista y cristiana y el diálogo polémico que sostuvo (y sostuvieron) con la Iglesia española. Puestas así las cosas se comprende que Galdós pusiera en el centro de su creación literaria el tema de la realización plena del hombre cuya situación en la España de finales de siglo era ambigua y hasta contradictoria. Por eso la novela galdosiana es ante todo un planteamiento soteriológico cuya finalidad es hallar un estado de plena realización para el español de la Restauración que sea programa de cuál debe ser el estado del hombre en general.

Galdos aborda dialécticamente el problema mediante la exposición de las diversas cuestiones que producen las situaciones de perdición. Es cierto que no siempre utiliza los términos con los mismos significados y que a veces pasa de un nivel a otro aún manteniendo los mismos términos: se habla de salvación natural, social o religiosa sin cambiar apenas el lenguaje. Sólo un análisis cronológico de sus novelas en el marco de sus artículos, correspondencia, etc., nos da la clave de una correcta interpretación. No obstante, existe el denominador común de una preocupación humanista constante que le lleva a cuestionar aquello que impide la realización del hombre: la hipocresía, la normativa social restrictiva, el ritualismo vacío son siempre exponentes de la situación de perdición. Por el contrario, la salvación adviene cuando el hombre se rige por el dictamen de su conciencia pero más aún cuando se produce la integración del mundo exterior y el interior. El cuadro de referencia tanto de su humanismo como de su comprensión de lo religioso viene trazado además de por la función que realiza la conciencia individual, por los límites que la Naturaleza impone a todos los comportamientos y por la sociedad como medio histórico donde el hombre se realiza.

Este es el aspecto fundamental que he analizado en un período de su novelística, concretamente diecisiete años (1888-1905). Si bien su producción sigue un desarrollo homogéneo, sin cortes profundos, es posible diseccionarla en períodos suficientemente amplios que tienen su propia coherencia y significación. *Fortunata y Jacinta* marca un punto de inflexión en su trayectoria, provocado por el mismo esfuerzo creador de una obra monumental. Ahí se agota la veta abierta en *La desheredada* (1881) pero al mismo tiempo, el material sobrante sirvió para nuevos planteamientos que configuran el ciclo que nos ocupa en esta monografía. El naturalismo (siempre suavizado) de los años anteriores encuentra ahora su desarrollo pleno con el resurgimiento del espiritualismo. Esta simbiosis ayuda a Galdós a crear un ciclo bastante compacto, con una temática casi siempre común que concluye parcialmente en 1897. En 1905 *Casandra* vuelve sobre algunos de los aspectos fundamentales y lo cierra completamente, en la medida en que esto puede decirse. El período se abre con unas novelas de transición (*Miau, La incógnita, Realidad*) y asciende hasta crear dos bloques temáticos que muestran dos caras de una misma realidad. Por una parte, *Angel Guerra, Nazarín-Halma* que desciende con suavidad en *Misericordia*. Por otra, la serie *Torquemada* que igualmente viene a concluir en *El abuelo*. Ambas, tras sufrir un fuerte exabrupto en *Casandra* se cierran armoniosamente en la conclusión de esta novela.

3. MÉTODO

He tratado por todos los medios de respetar las peculiaridades estéticas de la novela galdosiana, para ello analizo los textos en sí mismos y en su contexto histórico, literario y situacional sin forzarlos desde tesis filosóficas o religiosas de escuela o confesión. Se trata, pues, de acuerdo con las características del método estructural-genético de comprehender y explicar: comprehender en cuanto que es una puesta en claro de la propia estructura literaria y explicación a través de su inserción en el pensamiento liberal progresista de la España de la Restauración. Se han respetado las unidades temáticas de acuerdo con el lugar cronológico que ocupan las distintas novelas y las relaciones necesarias que se establecen. Al tener en cuenta el triángulo escritor-colectividad-novela no se buscan exclusivamente correspondencias de contenido sino clarificar la propia estructura interna de la obra literaria donde se interrelacionan la creación del autor, los contenidos socioculturales y el sustrato racional o filosófico. Esta interrelación crea una dinámica interna que hace de la novela un producto original con una visión del hombre y del mundo igualmente originales. Y esto es lo que se pretende hallar.

4. EL PUESTO DE LA MONOGRAFÍA Y SU APORTACIÓN

La investigación sobre la obra galdosiana ha entrado en un período de plenitud. La abundancia de estudios ha permitido la objetividad con que se accede a su obra en estos últimos años cuando aún en 1970 declaraba Barral que leer a Galdós no era fácil y ello por una cierta sacralización a que le ha sometido la historia que ha provocado tanto seguidores acérrimos como enemigos declarados. Los estudios de Gullón, Casalduero y Correa así como el trabajo de hispanistas que han sacado a la luz obras inéditas de Galdós han contribuido a alcanzar hoy día un estado de madurez crítica completado por innumerables artículos y una publicación periódica: *Anales Galdosianos*.

La temática humana, social y religiosa ha merecido igualmente el interés de críticos y articulistas, sobre los que resaltan los libros de Scatori, Ricard, Correa y Pérez Gutiérrez. Los primeros, debido al paso de los años, exigen ciertas precisiones y el estudio de Pérez Gutiérrez que se ciñe al tema religioso es excesivamente general ya que abarca toda la generación de 1868, si bien es una síntesis muy acertada.

Esta monografía desea estar en la línea de las investigaciones de estos años aportando una mayor profundización con el máximo de matices y pormenores exigible para cumplir la invitación que Casalduero hizo unos años atrás: «Quizás sería conveniente que se hiciera un estudio de la obra galdosiana por temas» (2).

Desde el punto de vista filosófico ofrezco las aportaciones que la novelística galdosiana hace a temas como el hombre, la sociedad, la religión de una manera ordenada y sistematizada en la medida de lo posible hasta configurar una visión global de cuál es la concepción de Galdós al respecto, cómo filtra lo que recibe de la filosofía, cómo lo corrige y, en definitiva, en qué medida la misma filosofía se enriquece con la visión que un literato tiene de la realidad.

_____

(2) J. CASALDUERO, *Galdós: de Morton a Almudena*, en «Estudios de literatura española» (Madrid, 1967), 171.

PARTE PRIMERA

El hombre: preocupación fundamental de Galdós

I. LA PREGUNTA GALDOSIANA SOBRE EL HOMBRE

Para situar correctamente la pregunta acerca del hombre hemos de situarnos en un nivel de planteamientos típicamente religioso sin prejuzgar anticipadamente el problema de la confesionalidad que sólo adquiere interés más adelante. Galdós había confesado a Pereda su escepticismo, fruto al mismo tiempo de una intuición sobre la grandeza e importancia que lo religioso tiene en la vida humana y las nefastas realizaciones en que se plasmaba esa grandeza. Era, pues, un escepticismo que nacido de una contradicción provocaba una postura agresiva tal como quedó plasmada fundamentalmente en la primera época de su novelística, pero que se mantiene constante en toda su producción.

Cuando en 1897 afirma: «Pereda no duda; yo sí» (1) está reafirmando aquella postura inicial aunque madurada. La agresividad se ha tornado más exactamente postura activa frente a los valores religiosos como alternativa ante la fe absoluta (2) y segura. Mientras el creyente —en opinión de Galdós Pereda es el prototipo— se mantiene inalterable, interpretando el mundo desde sus convicciones, desde sus verdades consumadas y dogmatizadas, la inseguridad atormenta a quienes simplemente buscan la verdad «hermosa y fugitiva», como Galdós la define.

Teólogos contemporáneos como Ratzinger nos ofrecen la posibilidad de observar la duda no tanto frente a la fe cuanto preanuncio de ella. Y en esto sí que Galdós luchó por adelantarse a los esquemas religiosos de su tiempo cuyos planteamientos maniqueos impedían la comprensión de quien gastaba una vida en la inseguridad de la duda como actitud espiritual, como forma de interpretar la realidad, no opuesta a la fe sino dentro de su radio de acción.

Junto a motivaciones psicológicas que podrían justificar esta actitud, se acumulan otras de carácter sociohistórico que aportaban ya una radical visión secular del hombre, según la cual éste se hallaría en posesión de medios suficientes como para pensar que su futuro es cosa exclusivamente de él. De ahí la necesidad prioritaria de un desarrollo técnico, instrumento imprescindible en la creación de ese futuro. Sin duda, esta perspectiva sometía

---

(1) B. PÉREZ GALDÓS, *José María de Pereda, escritor,* recogido y prologado por L. Bonet, *Ensayos de crítica literaria* (Barcelona, 1972), 190.

(2) Fe tal como se expresa en el «Credo ut intelligam». J. RATZINGER, *Introducción al cristianismo* (Salamanca, 1970), 25-7.

a revisión toda una concepción de la realidad interpretada desde los valores religiosos al uso.

Esta tensión, recordada aquí de forma breve, fue sufrida en España por la generación de Galdós desde una u otra vertiente e incluso, como le sucedió a él mismo, desde el puente que se tendía entre ambas posiciones. La postura de Galdós desea ser igualmente superadora de la teocracia y la tecnocracia.

Ello provocó una permanente tensión dubitativa como superación de la posición fideísta que, en su opinión, no se comprometía con el esfuerzo de la era moderna. Galdós interpretó siempre la realidad desde una perspectiva secular propiciada y potenciada desde una posición ética y religiosa flexible.

1. LA SOTERIOLOGÍA: UNA NECESIDAD

Estas consideraciones vierten luz en la interpretación de la soteriología galdosiana que puede presumirse ya libre de preceptos obligatorios y de la necesidad de un sometimiento a contenidos de una religión positiva, si bien su formación cristiana es evidente (3).

El concepto novotestamentario «sotería» «puede designar tanto el bienestar corporal como el correspondiente estado de la vida anímico-espiritual» (4) y dentro de una temática religiosa apunta a una dimensión afirmativa y plenamente positiva. Salvación no significa exclusivamente liberación de un peligro sino situación de plenitud, hallazgo del auténtico sentido de la existencia, el reencuentro con la autenticidad (5). La antropología cristiana que parte de una radical indigencia humana según la cual es inútil abrigar una confianza presuntuosa en las fuerzas del hombre (Sal. 33,16), hace coincidir ese estado de plenitud con el momento en que el hombre entra en contacto con el Dios que le ha salido a su encuentro.

Así pues, la experiencia religiosa se presenta como fundamento fidedigno de salvación. Afirmación tras la cual se esconde una complejidad de contenidos que el mismo Guardini analiza y que fundamentalmente nos lleva a dos cuestiones básicas, una forma y otra de contenido: ¿la historicidad del hombre es una historicidad salvadora?, ¿de qué modo es hoy posible el acceso a la experiencia de salvación? Esta segunda pregunta conlleva el in-

(3) No usamos el término «salvación» de forma unívoca respecto del concepto religioso tal como lo utiliza Benzo cuando afirma: «Pues la historia de la salvación no es otra cosa que la historia de la tentativa incansable de Dios creador para arrancar al hombre de su pecado». M. BENZO, Los sacramentos de la eucaristía, orden y penitencia (Madrid, 1965), 227.

(4) K. BERCER, A. DARLAP y K. RAHNER, Salvación, en «Sacramentum mundi», t. VI (Barcelona, 1976).

(5) R. GUARDINI, Religión y revelación (Madrid, 1964), 110 ss.

terrogante sobre la posibilidad de la experiencia religiosa e incluso el acceso a una vía de pensamiento que propicie un conocimiento de Dios.

El pensamiento religioso de Galdós no es ajeno a ninguna de estas interrogantes desde su perspectiva secular y humana, y es necesario tenerlo siempre en cuenta para comprender el proceso de sus interpretaciones y de sus conclusiones.

La salvación desde el punto de vista histórico hace referencia al fin. El hombre como ser histórico tiene un fin que «significa la existencia acabada de una realidad que fue puesta en el principio como algo que debía madurar para ser» (6). Consumación que se vincula al ejercicio de la propia libertad de cuyas decisiones pende la propia realización esencial, es decir, no sólo la realización histórica sino ontológica. A su vez, esta esencia «domina normativa y teleológicamente su historia» (7) tal como señala el mismo Darlap. Se trata, pues, de una interacción mutua a través de la cual se tiene a sí mismo como tarea primordial y donde cada una de las cosas es buscada en interés de sí mismo como totalidad. Tendríamos aquí una primera aproximación a la realidad salvadora del hombre como realización de la tarea histórica de sí mismo como hombre (8). Esta descripción es susceptible de varios contenidos, tanto religiosos como sociopolíticos. Así, por ejemplo, marxismo y cristianismo responden a esta doble realidad.

Al mismo tiempo «esa totalidad de sí mismo, a la cual se encuentra destinado como a una salvación pendiente y todavía por conseguir es también la condición de posibilidad de su libertad» (9), es decir, la libertad se erige en fundamento de la salvación, ya que replantea permanentemente la posición del hombre respecto de sí mismo y de la realidad. En la novelística galdosiana esto queda perfectamente claro: sólo quien es capaz de ejercer la libertad, y precisamente en su ejercicio, puede realizarse, alcanzar su auténtica plenitud.

La realización del hombre queda determinada por factores sociales y comunitarios. La experiencia religiosa no puede desligarse completamente del ámbito social e incluso político con el cual puede entrar en conflicto. La edad moderna ha tratado de elaborar unos planteamientos sociopolíticos al margen de lo religioso, pero esta realidad religiosa cuando ha perdido el protagonismo ha permanecido como cuestión de fondo y como interpelación

(6) A. DARLAP, *Fundamentos de la teología como historia de la salvación*, en «Mysterium salutis», v. I, t. I, 68.

(7) Ib., 71. Esencial entendida no como concepto abstracto sino como la realidad concreta y fundamental del hombre.

(8) Concepción que cabe también dentro de un planteamiento marxista, según el cual «el hombre concreto es un todo, tanto para sus posibilidades como para la realización de sí mismo. Sin embargo, la realización de sus virtualidades no depende únicamente del individuo, sino también de un cierto número de condiciones objetivas». C. I. GOULIANE, *El marxismo ante el hombre* (Barcelona, 1970), 54.

(9) A. DARLAP, o.c., 80-1.

que cuestiona la realidad mundana. La época de Galdós no es precisamente una excepción en esta problemática, como bien se refleja en su obra.

Schillebeeckx mantiene que las realidades terrenas y la historias se convierten en signos de Dios cuando las vivimos ante todo en su valor propio (10). Este aspecto de la salvación cristiana como plataforma que hace posible la interpretación de la naturaleza desde la sobrenaturaleza, desde «la intención divina de salvación como algo perceptible» donde el hombre supera su inmanencia, es quizá también uno de los esfuerzos más tensos de Benito Pérez Galdós.

2. SITUACIÓN DE PERDICIÓN

La salvación se nos presenta como realidad antitética frente a la perdición. El concepto de salvación incluye el carácter de una amenaza cuyo contenido varía de acuerdo con la antropología que manejemos; en la católica recibe un nombre concreto: pecado, el cual supone una trasgresión de los acuerdos de salvación que Dios ha establecido con el hombre. Este queda así irredento, disociado, irrealizado. La doctrina católica al incluir a Dios en la totalidad del hombre concibe al pecado como ruptura de esa unidad con lo cual impide la realización plena del hombre, o lo que es igual, se constituye en la causa de su perdición.

El concepto de «alienación» marxista significa igualmente un modo de existencia humana intrínsecamente falseada como situación de perdición que implica una disociación de nuestra propia naturaleza y, por tanto, la ruptura del hombre como un todo.

Como se ve el esquema formal salvación-perdición es semejante en ambas concepciones del hombre; sin embargo, en el marxismo la salvación se explica en términos de inmanencia, en términos de estructura social y económica. Ambas concepciones coinciden, pues, en que la historia del hombre es una historia salvadora; que la perdición —alienación— es una constante amenaza a la realización plena del hombre quien al mismo tiempo que es sujeto activo de su historia necesita de un «Absoluto» redentor, llámese Dios trascendente o estructura socioeconómica adecuada.

Los planteamientos galdosianos se mantienen fundamentalmente dentro del esquema expuesto. Durante la época que estudiamos en esta monografía, Galdós describe una situación de amplia degradación que venía constituyen-

(10) E. SCHILLEBEECK, *Dios y el hombre* (Salamanca, 1969), 307. Cuando Galdós afirma en *Nazarín:* «Ignoro si usted siente el amor de Dios; pero sin el del prójimo, aquel grande amor es imposible, pues la planta amorosa tiene sus raíces en nuestro suelo...» NA, 1719, está muy cerca de la afirmación de Schillebeeck: «... estas situaciones "profanas" constituyen por sí mismas una gracia exterior, en donde se va esbozando ya la dirección por la cual quiere Dios hacerme vivir "hic et nunc" la comunidad de vida con El». O. c., 308.

do la temática de sus novelas desde que escribiera *La desheredada* (1881).
El destino colectivo de la España restauracionista se tornaba problemático,
motivado por un desarrollo histórico al margen de la lógica, donde las clases sociales perdían paulatinamente su función y sometían a los individuos
a un proceso que culminaba en la distorsión de sus personalidades.

Esa situación de la baja burguesía obligada más a sustentar su apariencia
que a superar su triste realidad, o de esos otros sectores que entraron en
el radio de acción de la nobleza, trastocando igualmente sus criterios, sus
comportamientos, son los ejemplos más significativos que Galdós tiene presentes en su visión sociológica de la Restauración, «muchedumbre consternada que inventa mil artificios para ocultarse de su propia tristeza...» (11).

Se siente sobrepasado por la problemática social de finales de siglo y
no acierta a comprender lo que, en su opinión, disloca el ordenamiento necesario de la sociedad; critica asimismo la corrupción de las técnicas político-
administrativas y, en general, todo aquello que obstruye un desarrollo adecuado tal como el liberalismo progresista confesaba. Como dice Hintenhauser: «El vio las cosas tal como podía verlas desde su situación histórica y
desde su concepción política» (12).

Una situación de perdición nacional, «hecho inevitable, impuesto por el
fatalismo histórico», dice Tito, protagonista de *Amadeo I*, que incide no
sólo en las instituciones sino también en los individuos que renegaban de
su propio ser con tal de servir a las apariencias, consumando así un permanente estado de mentira e hipocresía y un materialismo carente de ideales.
Completan este cuadro, por una parte, los valores desfasados pertenecientes
a épocas pasadas y también las normativas que deseaban imponerse con carácter de absolutismos. De ahí que la religión católica, institucional, aparezca en esta visión como generadora de fanatismo o causa del vacío existente
en el sentimiento religioso que, en opinión del propio Galdós, «actúa como
eficaz agente en las relaciones privadas, determinando la vida más bien en
lo externo que en lo moral; es ley antes que sentimiento; fórmula antes
que idea, y constituye un código canónico antes que nómina espiritual» (13).

Este carácter externo convertía lo religioso e incluso lo moral en convencionalismos al uso que provocaban una moral «de prestado», impuesta
por una tiranía de clase a la cual no podía sustraerse la mayoría. Aunque
Galdós no usa el término «alienación» así puede definirse la situación del
español durante la Restauración. «Vivimos —dice Infante— en una sociedad esencialmente dramática: sólo que el barniz cultural que nos hemos

(11) B. Pérez Galdós, *La sociedad presente como materia novelable*, recogido por
L. Bonet, o.c., 178.
(12) H. Hintenhauser, *Los Episodios Nacionales de Benito Pérez Galdós* (Madrid, 1964), 205.
(13) W. Shoemaker, *Las Cartas desconocidas de Galdós en «La Prensa» de
Buenos Aires* (Madrid, 1973), 146.

dado encubre el drama en las esferas altas, dejándolo al descubierto en las inferiores» (14).

Desde la óptica que aquí más nos interesa, ahí se condensan las formas de perdición en que se mueven los personajes de la novelística galdosiana: en esa disyuntiva que, como veremos, lleva a Federico a preguntarse: «Lo que llamamos dignidad, ¿será función social antes que sentimiento humano?» (15). Más aún en el hecho de tener que formularse la pregunta que en la posible respuesta que puede ofrecerse; hecho que se produce por una situación institucionalizada de inmoralidad social que provoca en el individuo la alternativa de someterse al dictado de la sociedad antes que a su conciencia, por paradójico que parezca. Ello provoca, como dirá más tarde Galdós, la existencia de una moral dualista que justifica personajes como el «pillo simpático» que roba al Estado con toda tranquilidad o la opinión de que la misma moral es causa de los fracasos sociales o económicos.

Se trata, en definitiva, de una situación ambigua que impide al personaje arrostrar su propia realidad desde presupuestos asumidos verazmente y en libertad; y en cambio, le empuja a soluciones falaces en aras de un ritualismo moral, religioso o social ya tipificados, y, por tanto, fácilmente realizable, pero ineficaz y vacío como agente salvador.

Esta situación distorsionada en que los personajes se debaten, les impide ver la realidad como un todo cambiante que se ofrece tácita o explícitamente como interrogante que cuestiona las conductas «irreales»; es decir, aquellas que están hechas al amparo del simple legalismo, la rutina o la verdad artificiosa dando así a entender cómo el mundo exterior ha llegado a ser completamente independiente del interior, con lo que aquél ha perdido su sentido, «reducido a un universo de cosas ilimitado y discontinuo, cognoscible según sus leyes necesarias, pero desprovisto de significación: mundo separado del sujeto que busca en él un sentido, un absoluto, degradado a su vez porque no es formulable y carece de fundamento» (16). Quiere decir, por tanto, que este dualismo provoca la falta de sentido en el mundo que, a su vez, deja de ser fundamento del sujeto. Se precisa, pues, restaurar la unidad. El mismo autor interpretando a Lukács, señala cuál será el camino a seguir: «por medio de la ironía la novela descubre el vínculo entre ese mundo degradado por la ausencia de sentido y la nostalgia degradada por la ausencia de fundamento» (17).

Creo que la estructura de la novelística galdosiana responde a este esquema y es, por tanto, la misma estructura quien dirige al héroe desde esa situación dualista inicial, su proceso como búsqueda de autenticidad

(14) LI, 754.
(15) RE, 832.
(16) I. ISHAGHPOUR, *Prólogo* a los fragmentos póstumos de Lucien Goldmann sobre Lukács y Heidegger (Buenos Aires, 1973), 11.
(17) Ib., 11-2.

hasta su muerte que significa la renuncia a esa búsqueda, al tiempo que toma conciencia de que no había otra forma de hallar la autenticidad que en la acción de buscarla. Cuando comprende que sólo le cabía la búsqueda ya ha agotado sus posibilidades y le sobreviene la muerte que sintetiza el sentido de la realidad y el hallazgo del fundamento a su existencia. Quizá sea en *Angel Guerra* donde más palpablemente se muestra este esquema, al tiempo que Torquemada personificaría al antihéroe.

Cabe aún otra solución. Nazarín y Benigna no mueren pero sí dejan de ser héroes y esa es la única forma de seguir viviendo. Son seres privilegiados, por encima de la masa, y tienen capacidad para sacar a los demás de su ambigua situación. Galdós confía más en los individuos que en los programas pero somete a los «líderes» (Nazarín y Benigna lo son de alguna forma) a un proceso de normalización en el que conservan su fuerza interior pero son situados en un lugar asequible para la sociedad. Dan sentido a la realidad sin necesidad de morir.

Sobre este esquema, Galdós expone los contenidos que explican la situación anómala que sufre el personaje; es decir, ahí entran los condicionamientos de época que Galdós utiliza, la problemática general de la España restauracionista, de acuerdo con la explicación que hemos dado.

La situación de perdición se concreta en la degradación de los elementos fundamentales que han de conformar la vida del hombre; elementos que, como decíamos antes, han adquirido entidad propia al margen del mismo hombre: la política y su corrupción, la sociedad y su necesidad de narcotizar la conciencia, la religión que ha consumado un amplia formalismo. El conjunto, necesitado de armonía, sobrevive disgregado y roto, y el hombre que debe formar parte de ese todo, también.

Galdós, desde este presupuesto no busca el hallazgo de otros elementos, de otra estructura diferente en la cual hallar una vida auténtica. No es, pues, un revolucionario que busque la auténtica realización por caminos radicalmente nuevos. Su crítica no busca la destrucción de esos elementos sino su purificación y es seguramente a partir de esta época cuando se consolida más esta tendencia. Sin embargo, al pulirlos delimita sus funciones y eso da la sensación de rechazo. Ni siquiera la confesionalidad religiosa, uno de los problemas que más hirió en tiempos pasados de la novelística galdosiana, es suprimida. No he encontrado un texto en que de forma radical niegue la confesionalidad, pues si se piensa en doña Juana como personificación de esa forma de vivir lo religioso, sin duda los móviles de su religiosidad la hacen inviable y rechazable por la misma Iglesia. Simplemente niega la invasión efectuada sobre el campo político y social de forma intolerante y exclusiva (18) pero acepta la religiosidad confesional que respete

_____

(18) Véase B. PÉREZ GALDÓS, *Un congreso católico*, en *Obras inéditas*, prologadas por A. Ghiraldo, v. IV, t. II (Madrid, 1923), 155 ss.

la autonomía de los demás elementos temporales que constituyen la vida humana.

Lo mismo puede decirse de la legislación política o social que invade la esfera natural del hombre y la desvirtúa porque somete al hombre a una actuación contra sí mismo al hacer que cumpla una serie de leyes que destruyen su existencia y no le aportan ninguna garantía de realización. Las situaciones pueden ser variadas pero todas tienen este común denominador: Villaamil, Federico Viera, Torquemada... sufren el rigor de una sociedad que desea invadir sus conciencias.

Hay, pues, una situación nacional necesitada de regeneración y hay unos individuos que tienen esa misma necesidad. La confianza de Pérez Galdós en los sistemas políticos, o mejor dicho, en los programas es limitada y por ello busca a esos hombres excepcionales que den sentido a esa realidad nacional. Y eso precisamente porque el sentido proviene del mundo interior, de la conciencia que actúa como crisol ético de la realidad. La salvación colectiva en la novelística galdosiana sólo acaece cuando la generalidad es capaz de alcanzar una vida plena, unificada y equilibrada en el contexto de un orden social, es decir, cuando es posible superar la vida impersonal. Otros personajes se salvan simplemente cuando comprenden que es necesario buscar y luchar aunque no lleguen a superar sus imperfecciones.

Son las dos formas de superar esa situación inicial que encontramos durante esta época, sin embargo la evolución de su pensamiento las hace confluir en la primera, es decir, en la delimitación de las coordenadas donde es posible esperar una salvación más integral ya que hombre y realidad encuentran su fundamento y sentido en la mutua relación.

Quedaría un grupo de personajes que no toman conciencia de su imperfección y por eso no ven la necesidad de luchar; su acceso a la realización se hace imposible. Rafael, el ciego de *Torquemada en la cruz* y *Torquemada en el purgatorio,* simboliza con su ceguera esta falta de conciencia y la inexistencia de lucha por comprender una realidad que el tiempo ha convertido en inauténtica. El orgullo de su ilusoria perfección hace necesaria su muerte ya que no hay otra forma de vivir que luchando.

Con esto accedemos también a ver cuál es la visión galdosiana de los binomios perennes: perfección-imperfección, bien-mal, etc. En su novelística muestra una concepción histórica opuesta a las concepciones metafísicas. Perdura el individuo, los valores van adquiriendo diversas tonalidades a medida que la historia avanza. Al individuo se le pide tener en cuenta ese cambio y una conciencia recta de superar las situaciones alienantes. La salvación no significa aniquilación del mal, cosa imposible por otra parte, sino su asunción como elemento de la síntesis global que ha de crearse, en la que habrá de aparecer como elemento diferenciado. Desde esta perspectiva la conciencia de superioridad por creerse perfecto comporta también una situación de perdición ya que impide crear ese equilibrio diferenciador.

En el punto de partida hay, pues, junto al protagonismo del hombre la constatación de su imperfección que Galdós elabora desde su mentalidad positivista por lo que no cabe su anulación total sino su reducción y atenuación tanto en el orden físico como en el moral. La salvación no consiste en tratar de superar radicalmente la imperfección ya que esto va contra su propia naturaleza. Doña Perfecta —el «anatema hecho mujer» como la definió Galdós— es un ejemplo de la situación en que puede caer quien lo pretenda; doña Juana es el recuerdo de lo que Galdós había escrito en su juventud. La hipocresía y la beatitud absoluta coinciden así como situaciones de perdición en que puede sumirse el hombre. La hipocresía acecha a Orozco y es evidente en la misma doña Juana.

3. EL HUMANISMO GALDOSIANO

Historia y Naturaleza son los márgenes en que debe moverse el hombre. Una y otra se hacen visibles en la sociedad, medio donde el hombre vive. Cuando su conciencia trata de saltarse estos márgenes, hacia atrás o hacia adelante, por exceso o defecto, rompe el equilibrio de fuerzas que debe existir y cae en una situación de perdición personal que amenaza el orden y la armonía.

Esta necesidad condujo al propio Galdós a un período purificador, investigador, ayudado por una metodología positivista que le permitía profundizar en las raíces de lo humano, hasta desembocar en una amplia visión ética del problema humano donde se combinaban las dimensiones natural y social del propio hombre. El tema se desplaza a un terreno más neutral que el religioso confesional y ello deja margen para unas realizaciones ligeramente menos codificadas y más personales donde al hombre se le permite una vida no basada en el desprendimiento o en otras virtudes restrictivas, sino accediendo a la vida en plenitud. El equilibrio integrador se realiza ahora dentro de un marco individual, donde la conciencia interviene al tiempo que somete a revisión permanente lo artificioso de una parte y lo externo (19) de otra.

Desde esta perspectiva interior los criterios éticos adquieren su plena condición humana e incardinan el propio medio que entra a formar parte de las causas del comportamiento: «cada uno obra —dice Viera— según su carácter y el medio en que respira» (20).

El deseo de infundir vitalidad —vida— es primordial. Lo corrobora el

---

(19) Entendemos por exterior lo que no se puede vivenciar sino cumplir, lo normativo que responde a exigencias puramente extrínsecas, «posiciones oficiales». RE, 833. En cambio el medio ambiente pertenece a la dimensión humana.

(20) RE, 832.

triunfo de aquellos personajes que escogen esta ética como criterio de actuación:

> «Se me ocurre que la única ciencia digna del alma humana es vivir, amar, relacionarse, observar los hechos, hojear y repasar el gran libro de la existencia. Lo demás es perder el tiempo, tarea de catedráticos que tienen por oficio retribuido extractar el saber anterior para dárselo en tomas digeribles a la niñez» (21).

Podría suponerse que Galdós defiende que el hombre ha de realizarse dentro de un marco anarquizante y anomista. Indudablemente esto no es así. Ni Fortunata es amoral, ni lo es Augusta en el sentido técnico del vocablo. Lo que se cuestiona es el origen de las exigencias: de una normativa rígida hemos pasado a la que emana de la propia interioridad. Las relaciones humanas, por ejemplo, no necesitan la legalización mediante contrato cuando se sustentan en el amor.

Su preocupación social se manifiesta en la crítica que ejerce sobre las actitudes éticas que componen la existencia social. En este aspecto Galdós camina desde la crítica a las estructuras sociales —Sociedad, Administración, Política— al tiempo que reafirma su existencia, hasta un deseo de regeneración a escala nacional mediante la introyección de valores creativos, dinámicos y naturales que liberen a la sociedad y por tanto al individuo de la rutina y la ambigüedad.

La incuestionabilidad de lo natural: «no es feliz quien está privado de hacer su gusto y de vivir conforme a su natural» (22) ha de conjugarse con un medio social cuya importancia se desprende del número de páginas que Galdós dedica a su análisis, de la intención que rige su teórico programa literario y la preocupación que denota en la revisión efectuada en el discurso académico (1897). Son permanentes las alusiones a la influencia que lo social tiene en el individuo, dentro del cual se produce una fuerte tensión de cuyo resultado pende la salvación del propio individuo (23). Puestos así los términos este es el esquema básico para interpretar el período de la novelística galdosiana que estudiamos. Falta recuperar un elemento para completar esta exposición.

Galdós tuvo pronto conciencia de la importancia que el fenómeno religioso tenía en la realidad humana, pero lo relegó a causa de la excesiva

---

(21) LI, 707. Se esconden aquí principios vitalistas mucho antes de la llegada de Nietzsche a España. Incluso antes de *La loca de la casa* (1892) en que Sobejano ve ciertos antecedentes del vitalismo. G. SOBEJANO, *Nietzsche en España* (Madrid, 1967), 154-55.

(22) TP, 1105.

(23) El personaje Torquemada es una clarísima muestra de la tensión que sobre el individuo ejercen lo natural y la sociedad. Desarrollan una influencia centrípeta y centrífuga respectivamente, cuyo desequilibrio provoca el aniquilamiento de la personalidad.

legalización a que se hallaba sometido. Tras ese período de purificación que hemos mencionado anteriormente y quizá influido por Tolstoi (24) o, como piensa creo que acertadamente Correa (25), por un acercamiento a la obra de los místicos españoles, reinició una aproximación al pensamiento religioso donde ahora encontró el amor y la libertad como valores coadyuvantes a la autorrealización y a la autenticidad existencial (26) y la posibilidad de ejercer una crítica sobre el honor (27) como símbolo de una serie de criterios éticos que se habían convertido en puramente sociales. Galdós, pues, recupera lo religioso como elemento partícipe de la realización del hombre, si bien con ciertas peculiaridades que explicaremos más adelante.

3.1. *La realización de sí mismo*

La propia realización comienza en una virtualidad, un mecanismo de la propia conciencia del hombre que le hace capaz de superar los márgenes de vulgaridad y acceder a un estado de plenitud.

Esta realización humana no deja de encontrar en la óptica galdosiana un pesimismo bastante acusado con una estructuración muy lógica en la historia de cada personaje. Impide acciones milagrosas de última hora capaces de cambiar radicalmente un proceso vital e histórico al que rigen leyes físicas y sociales que deben ser tenidas en cuenta. Así lo hace saber el clérigo Juan Casado a Angel Guerra:

> «Y por encima de todo eso recomiendo reposo, que nos trae la claridad de entendimiento; la vida metódica sin abstinencias ni paseos solitarios, que suelen dar de sí desvaríos y alucionaciones. Conviene además no arrojar del pecho la alegría, no zambullirnos en metafísicas agotantes, ni empeñarnos en buscar lo sobrenatural, pues las leyes físicas no son cosa de juego, y no las ha hecho el Caballero ése de arriba para que cualquier barbilindo de por acá las altere a su antojo...» (28).

(24) La dificultad en precisar este punto es grande, debido al desconocimiento de las cartas que Galdós envió a Tolstoi e incluso a las mismas consideraciones irónicas que Galdós hace sobre el tema en *Halma*.

(25) G. CORREA, *Tradición mística y cervantinismo en las novelas de Galdós* (1890-97), recogido por D. ROGERS, *Benito Pérez Galdós* (Madrid, 1973), 143-59.

(26) Pérez Gutiérrez expresa esta misma idea. F. PÉREZ GUTIÉRREZ, *El problema religioso en la generación de 1868* (Madrid, 1975), 257. Me refiero en concreto a novelas como *Nazarín, Misericordia* e incluso *Casandra*.

(27) Es el tema precisamente de *El abuelo,* quien personifica el honor calderoniano tal como lo describe Vossler: «El honor llegó a ser estimado en España como una cosa sobrenatural, precisamente cuando el resto del mundo estaba a punto de ver en el honor y en el poder, algo profano y natural, dimanante de nuestra voluntad, al mismo tiempo que rompía su encanto teocrático.» Cit. por J. DOMÍNGUEZ BERRUETA, *Filosofía mística española* (Madrid, 1947), 135.

(28) AG, 1456.

Sin toma de posición del individuo sobre su realidad no hay salvación ya que «nada podemos contra nuestro temperamento» (29), según la afirmación de Federico Viera que más adelante completa su idea de la siguiente forma: «Profeso la teoría de que si somos siempre y en todo caso autores de nuestro propio mal, también debemos ser autores de nuestro propio bien y *debérnoslo todo a nosotros mismos*» (30). El individuo está capacitado para su autorrealización y en ella deberá asumir su propia naturaleza e integrarla en su decisión. Sin duda, no todos los individuos logran esa integración y quedan sumidos en la ambigüedad, fruto de la acción social cuyos criterios éticos, cuyo comportamiento, desquiciaban a quienes no guardan la fuerza de voluntad necesaria para mantener su individualidad (31).

La novelística de Pérez Galdós es la historia agónica de los personajes por conseguir un desarrollo vital coherente en una sociedad hostil y contradictoria, generadora de ciudadanos neuróticos. Galdós está a favor de la intención creadora del individuo, condición indispensable para su salvación que algunos consiguen realizar con sus propias energías. Sin embargo, y puesto que la sociedad se muestra como freno, parecía obvia la necesidad de una transformación del orden social establecido y aquí es donde se manifiesta el pesimismo fatalista de un Galdós que critica los comportamientos éticos de una sociedad basada en estructuras político-económicas. Pero su liberalismo burgués le arrastra a criticar fuertemente las innovaciones que atenten contra esos pilares básicos de la sociedad.

Los personajes se limitan a observar los mecanismos sociales, describir sus desajustes y sus contradicciones pero no ejercen una acción dura y eficaz para reducirlos. Ciertamente no cabía en la mentalidad de Galdós, defensor del orden (sobre todo de su necesidad) que permite sólo intentos comedidos cuando la desesperanza constituye una situación límite. Además esto se produce cuando Galdós en los últimos años de su vida se acercó a doctrinas izquierdistas; en *Casandra,* por ejemplo, el orden antiguo es aniquilado y esta revolución permite la aparición de un orden nuevo de libertad y justicia pero aún en este caso muestra el autor cómo el orden antiguo permanecía latente en la nueva sociedad y cómo quien lo había destruido debe purgar su culpa.

Galdós, y en esto participa del krausismo, es partidario de iniciar la salvación por el individuo, de resolver las contradicciones no en la sociedad sino en la conciencia individual que no destruye el orden-desorden social más que a nivel interior. La salvación, por tanto, lo es del individuo quien la realiza mediante una decisión en libertad que no destruye sino en sí mismo unas contradicciones sociales que se mantienen básicamente inalte-

(29) RE, 867.
(30) Ib., 870. El subrayado es mío.
(31) El drama *Voluntad* es la lucha del individuo frente a la normativa social por salvaguardar su libertad.

rables en sí mismas. La libertad individual encuentra su límite en la necesidad del orden.

Estos son los pilares sobre los que se establece la soteriología galdosiana. Faltan por establecer los distintos niveles y la posibilidad de una coparticipación entre variantes o formas de realizarla.

La salvación nunca acaece de manera inesperada sino dentro de un proceso en el tiempo que va mostrando qué posibilidades existen de redención. El naturalismo galdosiano se muestra palpablemente en los pocos resquicios que deja a las acciones gratuitas: sólo aquel personaje que a través de su vida muestra posibilidades de salvación alcanzará esa plenitud. Puede ciertamente cometer errores (32) pero se le exige luchar por su libertad. Galdós deja muy claro que se trata de un problema de autenticidad humana frente a los convencionalismos. La riqueza plural de la Naturaleza supera a los formalismos sociales y religiosos pero se hace preciso evitar la confusión que plantean las fórmulas normativas. La Iglesia habla de salvación, pero también la economía o la política y la misma sociedad hablan de redención y, sin embargo, el mensaje, la finalidad y los métodos son diferentes (33).

La serie *Torquemada* ofrece evidentemente los resultados a que conduce ese confusionismo. Las fórmulas religioso-salvíficas habían quedado estancadas y su anacronismo produce interpretaciones desviadas. El lenguaje religioso, al desvincularse del medio social en que debe ser interpretado, se desvirtúa, varía su contenido semántico hasta el punto de que un avaro como Torquemada entiende la caridad en términos de codicia. Galdós no olvida la peculiaridad personal y el contexto en el que se desarrolla la salvación. Cuando el proceso es ambiguo, aun con triunfos parciales, no conduce sino a la consumación de la ambigüedad.

Esta formulación del perenne problema humano que han abordado la totalidad de las religiones y gran parte del pensamiento filosófico, adquiere así en la novelística de Galdós un puesto preeminente en su afán por hallar las auténticas dimensiones de lo humano y así remodelar un nuevo tipo de

(32) Angel Guerra se nos muestra a lo largo de su proceso psicomístico como un hombre equivocado a la búsqueda de un ideal inasible. Al final su proyecto fracasa pero la honradez de su proceder hace posible su aceptación de los errores, reasumiéndolos en la muerte: «Declaro alegrarme de que la muerte venga a destruir mi dominismo, y a convertir en humo mis sueños de vida eclesiástica, pues todo ha sido una manera de adaptación o flexibilidad de mi espíritu, ávido de aproximarse a la persona que lo cautivaba y lo cautiva ahora y siempre. Declaro que la única forma de aproximación que en realidad de mi ser me satisface plenamente no es la mística sino la humana, santificada por el sacramento, y que no siendo esto posible, desbarato el espejismo de mi vocación religiosa y acepto la muerte como solución única, pues no puede haber otra.» AG, 1526.

(33) Puede verse esto de forma aún más evidente si comprobamos cómo la Iglesia predicaba una moral de premios y castigos y con esa misma terminología se expresa, por ejemplo, la economía.

hombre menos escrupuloso en materia amorosa —donde, según él mismo dice, parecía agotarse todo el comportamiento moral— y en cambio, esencialmente ético de cara a sí mismo y a su país. La intencionalidad histórica que la mayoría de comentaristas y críticos atribuyen a Galdós en el sentido de que su obra es la búsqueda del tipo de hombre con capacidad de regeneración social, queda aquí señalada.

Se trata de mostrar una crisis sustancialmente de comportamiento, de actitud moral frente a la realidad; crisis motivada por la corrupción pública donde la generosidad llegaría más lejos que la legalidad como forma de superar desajustes destructores.

El contacto inmediato con los hechos le hizo ser ondulante. Es el precio que se paga cuando se vive implicado en la realidad. Rechazó en ocasiones el pragmatismo pedestre y calculador apelando frente al hombre «ex machina» a la necesidad de la «buena disposición» (34) y a la prioridad del sentimiento frente a los deberes legales; incluso plantea la opción de una vida anárquica, libre de normas, frente al perfeccionamiento excesivo (35).

Sin embargo, a nivel de praxis cotidiana su planteamiento es mucho más simple: «... el arte político, como el de la vida, estriba en preferir siempre lo posible y mediano a lo perfecto y arriesgado. Si en alguna parte estás medianamente —dice un proverbio que no sé si árabe o indio— quédate allí. La fiebre de lo mejor nos imposibilita de gozar lo bueno, y el afán de reformar sin base, el deseo loco de decorar un edificio que no tiene el cimiento de la autoridad y la opinión, nos trae a mal traer» (36). Esete párrafo no es sino la aplicación pragmática, la síntesis a nivel de realidad, del planteamiento general de los argumentos estéticos que desarrolla durante esta época. La perfección, además de imposible de conseguir le parecía inútil e innecesaria.

Ese gozar queda limitado en la concepción de Galdós por la necesidad de armonía social. Es preciso controlar los excesos mediante la limitación de los extremos. Nace así una importante cuestión para comprender la concepción moral de la novelística galdosiana. Esa suavización de los extremos (excesiva perfección tanto del Bien como del Mal) en función de una armonía es fruto de toda una tradición idealista que en España representó principalmente el krausismo (37). Esta visión de la realidad en manos de un Galdós positivista se transformó a nivel moral más en un problema de integración que de superación decidida del Mal. Galdós era consciente

(34) TSP, 1154 y 1181.

(35) Es la antítesis que presentan Viera y Orozco en *Realidad*.

(36) B. PÉREZ GALDÓS, *Arte oratoria*, recogido por GHIRALDO, o. c., 16.

(37) A este respecto Correa ha estudiado las posibles influencias en la moral de la novelística galdosiana en *La concepción moral en las novelas de Pérez Galdós*, en «Letras de Deusto», núm. 8 (Bilbao, 1974), 26-31. Correa atribuye más directamente el armonismo a la influencia de Platón, mientras que el «movimiento de interiorización» correspondería a la doctrina krausista.

de que la perfección absoluta no pertenecía a la naturaleza humana; de ahí que intentar alcanzarla mediante una ascesis permanente supusiera la deshumanización. Por otra parte, el Mal se muestra como relativo, varía de acuerdo con la perspectiva (38) y de ahí que su erradicación sea problemática. Ha de convivir permanentemente con el Bien (39) y es necesario como fuerza activa de la historia.

A este nivel, la salvación consiste no en la acomodación a un modelo moral prefabricado sino en la integración, en la mutua interacción de contrarios hacia la construcción de un equilibrio estable. La estructura es muy similar a la dialéctica hegeliana pero, como señalé anteriormente, la oposición de contrarios en la novelística de Galdós no siempre asegura una dinamicidad sino la armonía social, es decir, los opuestos deben conjugarse en función del equilibrio. En muchas novelas el final está constituido por el abrazo, realizado de una u otra forma, de prototipos complementarios (40). Con anterioridad surgen antagonistas del personaje central con quienes no se realiza la síntesis por pertenecer simplemente a niveles distintos de una misma esfera de realidad. Sucede así con Nazarín y los clérigos oficiales o con Benigna y Guillermina Pacheco que, sin entrar ahora en más detalles, significarían la dimensión interior y exterior de una misma realidad. Estos antagonismos sirven para resaltar el carácter de la afirmación que Galdós desea mostrar en el protagonista.

La fusión final nos muestra una necesaria integración de toda la realidad en una concepción armónica donde los individuos encuentran su complemento fuera de sí, mediante la comunicación que exige siempre una postura humana flexible y auténtica.

3.2. *La realización comunitaria*

En este punto el problema de una realización plena y estable pierde su exclusiva dimensión individual para plantearse en términos comunitarios. Mantiene el nivel de interioridad pero lo que hemos descrito en términos casi exclusivamente de autorrealización debemos complementarlo ahora con la exposición del papel que lo comunitario juega en ese proceso de salvación. Debemos plantearnos, pues, si la realización de uno mismo pasa inevitablemente por la realización de los demás como comunidad.

El problema es ciertamente complejo. La novela describe la historia de un personaje desde su interior y desde el exterior. Se pueden observar así las intenciones que rigen su proceder y las acciones, sometidas a una serie

(38) «¿El mal... es el bien?», AB, 113.
(39) «Eres el mal, y si el mar no existiera, los buenos no sabríamos que hacer... ni podríamos vivir.» LCA, 1671.
(40) Tema central en *Fortunata y Jacinta* que vuelve a plantearse en *Realidad* (Orozco-Viera); *La loca de la casa* (Cruz-Victoria); *Misericordia* (Benigna-Juliana); *El abuelo* (Nelly-Dolly); *Casandra* (Casandra-Rosaura).

de interrelaciones múltiples y a veces distanciadas de aquella primitiva intencionalidad. La perspectiva desde la que se observa la evolución del personaje es, pues, cambiante. Más si tenemos en cuenta que el personaje implica y se siente implicado dentro de una trama muy cerrada de relaciones en las que llega a tomar experiencia de que la intención no es suficiente. Su posición dentro de la sociedad relativiza sus criterios cuando entran en conflicto con otros criterios de clases diferentes. Esta tensión entre sociedad e individuo se nos muestra como insuperable. La intención, la disposición individual se estrella contra la dinámica de los hechos y sólo en ocasiones Galdós nos muestra cómo la rectitud de conciencia salva por sí misma a quien la practica. El fue siempre consciente de esta realidad. Sin embargo también le preocupaba la salvación comunitaria y para ello se precisaba el establecimiento de una organización coherente. Más aún, realización social e individual no indican en la mayoría de las ocasiones realidades diferentes.

Cuando Villaamil necesita liberarse del entramado burocrático que le aniquila y accede a la libertad de la Naturaleza se está cuestionando todo un sistema social que le impide la realización de sí mismo como individuo. Los despachos con los reductos donde se gesta la red impersonal contra la que se estrellan las ansias de libertad. La moralidad se convierte en cuestión de moda, y a cambio se ofrece un posibilismo sórdido que despoja al individuo de todo criterio ético:

> «Al paso que vamos —dice un personaje de *Realidad*— llegará día en que, cuando pase un hombre honrado por la calle, se alquilen balcones para verle. ¿Es esto cierto o no? Hay momentos en que hasta llego a dudar de si seré yo persona decente y sospecho si estaré también contaminado» (41).

Torquemada fue sorprendido por las cualidades aparentemente eximias que exhibía la nobleza y torciendo su destino no logró sino la decadencia. El prestamista adinerado y enriquecido vino a servir los intereses caducos de la aristocracia lo que impidió en parte la formación de un fuerte capital invertible con más altas miras. Es un caso similar al de Fortunata que, ante la posibilidad de convertirse en señora, se avino a soluciones legalista que iban contra su naturaleza. Ella logró salir y redimirse dentro de sus auténticas posibilidades; Torquemada, sin embargo, no. El acceso a la nobleza donde raza, dignidad y honor eran símbolos de una ética de la buena conciencia, transformó su impulsivo carácter natural y le sumergió en un artificioso bálsamo cultural en que los conceptos éticos y religiosos no tenían ya la dimensión de primariedad que él entendía. Así presenciamos las transformaciones que Cruz le impone y después Gamborena quien desea hacer de él un cristiano reflexivo y resignado (virtud del cristiano pero

(41) RE, 790.

vicio del hombre de negocios). Mientras, en sus momentos de lucidez, piensa que salvación es vida, vivir: la muerte es una «pifia» inconcebible e inexplicable a pesar del «Dios lo ha querido».

Es una constatación del propio autor sobre la sociedad restauracionista donde el convenio entre nobleza y burguesía hizo que ésta faltara a su destino histórico. Galdós aboga por el principio de unidad y critica la falta de cohesión social, pero sólo acepta una armonía donde cada clase guarde sus propios caracteres. Armonía de lo heterogéneo que aporte al organismo social la realización de diferentes funciones. Torquemada es socialmente un desclasado y religiosamente un ser contradictorio. Rompe, por tanto, la coherencia, necesaria tanto para el individuo como para la sociedad.

La loca de la casa expone un tema semejante en un nuevo esfuerzo para alcanzar esta necesaria síntesis (42). Galdós crea un matrimonio mestizo, aristócrata empobrecida con un trabajador enriquecido, donde aquella se sacrifica por su familia esperando a cambio ganarse con sus valores suaves —se habla de «plumas»— las asperezas personales del trabajador: carencia de compasión, rudeza, arreligiosidad, lógica y razón frente a cualquier sentimiento. Un ensamblaje difícil que habría de ser el «fundamento de una gallarda generación» (43), educada en la propiedad privada, la contabilidad y el trabajo como fuente de riqueza donde la aristocracia aportara sus valores conservadores, paternalistas y garantes del orden. El socialismo según lo observa Galdós en 1892 sería un producto híbrido, donde el «bruto» quedaría atrapado en la dulzura de Victoria (los nombres galdosianos guardan siempre un simbolismo claro).

La salvación social vendría en forma de equilibrio de clases. Un equilibrio controlado donde la igualdad se logra no por la lucha del proletariado, sino por la energía que dimana del altruismo que accede a la repartición en pequeñas dosis conforme a los principios más inmutables (44). El equilibrio no es producto de la dinámica histórica sino más bien de una regresión ya que las nuevas clases contribuyen al mantenimiento del terruño

(42) Angel del Río ha escrito un magnífico estudio de esta novela. Ahí resalta el pensamiento conciliador de Galdós: «El deseo común de modernizar a España sin violencia, de consumar el cambio mediante una revolución pacífica, se explica, en último término —como ya apunta Xirau en el caso del krausismo—, por la peculiaridad del problema histórico español, por la especialísima situación espiritual de España, donde venían a encontrarse frente a frente, con una intensidad que por razones de temperamento e historia quizá no han tenido ni podían tener en ningún otro país de Europa, las fuerzas de la tradición y las fuerzas de la revolución.» A. DEL RÍO, *La significación de «La loca de la casa»*, recogido por D. Rogers, o. c., 344.

(43) LC, 1674.

(44) «Soy noble —dice Rosario—, nací en la más alta esfera social. De niña, enseñáronme a pronunciar nombres de magnates, de príncipes, de reyes, que ilustraron con virtudes heroicas la historia de mi raza... Pues bien: mi nobleza, la nobleza heredada, ese lazo espiritual que une mi humildad presente con las grandezas de mis antepasados me obliga a proceder en todas las ocasiones de la vida conforme a la ley eterna del honor, de la justicia, de la conciencia.» LSQ, 695.

aristócrata, del honor y hasta de una igualdad nacida de la beneficencia
que ni siquiera es fruto de la caridad sino de la vanidad.

Es sintomático que en Torquemada quien se crucifique (45) sea el pueblo enriquecido y en *La de San Quintín* lo sea la aristocracia. Los resultados, similares: ambos se necesitan. Es un problema de mutua salvación
que explica en buena parte la marcha de la historia española (46).

Queda clara su voluntad de síntesis. El individuo de acuerdo consigo
mismo y la sociedad con su estructura. Quizá es en *Misericordia* donde
Galdós intenta la armonía total. Ahí se interrelacionan la intención recta
y amorosa de Benigna y la capacidad organizadora de Juliana, «personificación de la ley que emana de la fuerza, del Estado», según la opinión de
Casalduero (47).

La lógica no sirve para quien tiene grandeza de espíritu y capacidad de
entrar en la esfera de lo heroico, pero la historia es cotidianidad y ahí el
orden y la normalidad tienen fundamental importancia. Por eso Benigna,
su caridad ilimitada y sus virtudes que guardan la energía suficiente para
redimirla, se diluyen, muestran su inutilidad como programa social ya que
su ama no logra salir del estado de miseria. Aporta, sin embargo, la dimensión ética, el perdón, la rectitud y la serenidad de espíritu a una organización social y económica que «representa la razón contra la insensatez» (48)
pero convertible fácilmente en un mecanismo impersonal.

Este es el programa galdosiano dentro de los más ortodoxos márgenes
del liberalismo donde la persona es sinónimo de libertad y energía creadora. Durante el período naturalista la Sociedad es medio explicativo de
ese individuo, de sus posibilidades y frustraciones; ahora, se preocupa más
por la sociedad misma, quizá porque como él mismo señala:

> «La doctrina pura individualista ha perdido bastante terreno, y ya
> se piden al Estado iniciativas que hace algún tiempo eran conside-
> radas como heterodoxas. La misma política iniciada en Alemania
> por el Emperador tendrá de fijo imitadores en los demás pueblos
> del continente, y las naciones industriales han de mirar mucho por-
> que el equilibrio no se altere, apoyando las pretensiones razonables
> del proletariado en algunos casos, defendiendo en otros el derecho
> de los patrones» (49).

(45) De acuerdo con el símbolo «cruz».
(46) En 1913, en el drama *Celia en los infiernos* se denota un cambio:
—«... la caridad, por grande que sea, no resuelve el problema que a todos nos
conturba, ricos y pobres. La plebe laboriosa no se redime sólo por la caridad.
—Pues, ¿qué más necesita la plebe laboriosa?
—Justicia, señora.» En *Obras completas*, v. VI, 155.
(47) J. CASALDUERO, *Vida y obra de Galdós* (Madrid, 1970), 132.
(48) Ib., 133.
(49) W. SHOEMAKER, o. c., 401.

Quiso así mostrar las virtualidades que encierra el individuo al tiempo que era consciente de que la Sociedad influye en la realización de ese mismo individuo para lo cual ella misma necesita una realización coherente y equilibrada.

3.3. *Principios rectores del humanismo galdosiano*

En capítulos sucesivos hemos de estudiar sistemáticamente las características de los principios que rigen el humanismo que Galdós entreteje progresivamente:

a) La *conciencia* que soporta el peso del proceso individual y es el principio activo, generador de las grandes acciones y que cuando logra mantenerse libre, engendra la libertad del individuo. Su esfuerzo, el triunfo tras la crisis, supone la superación de posibles ambigüedades y la reafirmación como reducto interior capaz de oponerse al poder externo y así guardar el pudor personal (50). Y en los momentos de mayor elevación, la conciencia se presenta como el lugar donde Dios habla, normativa no sólo ética sino religiosa: «... escojo esta vida —dice Nazarín— porque es la más propia para mí y la que me señala el Señor en mi conciencia, con una claridad imperativa que no puedo desconocer» (51).

Habremos de analizar los resultados de ese proceso que inicia la conciencia al tiempo que ofrecemos la antítesis que el mismo Galdós nos presenta: «¡La conciencia! Grandes y bellas cosas ha hecho la Humanidad en su nombre; pero también hay que poner tonterías muy gordas en el haber de los espíritus menguados, de esos que adoran la letra de la Ley...» (52). Con lo cual se reafirma el carácter dialéctico de la salvación cuya alternativa es siempre un estado de perdición.

b) La *Naturaleza* impone los límites de la salvación. La misma naturaleza del individuo forma parte de la Naturaleza como categoría supraindividual.

Como dice García Sarriá (53) la preocupación por la Naturaleza es una constante en los escritores del siglo XIX. Galdós no es una excepción. Nazarín en el texto que hemos citado anteriormente (nota 51), antepone el «es propia para mí» al mandato divino. «Cuando lo natural habla —se dice en *Fortunata y Jacinta*— los hombres tienen que callar la boca» (54).

---

(50) El concepto «pudor» se emplea no tanto con un significado moral cuanto antropológico: «El pudor en su sentido antropológico más amplio, es una función necesaria de la personalidad, si ésta no quiere correr el riesgo inevitable de deshilacharse, de frustrarse y morir ahogada, aprehendida en la red de los lazos sociales.» F. FREIJO, *La libertad y la personalidad en la antropología contemporánea*, en *Artículos* (Salamanca, 1972), 112.

(51) NA, 1703.

(52) RE, 848.

(53) F. GARCÍA SARRIÁ, *Clarín o la elejía amorosa* (Madrid, 1975), 83 ss.

(54) B. PÉREZ GALDÓS, *Fortunata y Jacinta* 482.

Es rectificadora de los artificios y todos los intentos de salvación al margen de la Naturaleza concluyen ineludiblemente en el fracaso, incluidas las soluciones legalistas. Las conclusiones a que llega Galdós plantean cuestiones tales como ¿es válida la redención natural?, ¿la Naturaleza hace referencia a una trascendencia o simplemente plantea la existencia del hombre en términos de inmanencia? Galdós había superado el aspecto malévolo de la Naturaleza como madre castradora y ello hace posible presentarla como fuerza de integración por encima del fracaso de la legalidad (puede recordarse el matrimonio entre Fortunata y Maximiliano) e incluso de ciertas formas religiosas.

Ahora tiene posibilidad, en este nuevo período, de seguir confrontándola con las leyes sociales. Las nuevas dimensiones religiosas que descubre progresivamente suavizan mucho la tensión hasta buscar una integración.

c) La *Sociedad* constituye el medio histórico donde el hombre se realiza. Impone como necesaria la concreción de sus propios contenidos y, sin duda, también podemos hablar de que la Sociedad es natural al hombre. Sólo la muerte permite una salvación al margen de la realidad social.

d) La *Religión* juega un papel peculiar en el problema de la salvación humana. Lo religioso ha de enraizarse en la Naturaleza; sin embargo, Galdós inició su labor literaria respondiendo a una forma positiva de lo religioso. Las sucesivas reflexiones están condicionadas por las primeras experiencias y lo religioso tal como lo concibe Galdós desde *Angel Guerra* hasta *Casandra,* tiene mucho de respuesta a las realizaciones católicas de la España restauracionista. Se trata, pues, de una forma religiosa frente a otra forma religiosa. Desde este punto de vista este problema tiene un origen propio.

II. EL HOMBRE, SUJETO DE SALVACION

1. LA CONCIENCIA, AGENTE DE LA INDIVIDUALIDAD

Galdós se nos presenta desde sus comienzos como un escritor preocupado por lo humano tal y como ya hemos señalado. Su formación humanista conformó una óptica superadora del puro sociologismo. Nunca llegó a creer que el hombre fuera un mero producto social, aunque sí fue consciente de la presión ambiental y la resaltó adecuadamente.

Como ha señalado correctamente Gillespie: «En el realismo irónico de Galdós, el concepto de la naturaleza incorpora la interacción de presiones psicológicas y sociales, mientras que simultáneamente compara las operaciones de la mente con los procesos de la ficción» (1). Es, por tanto, un realismo que supera el concepto zolesco para acoger una metodología con la cual hacer posible la fusión entre lo interior y lo externo. El hombre es generador de la realidad mediante la proyección de su mundo interior, interpreta los hechos desde dimensiones múltiples e incognoscibles para quienes se conforman con el estudio experimental de los hechos.

Este progresivo descubrimiento del mundo interior le conduce a la evidencia de las contradicciones internas que encierra el comportamiento humano: la dificultad existente en los desajustes de un hombre dividido entre su personalidad interior e inexcrutable y el comportamiento externo, apariencial y ficticio.

Galdós plantea así un realismo más integral donde —como señala Fernández Almagro— «la dificultad estriba en eso: en el hombre, en la realidad profunda de sus extravíos y anhelos, de sus contradicciones, mucho más que en el ambiente —salón o burdel— que, desde el punto de vista del naturalismo tal vez bastase para justificar caracteres y situaciones» (2). No fue gratuita, por tanto, la necesidad de desdoblar un mismo asunto en dos novelas que respondían a las dos perspectivas, exterior e interior, y sí una exigencia temática, planteada por la misma evolución del pensamiento galdo-

---

(1) G. GILLESPIE, «Miau», hacia una definición de la sensibilidad de Galdós, en «Cuadernos hispanoamericanos», núms. 250-52 (Madrid, 1970-71), 422.

(2) M. FERNÁNDEZ ALMAGRO, Galdós, autor dramático, en «Insula», núm. 82 (Madrid, 1952), 2.

siano (3), según el cual el conocimiento íntimo se actualiza en las relaciones personales, directas e inmediatas y no en las relaciones tipificadas o mediatizadas por los roles sociales.

Esta división de base plantea la preocupación por el destino del hombre (4) quien ha de vérselas con un mundo aparentemente organizado y racional pero en realidad arbitrario y ambiguo que le sumerge en el desamparo y el desgaste cotidiano. La contradicción interna del hombre, obligado a una doble vida, le plantea graves problemas de identidad.

El hombre se nos presenta como el centro de sus preocupaciones, ser problemático, complejo interiormente y enfrentado al medio exterior donde se estrellan sus creencias y sus convicciones; el ideal se le muestra opuesto a la realidad, la ética interior incomprensible para la ética factual (5) que maneja la sociedad, y ni siquiera la divinidad consigue superar la disyuntiva entre esos dos mundos en que nos movemos: «Todos tenemos nuestros dos mundos, todos labramos nuestra esfera oculta, donde desmentimos el carácter y las virtudes que nos informan en la vida oficial y descubierta» (6). La solución no vendrá por la anulación de alguna de esas realidades o por su olvido, sino mediante la lucha interior por asumir la realidad de forma natural, «debérnoslo todo a nosotros mismos», como señala Federico, autorregeneración que guarda el principio de la libertad y pone los principios y conducta morales de acuerdo con la conciencia en su propia dimensión, al margen de «la idea de los cortos de vista, que no ven más que el bulto de las cosas» (7).

La conciencia se presenta como agente de individualidad. Tiene, pues, en primer lugar un significado puramente psicológico al mantener la unidad interior; es lo que permanece frente a los cambios, quien se opone a la desintegración del individuo y, sobre todo, donde el hombre se muestra dueño de sí mismo.

Tiene igualmente un significado moral en cuanto que «señala sin cesar los errores graves de la vida» (8) y se muestra como portadora de los cri-

---

(3) No quiero decir con esto que niegue un planteamiento estético o de géneros novelescos. En realidad ambos tratamientos, temático y estético, son inseparales, y es de notar cómo el mismo planteamiento exige el género literario. *La incógnita* —visión exterior— utiliza el género epistolar que supone ya una interpretación, una instrumentalización y eso hace que la conclusión deje el asunto sin conocer. *Realidad* —visión interna— se vale del diálogo de los personajes, forma usual de conocer a las personas y a través de la palabra se atisban los pensamientos, las intenciones, cuyo conocimiento se tiene por conocimiento de la realidad.

(4) R. GULLÓN, *Galdós novelista moderno* (Madrid, 1966), 282.

(5) «... entre Leonor y yo hay un lazo moral, que será, visto desde fuera, muy feo, pero que por dentro es de lo más puro, créelo, de lo más puro que puede existir.» RE, 871.

(6) Ib., 839.

(7) Ib., 871.

(8) EL, 860.

terios éticos del individuo desde donde se fustigan las propias contradicciones al tiempo que se hace lo propio con las sociales. Estoy, por tanto, de acuerdo con Correa cuando afirma que «la conciencia es fuente de conocimiento interior del hombre y como juez implacable es reveladora de sus imperfecciones y desvíos» (9) ya que a través de ella accedemos al auténtico conocimiento de los personajes.

Sin embargo, la conciencia, facultad que habrá de lograr la integración y la superación de las contradicciones individuales no está aislada de influencias externas sino que se conforma en tensión dinámica con ellas. Por tanto deberá ser una facultad activa y, sobre todo, crítica, si no desea verse superada por los desajustes sociales. Así lo hace saber Infante: «... y la conciencia, arrullada por los goces sociales que se empalman lindamente para no darnos respiro se va amodorrando y concluye por dormirse» (10).

Puede incluso confundir al mismo individuo cuando es dominada por los estímulos exteriores ya que se halla entre las leyes sociales y naturales tratando de lograr un equilibrio que a veces se presenta como imposible. Así Villaamil, el probo empleado cesante, está sometido al determinismo de la dinámica social contra la cual se estrella su natural honradez. Su vida es el aniquilamiento progresivo frente a la solidez y autodefensa de la sociedad. La fatalidad impide y coarta sus esperanzas hasta hacer imposible una salvación conjunta de la supervivencia física y espiritual. Ambas requieren soluciones dispares: administrativa la primera, natural la segunda. Y cada una con su contenido moral y específico.

Los despachos se presentan como baluartes frente a los cuales se estrella la conciencia individual, sustentadores de las contradicciones administrativas donde triunfan quienes conocen las técnicas y las prácticas al margen de cualquier principio ético. De acuerdo con esto, la salvación no estaría, pues, en el cumplimiento correcto de unos criterios morales sino en el aprendizaje de esas técnicas burocráticas, cuyo cumplimiento impidiera la destrucción del individuo.

Cuando falla la conciencia social, al individuo sólo le quedan las posibilidades que le presta su propia conciencia individual; ella puede equilibrar los destinos de la Administración mediante la liberación interior. El ansia de libertad se opone así a lo irremediable de las situaciones.

Posteriormente Galdós profundiza en esta problemática, aumenta las críticas sobre una Administración y una Sociedad que crean individuos ambiguos y contradictorios y delimita las posibilidades que corresponden a cada uno de esos individuos. En cualquier caso, *Miau* deja ya claro que la salvación real (o la única posible) ha de venir de dentro y queda claro

(9) G. CORREA, *El simbolismo religioso en las novelas de Pérez Galdós* (Madrid, 1962), 250-1.
(10) LI, 763.

igualmente que el medio social tiene su propia estructura al margen de las necesidades individuales.

Esa capacidad crítica que mencionábamos antes crea la distancia suficiente para hacer posible la conquista diaria de la propia libertad. Y en esta lucha nada es despreciable; se precisa ser eficaz, «útil» (11) y creativo. No se trata, pues, de crear una ética restrictiva o negativa sino evidentemente positiva: la salvación no acaece en un acto de destrucción sino de creación donde la propia conciencia del individuo rechaza tan sólo aquello que supone un empobrecimiento. Podemos observarlo en el diálogo que mantienen Orozco y Federico quienes personifican la opción entre la perfección y la libertad como después estudiaremos más detenidamente (12).

Frente a estos personajes que mantienen de una u otra forma su individualidad, Torquemada es, como bien le define Earle, «hombre-masa» (13). En él —dice el mismo Earle— «no tenemos una simple víctima sino un monstruo de la civilización elaborado y hasta idolatrado por toda una sociedad» (14). Su irredención final es la lógica conclusión de quien ha sido un mero producto social, no sabiendo ser consecuente con su propia personalidad.

Como principio de acción la conciencia se sobrepone a toda concepción mojigata y se vuelve pugnativa ante la injusticia. Impone un sentido práctico de la justicia y ayuda a superar cualquier clase de escrúpulo para corregir las desigualdades sociales (15). Guarda los secretos personales, salvaguarda la libertad (16) y no acepta las contradicciones: «... mi conciencia —dice Federico— no puede soportar la contradicción horrible de ultrajarle gravemente y recibir de él limosnas de tal magnitud» (17).

Este proceso de maduración al que Galdós somete a la conciencia aumenta paulatinamente su poder hasta convertirla en categoría básica. En *Angel Guerra* se apela a ella como única consejera del individuo: «No queda más juicio que el tuyo propio —le dice Casado a Casiano—, el de tu conciencia.» (...) «... tu conciencia y tu corazón lo han de resolver. En cosas tan delicadas no se pide consejo a nadie» (18). Norma suprema la llega a

(11) En Galdós no tiene necesariamente un sentido peyorativo como pudiera pensarse. Está más bien en la línea de la ética anglosajona del XIX. Se trata de una utilidad dimanante de la Naturaleza donde el equilibrio se establece no mediante reglas sino con toques de auténtica creatividad nacida de la libertad que proporciona el saberse vida y pensamiento. Este utilitarismo en el que los afectos humanos son tenidos en cuenta supera el peligro de momificación en que puede caer la fría razón.

(12) RE, 841-2.

(13) P. EARLE, *Torquemada hombre-masa*, en «Anales galdosianos» (Pennsylvania, 1967), 29.

(14) Ib., 42.

(15) «Yo tengo fe —dice Orozco—, y nadie me quita este placer íntimo, ese regocijo de conciencia, por haber intentado corregir, con medios prácticos, una grave anomalía social.» RE, 852.

(16) Ib., 875.

(17) Ib., 881.

(18) AG, 1461.

definir: «... y todo el Santo Oficio lo llevaba en su propia conciencia», se dice de Nazarín (19); es consuelo frente a los desprecios externos y reducto que suple las deficiencias del exterior (20).

En *Misericordia* se mencionan explícitamente sus cualidades como superadora de las contradicciones. Benigna es por antonomasia la personificación de un mundo interior generador de rectitud, de libertad frente a los convencionalismos. Guarda siempre el caudal suficiente para corregir las incorrecciones externas:

> «Rechazada por la familia que había sustentado en días tristísimos de miseria y dolores sin cuento, no tardó en rehacerse de la profunda turbación que ingratitud tan notoria le produjo; su conciencia le dio inefables consuelos: miró la vida desde la altura en que su desprecio de la humana vanidad la ponía; vio en ridícula pequeñez a los seres que la rodeaban y su espíritu se hizo fuerte y grande. Había alcanzado glorioso triunfo; sentíase victoriosa, después de haber perdido la batalla en el terreno material» (21).

Quedaba así expuesta una amplia fenomenología de la conciencia que se resume en la supremacía del mundo interior caracterizado por el obrar en rectitud, por la fortaleza, la libertad y progresivamente, según Galdós lo va presentando, por la entrega. Ello se muestra de una forma explícita en la elevación de ese mundo interior a categoría religiosa: ahí habla Dios (22) y de él nace toda la riqueza caritativa de Benigna que coincide con el pleno uso de la libertad en lo que podríamos definir como claro perfeccionamiento individual en un orden de salvación.

Benigna, con su humanidad pobre pero de espíritu desbordado genera realidades pequeñas socialmente consideradas pero enormes en su dimensión personal. Su fuerza interior se opone a la mezquindad de una sociedad caduca y carente de valores. Su actuación asistemática corresponde al puro ideal que no se identifica con ninguna institución; su caridad no se somete a criterios objetivos, dimana de su propia actividad rompiendo en su conciencia todas las leyes artificiosas macroeconómicas que deshacen a grandes contingentes de hombres. Es la fuerza de la conciencia, del espíritu frente al devenir histórico en un intento por aportarle una dimensión en profundidad: el amor. Al final, Galdós, en ese afán de síntesis ya reseñado, busca una fórmula conciliadora que supere el idealismo y el positivismo: la realidad de un devenir histórico inevitable donde la conciencia personal aporta una responsabi-

---

(19) NA, 1703.

(20) HA, 1778-9. Incluso los problemas toman otra dimensión cuando quedan reducidos a cuestión de conciencia. Ib., 1856.

(21) MIS, 1979. Más adelante se muestra como oponente del poder externo, Ib., 1980.

(22) NA, 1792. AB, 102.

lidad por encima de la legalidad, que si no supone un cambio visible de las
estructuras sociales y económicas, consigue su humanización en tanto son
obra del quehacer creador del hombre y no de poderes impersonales. Galdós,
pues, durante esta década intenta un equilibrio histórico entre la persona y
las realizaciones sociales.

Junto a la acción devastadora de la historia que desmonta antiguos cli-
chés, el hombre aporta la fuerza de unos criterios interiores basados en la
reciedumbre del amor y la bondad, capaz de producir el trastocamiento de
lo establecido, colocando cada cosa en su lugar.

Seguramente es en *El abuelo* donde Galdós mejor muestra esa revolución
que se produce en la conciencia —puesto que ella transforma los criterios
artificiosos sustituyéndolos por otros más válidos, nacidos de ella misma—
donde el individuo toma las decisiones últimas acerca de su vida (23) mediante
la superación de lo negativo y lo antinatural para llegar a un orden presidido
por la libertad, la bondad y el humanitarismo amoroso por encima de una
moral casuista (24), negación de la libertad natural.

1.1. *Conciencia y verdad*

El proceso salvador que inicia la conciencia se rige en primer lugar por el
deseo de acercarse a la verdad. Ya en *La incógnita* se da a entender cómo
aquélla no pertenece a la conducta externa sino al interior del hombre, aunque los métodos humanos impiden su total conocimiento. La sociedad, para
su funcionamiento, ha de contentarse con la verdad relativa: «La santa
verdad, hijo de mi alma, no la encontrarás nunca, si no bajas tras ella al in-
fierno de las conciencias, y esto es imposible. Conténtate con la verdad relativa y aparente. Una verdad fundada en el honor, y que sacaremos, con el
auxilio de la Ley, de entre las malicias del vulgo. El honor y las formas sociales nos imponen esa verdad, y a ella nos atenemos» (25).

Realidad responde a ese ansia de buscar una verdad inasequible en el
exterior. Hay que buscar dentro donde, como señalaba Fernández Almagro,
el hombre se enfrenta a la auténtica realidad de sus pasiones y de sus propios
anhelos muchas veces contradictorios. Y puestas así las cosas la verdad no
es un problema de tribunales sino una opción personal frente a la vida. Es

---

(23) «...lo de dentro es lo que permanece... el ánima no se oxida». AB, 112.
(24) Quizá el honor sea el valor ético representativo de toda una moral legalista.
El Conde lo rechaza: «Hablo del honor de las familias, la pureza de las razas, el lustre
de los nombres... Yo he llegado a creer esta noche..., y te lo digo con toda franqueza...,
que si del honor pudiéramos hacer cosa material, sería muy bueno para abonar las
tierras.» AB, 111. *Casandra* mantiene una postura más rígida. La conciencia reducida
a razón trata de implantar la justicia mediante un proceso de secularización que rom-
piera con el autoritarismo teocrático presidido por el «Dios administrador», que redujera lo religioso al ámbito de la conciencia y a la relación personal e hiciera posibles
las reformas socioeconómicas que tienen una mecánica propia.
(25) LI, 763.

la Moral y no el Derecho, el plano donde se asienta la verdad por antonomasia. Pero entre una y otra verdad —la interior y la funcional— se pueden
presentar conflictos. Así Federico se enfrenta consigo mismo en un proceso
purificador ante la salvación que le ofrece Orozco (26), viable socialmente
pero contraria a sus principios. A él, que siempre ha llevado una vida libre,
se le ofrece la posibilidad de una vida reglada, sometida a preceptos objetivos.
Sería una verdad aparente y por lo tanto rechazable; su decisión le exige
ser dueño de su propio destino.

Esta confesión le aísla completamente del exterior, le convierte en un
ser rechazable ante los ojos de una sociedad cuya verdad es indudablemente
de otra naturaleza. Cuando esto sucede, cuando la verdad interior entra en
conflicto radical con la exterior la vida se convierte en inviable:

> «Esto de que el vivir le cargue a uno se ha hecho algo cursi; mas
> no deja de ser verdad en ciertos casos. Figúrate tú: cuando las difi-
> cultades de la vida se complican de modo que no ves solución en nin-
> guna parte; por más que te devanes los sesos, no encuentras sino
> negaciones; cuando nada se afirma en tu alma; cuando las ideas que
> has venerado siempre se vuelven contra ti, la existencia es un cerco
> que te oprime y te ahoga» (27).

Y cuando la vida agota sus posibilidades sólo a través de la muerte se
alcanza la verdad. Pues ésta traslada al hombre a una dimensión ideal al
margen de las pasiones concretas (28). La muerte de Federico es el reencuentro con la verdad, al igual que Villaamil encontró en ella su libertad (29).

El abuelo muestra también esa lucha agónica por la posesión de la
verdad como fuerza salvadora: «La verdad, Lucrecia, la verdad es la que
salva» (30). Sin embargo habremos de acceder al interior de la conciencia
para hallarla; la fundada en criterios externos es ficticia, aparente y no contiene capacidad de redención. Es algo por lo que se lucha, algo que se
necesita: «¡La verdad!... ¡Ay Salomé de mi vida yo también quiero po-
seerla y respirarla, como el asfixiado que anhela llenarse de aire los pul-
mones» (31). Y al final esa verdad es la que se funda en el amor frente
a la que se fundaba en el honor. Esa es la verdad salvadora.

---

(26) Es el momento de crisis, en esos largos monólogos galdosianos en que el
personaje se revisa interiormente y donde nacen las opciones. Así lo ve Federico: «La vida,
tal como la voy arrastrando ahora, es imposible. Recibir mi salvación del hombre a
quien he ultrajado imposible también.» RE, 869.

(27) RE, 878. La vida se presenta como lucha siempre que se desee mantener la
integridad personal; la vida fácil es propia de los tontos: «La vida no es fácil más
que para los tontos. Bienaventurados los que tienen la cabeza vacía porque de ellos
es la felicidad.» AG, 1239.

(28) RE, 899. «Región de paz», la denomina Orozco.

(29) La última parte de *Miau* es la búsqueda de la libertad en la muerte; incluso cuando está convencido de su muerte ya se siente libre.

(30) AB, 45.

(31) LC, 788. En otra ocasión se la llama «joya hermosa». Ib., 735.

Pérez Galdós pone a la conciencia frente a la verdad, la que dimana de sí misma cuando el personaje ha luchado por hallarla, cuando ha sido capaz de someterse a un proceso de verificación de sí mismo. Sin duda este ponerse frente a la verdad es un acto de salvación frente a quienes disocian su ser de una parte y la apariencia de otra, optando por esta última.

1.2. *Conciencia y realidad*

La conciencia, en segundo lugar, ha de serlo de la realidad. Esta afirmación se encuentra íntimamente ligada a la anterior en tanto la realidad se presenta como opuesta a la verdad artificiosa (32).

Esta categoría en manos de Galdós adquiere una significación ontológica. Se presenta como superior y por encima de las acciones caprichosas o simplemente legalistas; superior incluso al mismo hombre quien en su proceder ha de ajustarse a ella. Tiene capacidad de rectificar tanto las acciones individuales como las sociales hechas a su espalda. Mantiene una posición de autonomía (33) y se cumple de forma inexorable a pesar de las concepciones teóricas (34).

Este descubrimiento de la realidad, que en opinión de Casalduero se encuentra ya plenamente decidido en *Marianela* (35) se mantiene como confesión permanente contra ese deseo de irrealidad en forma de apariencia a que parecía tender irremisible la baja burguesía, de la que Galdós se ocupa de forma casi permanente. Responde al deseo de superación de ilusiones inviables y por lo mismo destructoras cuando las posibilidades de existir están «... en abrir mucho los ojos y en acostumbrarse a ver bien lo que entre nosotros anda» (36).

Sin embargo no es reducible a razón pura ya que también los sentimientos pertenecen a la realidad y puede suceder que aquélla esté sometida a éstos (37) y así volverse irracional (38). En cambio lo que solemos llamar «razonable» conlleva gran carga de simpleza, frente a la plena «realidad, que es la gran inventora, la artista siempre fecunda y original siempre» (39). Se opone a la rutina, a la tasa y a la medida en tanto que masifican a los

(32) «Convengo —dice Federico— en que la realidad es fecunda y original, en que la verdad artificiosa que resulta de las conveniencias políticas y sociales nos engaña.» RE, 797-8.
(33) «La realidad no necesita que nadie la componga; se compone ella sola.» LI, 784.
(34) «...la práctica, la maldita realidad, rectificadora implacable de las más bellas teorías.» W. SHOEMAKER, o. c., 477.
(35) CASALDUERO, o.c., 204 ss.
(36) LI, 763.
(37) «La lógica, esa gran terasca, entrometida, farfantona, ordena lo que quiere; pero ello es que en cuanto han surgido las dudas, y desde que he borrado a esa mujer de la lista de los ángeles terrestres..., mira tú lo que son las cosas..., paréceme que estoy más chiflado por ella.» LI, 725.
(38) Ib., 730.
(39) Ib.

individuos, y exige mantener «algún secreto» frente a la normativa social gracias al cual nos sentimos individuales. Genera libertad, no la libertad de la ilusión irrealizable sino la que nos aporta el conocimiento de las cosas «cuya lógica se impone siempre» (40). De ahí que se afirme como conquista, como experiencia apreciada frente a las ideas románticas o las promesas irreales: el sentimiento de la realidad es la gran conquista, hecha a fuerza de reveses, tras penosos ensayos y pruebas de todas clases» (41). Es preciso el sometimiento a ella de la acción individual, política y social.

Galdós, pues, no teoriza sobre el mundo moral. Se pregunta por el cómo y desde esta interrogante plantea la necesidad de acogerse a los principios internos que responden al primado de la realidad como forma opuesta a un legalismo cuando éste es fruto de artificios políticos o religiosos. Así la perfección no será tanto el sereno y estoico equilibrio sino aquél que nace de la realidad fecunda, pluridimensional; aquél que se logra en una permanente tensión dimanante de la intención —que a su vez nace en la conciencia— y que no es fácilmente mensurable. Este tipo de perfección está supeditada al individuo que la produce. La auténtica moralidad no ha de tener en cuenta sólo las reglas sino el natural, la inclinación de cada uno, si no quiere fracasar.

1.3. Conciencia, perfección y libertad

Con ello queda abierto el camino a la tercera dimensión de la conciencia humana. Tanto Correa como Casalduero han visto en Orozco un modelo, un «santo laico» (42), el prototipo de la perfección humana. Se nos presenta este personaje sometido a una ascesis interior, desmaterializadora hasta ver el bien absoluto reflejado en su conciencia, claro exponente de influencia platónica: «Ningún cuidado me inquieta ya si no es el de mi propia disciplina interior, hasta llegar a no sentir nada, más que la claridad del bien absoluto en mi conciencia» (43).

Sin embargo, este perfeccionismo es fruto de un proceso mutilador de «pasiones o afectos» (44) y si bien ha sido un escudo protector frente a la sociedad y la opinión (que siempre le han tenido por conciencia pura e intachable), ha sido una barrera infranqueable para su esposa Augusta, mujer cuya conducta se basa en la espontaneidad de los sentimientos.

Así tenemos planteado uno de los temas más palpitantes de la novelística galdosiana. Sin duda, Orozco aporta su capacidad de individualiza-

(40) «La teoría utópica y la acción irreflexiva, dos fuerzas completamente infecundas.» B. PÉREZ GALDÓS, Republicanos y españoles, en A. GHIRALDO, o. c., v. III, t. I, 114.
(41) Ib., 121.
(42) G. CORREA, La Concepción moral..., 29. J. CASALDUERO, o.c., 191.
(43) RE, 896.
(44) Ib.

ción, en cierta manera la superación del legalismo y la conducta del Vulgo (45) y aporta igualmente un deseo de verdad frente a un mundo de falacias. Sin embargo este ansia perfeccionista —que Galdós, no olvidemos, describe irónicamente— le hace inasequible a los hombres que son conscientes de sus propias imperfecciones y, lo que es más importante, han tomado plena conciencia de que esas imperfecciones son inherentes a la naturaleza humana (46).

Esta perfección, al tiempo que excluye una vida plena —ya que es fruto de mutilaciones, como hemos señalado antes— plantea un grave problema: la incomunicación. Así lo muestra Augusta: «Ningún rayo celeste parte de su alma para penetrar en la mía. No hay simpatía espiritual. Su perfección, si lo es, no hace vibrar ningún sentimiento de los que viven en mí» (47). Es un tipo de perfección que queda fuera de las leyes humanas y por tanto incapaz de regenerar a los demás. Augusta y Federico son un claro ejemplo. Aquella se estrella contra la indiferencia casi sobrenatural de Orozco, según su propia expresión, y no accede al perdón que podría haberla salvado. Federico se suicida por haber deshonrado a la «misma perfección, según él mismo expresa. Sólo tras su muerte, liberado de sus propios afectos, ha entrado en la morada abstracta de la virtud universal y así, al situarse en el mismo plano, Orozco reconoce la rectitud de su muerte como superación de la contradicción que el propio Federico llevaba; en esa aceptación reconocía la salvación de Federico:

«Pues mi opinión —monologa Orozco— es que te moriste por estímulos del honor y de la conciencia; te arrancaste la vida porque se te hizo imposible entre mi generosidad y mi deshonra. Has tenido flaquezas, has cometido faltas enormes; pero la estrella del bien resplandece en tu alma. Eres de los míos, tu muerte es un signo de grandeza moral. Te admiro y quiero que seas mi amigo en esta región de paz en que nos encontramos. Abracémonos» (48).

No es esa forma de perfección la que Galdós ofrece como prototipo. Ya hemos señalado cómo el positivismo de Galdós excluye la posibilidad de aniquilar el mal. Este —la imperfección— es también positivo y hasta necesario. Un texto de *Angel Guerra* lo expresa con claridad:

«Angel beato era un ser distinto de Angel demagogo, cismático y en pugna con todo el orden social. Aquél fue su encanto; éste se le

(45) Matizo «en cierta manera» ya que él mismo usa en una ocasión este perfeccionismo como arma social, simulando despojarse de él. RE, 844-5.
(46) «Tu perfección moral —le dice Federico— te ha elevado sobre las miserias del mundo fisiológico. ¡Mérito grande! Pero Augusta que no entiende de esas perfecciones me lo ha dicho. Es humana y no le hace maldita gracia parecerse a los serafines.» RE, 876.
(47) RE, 896. Antes había dicho: «¿Serás tú la perfección y no podré comprenderte por ser, como soy, tan imperfecta?» Ib., 852.
(48) Ib., 899.

indigestaba. El primero, con sus propias imperfecciones, la cautivó; el segundo, con su perfección no le servía ya. ¡Contrasentido de la naturaleza humana, que prueba quizás cuán extensa es por estos barrios la jurisdicción de Luzbel!» (49).

Podemos, sin embargo, buscar otro tipo de perfección. Es aquella que se va generando en la tensión que mantienen los personajes: una perfección que busca ante todo la salvaguarda de lo humano aunque esto suponga la renuncia a la perfección absoluta. Una forma de perfección que no excluya ninguna realidad humana, es más, que mantenga al hombre en los límites de lo humano: «Es —dice Augusta— hasta un rasgo de soberbia el pretender salirse de la imperfección humana» (50).

Se trata de hallar un estado natural donde se mantenga un equilibrio permanente entre el bien y el mal como principios reales y existentes. La negación del Mal supondría el orgullo que es una forma de pseudoequilibrio o de pureza inexistente en este mundo. Este monólogo de Augusta, quien personifica la opción humana frente a la perfección absoluta, lo expresa adecuadamente:

«Hombre santo y ejemplar, tus luchas son como una comedia que compones y representas tú mismo en el teatro de tu conciencia para conllevar el fastidio del puritanismo. El bien y el mal, esos dos guerreros que nunca acaban de batirse, ni de vencerse el uno al otro, ni de matarse, no cruzan sus espadas en tu espíritu. En ti no hay más que fantasmas, ideas representativas, figuras vestidas de vicios y virtudes, que se mueven con cuerdas. Si eso es la santidad, no sé yo si debo desearla. Duerme... Pero lo que yo digo, los santos deben estar en el Cielo. La tierra dejándnosla a nosotros los pecadores, los imperfectos, los que sufrimos, los que gozamos, los que sabemos paladear la alegría y el dolor. Los puros, que se vayan al otro mundo, nos están usurpando en éste un sitio que nos pertenece» (51).

La forma de vida que asuma el pleno desarrollo de las potencias vitales será el estado de perfección. Por eso en el mundo galdosiano la esterilidad femenina es una imperfección (52) en cuanto supone el rompimiento de las leyes naturales y es, sin duda, menos justificable que el adulterio ya que la atracción de sexos se halla sometida a las mismas leyes naturales, extraña a los artificios de la sociedad y cumple, bajo su óptica, la exigencia de la especie que desea renovarse (53).

(49) AG., 1405.
(50) RE, 805.
(51) Ib., 808.
(52) *Fortunata y Jacinta* plantea el tema de la esposa estéril frente a la rival fecunda. Fortunata encontrará precisamente en su fecundidad la fuerza capaz de borrar la maldad y de redimirla. G. CORREA, *El simbolismo religioso...*, 177-78.
(53) Véase. La alocución de Feijóo (en quienes algunos críticos han visto al mismo Galdós) a Fortunata. *Fortunata y Jacinta*, 339.

No se trata, por tanto, del simple cumplimiento de unas normas, si
bien Galdós tiene siempre en cuenta la necesidad de mantener el orden
social. Primero, porque como dice el mismo Orozco en un momento de
clarividencia: «En el mundo, en plena sociedad activa, es donde se debe
luchar por el bien. Nada de ascetismo; los que se van a un páramo no
tienen ningún mérito en ser puros. Sigamos aquí... Cabalmente esa es la
dificultad: realizar cuanto me piden mis creencias en medio de este tráfago
y en el torbellino de maldades que nos envuelve. Jamás te apartaré del
medio social en que vives. La regeneración no puede ser eficaz sino dentro
de ese medio. Nada de privaciones materiales, nada de vida de cartujo; eso
es de caracteres mediocres» (54).

Y segundo, porque al no poder prescindir del medio social, la perfección absoluta es inasequible para la gran mayoría; supone una excepción
que amenaza el mismo equilibrio social. Galdós estaba convencido de que
la dinámica social, «la lógica de los hechos», se impone a los ideales absolutos y a las teorías utópicas. El fracaso de Tristana es fruto de su irrealis-
mo, por ir en contra de esa lógica que él menciona muchas veces. Y los
procesos lógicos no permiten saltos en el vacío sino que cada uno de ellos
es exigido por el anterior y fundamenta el siguiente. No se puede olvidar
que Galdós somete continuamente su pensamiento a los resultados de sus
observaciones históricas y de ahí que las teorías cedan paso a las convicciones.

Esta negación de la perfección absoluta como principio ético inviable
es el antecedente de su posición ante el fenómeno místico que será igualmente pulido para que encaje en el equilibrio de fuerzas sociales y naturales. Será el objeto de estudio de la última parte.

El resultado de ese pleno desarrollo personal en un marco social supone
la necesidad de un relativismo moral: «Lo bueno, lo perfecto, ¿dónde está?
Gracias que Dios nos concede lo menos malo y el bien relativo» (55).

Es este relativismo quien hace posible la libertad o, dicho de otra
forma, la libertad se muestra opuesta a esa perfección absoluta porque
aquélla es precisa para la realización personal: «sí; corran libres tus impulsos, para que cuanto hay en ti se manifieste, y sepamos lo que eres»,
dice un personaje de *Electra* (56). Se trata de la libertad que confiere la
Naturaleza frente a las libertades sociales; aquélla significa la manifestación
espontánea de los sentimientos mientras que las libertades sociales vienen
a ser un legalismo encubierto.

---

(54) RE, 805.
(55) TR, 1560. Expone ideas similares en 1573, 1591, 1952.
(56) EL, 864. Más adelante se muestra hasta qué punto la libertad está implicada
en el logro de la realización humana. Ib., 899.

2. FACTORES MORALES

Explicada la naturaleza del equilibrio tal como lo concibe Galdós nos quedan por mostrar los factores morales que actúan como fuerzas positivas en la construcción de ese orden.

2.1. *Amor y libertad*

Sin duda, los agentes de salvación fundamentales en el mundo galdosiano son el amor y la libertad. Ambos se engendran en el interior de los individuos y deben carecer por completo de una normativa artificiosa.

El amor basado en pautas naturales se muestra superior «a todas las perfecciones aceptada de este mundo lleno de artificios...» (57). Relaciona a las personas estableciendo una comunicación por encima de cortesías tipificadas y llega a ser una potencialidad de mutua salvación:

> «¿El amor —dice Augusta— es acaso la ilusión pasajera? No; si es de ley, ha de completarse con la compañía y el apoyo moral recíproco, con la confianza absoluta, sin ningún secreto que merme, y con la comunidad de penas y alegrías...» (58).

Amor significa superación de porcentajes y equidades, entrada en lo misterioso al margen de la seguridad que confiere la moralidad: «¡Ah, las ideitas morales! Nos las encontramos en el camino al volver de la excursión del amor; a la ida, hijo de mi alma, las ideas esas andarán por ahí, pero no las vemos» (59); de ahí que se imponga con la misma fuerza de lo natural. En una ocasión lo define como el «oficio mejor» y el «arte más hermoso» (60), fuerza ingobernable que contiene el caudal suficiente para lograr la salvación: «El vivir —dice un personaje de *Los condenados*— es ya la condenación. Pero el amor salva, el amor redime y prevalece contra todos los infiernos de acá y de allá» (61).

El amor justifica toda una vida (62). Angel Guerra muestra en su testamento cómo es el único bagaje que le queda:

> «... Queda una cosa que vale más que la vida misma: el amor..., el amor, si iniciado como sentimiento exclusivo y personal, extendido luego a toda la Humanidad, a todo ser menesteroso y sin amparo. Me basta con esto. No he perdido el tiempo. No voy como un hijo pródigo que ha disipado su patrimonio, pues si tesoros derroché, tesoros no menos grandes he sabido ganar» (63).

(57) LC, 742.
(58) RE, 823.
(59) Ib., 881.
(60) TR, 1570.
(61) LC, 719.
(62) AG, 1530.
(63) Ib., 1527.

Benigna con su actividad caritativa no logró regenerar económicamente a doña Paca pero la fuerza de su amor logró salvarla humanamente. Halma encuentra la salvación en el amor de José A. de Urrea y Casandra justifica su crimen por el amor que tiene a Rogelio (64). Se presenta incluso como pedagogía del amor divino y hasta se identifica con él: «Pero de amor —dice Rosaura— no veo más que todo lo más dos clases: el divino y el humano... y me atrevo a decir que estos dos amores no son más queuno» (65).

El amor humano es insustituíble, rechaza mecanismos de compensación y en cuanto acoge las imperfecciones del ser amado hace posible la comunicación plena y en ese reconocimiento se gesta la plena realización. Si fracasa el amor de Tristana a Horacio es por un exceso de idealismo que le impide reconocer la auténtica realidad de la persona amada, al tiempo que el grado de libertad e independencia que deseaba era inviable en la España del XIX. La frustración de Tristana es producto de su falta de realismo. Ni aun el misterio que el amor encierra permite el excesivo idealismo de un romanticismo desfasado. Galdós, como ya hemos mencionado repetidamente, es antes que nada realista. El mismo realismo provoca el semifracaso de Nazarín y Benigna como representantes del amor religioso idealizado.

Junto al amor, la libertad como posibilidad de ser uno mismo:

> «Quiero la libertad, no estas libertades que son como la disciplina de un cuartel, y que le obligan a uno a andar a compás, a uniformarse y a no poder toser sin permiso del cabo, sino la verdadera libertad, fundada en la Naturaleza. Quiero que la sociedad florezca y produzca el gran arte, las virtudes sublimes, la santidad; que en ella sea posible lo que hoy no existe, la inspiración artística y las acciones heroicas. Quiero que se vaya con mil demonios toda esa corrección grotesca y policíaca que mata la personalidad, la iniciativa, la idea, la santa idea, producto del entendimiento, y ahoga de producto de la fantasía, la imagen...» (66).

Miau igualmente muestra la necesidad de libertad a fuerza de presentar las consecuencias de su inexistencia. *Tristana,* por el contrario, muestra las consecuencias de un ansia desmedida de libertad. El orden social, una vez más, se erige en árbitro del grado posible de libertad alcanzable.

El drama *Electra* debió su impacto social al planteamiento de un caso de represión y del intento de anular la libertad personal en pro de unos

(64) «El amor a Rogelio es y será siempre un móvil poderoso en todos mis actos.» CA, 191.

(65) Ib., 133. «Mi cariño a este hombre es superior a todas las penas, a sus defectos, a sus maldades y a las mías. Es la única cosa divina que siento en mí; divina porque es imperecedera, porque no concibo que debe de ser como es ni que tenga fin.» Ib., 207. Este texto de Casandra es paralelo a este otro de José León en *Los condenados:* «Te digo que con Salomé a mi lado siento alentar en mí la esencia divina y crecer y llenarme toda el alma.» LC, 742.

(66) LI, 694.

argumentos pseudorreligiosos. En cualquier caso la libertad real se alcanza en el medio real. Villaamil cuando prescinde de ese medio accede a una realidad utópica, basada en la contemplación de la naturaleza y la crítica radical del Estado lo que le conviene en un ser inviable (67). Es, como él mismo reconoce, la libertad de los pájaros pero no del hombre. «Esa sacrosanta libertad, hija del Cielo...» (68) al margen de la lucha cotidiana sólo es factible tras la muerte. El suicidio de Villaamil es fruto de la esclavitud social, de la lucha contra los poderes impersonales que producen el desajuste personal, planteando el problema de la libertad en su dimensión utópica: a máxima esclavitud, el deseo irreductible de la máxima libertad. Por eso muere Villaamil y fracasa Tristana. Sin negar que el suicidio del cesante Villaamil significa la superación del esclavismo burocrático a que ha estado sometido: ese acto de liberación interior supone la posibilidad de reencontrarse consigo mismo en el momento preciso de su muerte y encontrar ahí su salvación.

La libertad es, en la novelística galdosiana, tan imprescindible como necesariamente limitada. Se presenta como un preciado bien ante Tristana que lucha denodadamente por conseguirla: «libertad honrada es mi tema..., o si se quiere, mi dogma» (69). Su frustración final viene causada por la carencia de esa libertad anhelada. Benigna también es un ejemplo de lucha por la libertad al anteponerla al bienestar económico. Por el contrario, su ama sufre un decaimiento porque la mejoría económica viene acompañada de la privación de libertad. La única posibilidad será crear un estado de cosas en que se conjuguen el orden social y la libertad individual, donde ambos puedan coexistir sabiendo de antemano sus limitaciones. Supone, por tanto, más una postura interior ante la realidad, ante la sociedad, que una libertad activa capaz de sustentar una praxis en orden a transformar la estructura social. Sin duda, en el trasfondo se muestra siempre el miedo que Galdós tenía hacia cualquier forma de anarquismo.

2.2. *El amor propio*

Existe una variante del amor, denominada amor propio. Es el fruto del refinamiento social, sustitución de la religión y la moral: «tal como están hoy las cosas —dice Malibrán— con las religiones abatidas y la moral llena de distingos, el amor propio nos gobierna» (70). Se trata de un criterio existente en las sociedades complejas en las cuales no se puede des-

---

(67) MI, 674-5.
(68) Ib., 681.
(69) TR, 1566. La libertad como presupuesto del amor: «Le querré más cuanto más libre sea.» Ib., 1583. «Te quiero con más alma que nunca, porque respetas mi libertad, porque no me amarras a la pata de una silla ni a la pata de una mesa con el cordel del matrimonio. Mi pasión reclama libertad. Sin ese campo no podría vivir.» Ib., 1585.
(70) RE, 800.

preciar la llamada buena educación porque ayuda a guardar las formas (71)
y las apariencias ni el amor propio porque a falta de otros motivos es un
motor de la propia actividad. Desde este punto de vista no es rechazable
porque salvaguarda al individuo; por otra parte, se hace imposible prescindir de él y es capaz de mantenerse junto a la «humillación y desprecio
de sí mismo que impone la idea cristiana» (72). Puede, por último, ser el tram-
polín que catapulte al individuo hacia un mejor comportamiento moral y
religioso (73).

2.3. El buen gusto

El buen gusto es igualmente necesario en el mundo ético de Pérez
Galdós como un criterio importante en la regulación de las relaciones del
individuo y la sociedad. Galdós da la impresión de manejar dos códigos
morales diferentes: el primero rige lo pertinente a la propiedad y es rígido;
al segundo le pertenece la conducta amorosa cotidiana y es mucho más
flexible. Por tanto, el buen gusto en la elección es un criterio válido y
hasta necesario. No podemos olvidar que la vida cotidiana tiene suma importancia en la novelística galdosiana y, de hecho, no hay otra forma de
realizar ese proyecto grandioso que es vivir sino a través de la cotidianidad,
la cual tiene sus propios criterios y formas. Ahí podemos situar el papel de
la educación, que si bien puede crear «hombres artificiales» (74) es imposible
prescindir de ella ya que puede suplir las deficiencias personales y coadyu-
var al orden social. Sin embargo tenemos que mantener que Galdós durante
esta época tiene no pocas reticencias ante el vocablo «educación», sobre
todo por el peligro de desnaturalización que comporta cuando su contenido
es claramente artificioso. Nos remitimos, de nuevo, a Torquemada como
personaje a quien una educación artificial ha convertido en ser ambiguo
que cumple un ritual aprendido, pero que no llega a integrarlo. Por eso
prefería el concepto de «buena educación» (75) como regla de comportamiento.

Como podemos observar, los criterios básicos que el individuo debe
mantener plantean esa ya significada disyuntiva entre la dimensión interior,

(71)   «Toma el mundo como es, y las pasiones y deseos como fenómenos que constituyen la vida, la única regla que no debe echarse en olvido es la buena educación,
ese respeto, ese "coram vobis" que nos debemos todos ante el mundo.» LI, 706.

(72)   Ib.

(73)   Ib., 1817. «Mi amor propio se pica y también quiero salirme un poquitín de
lo común.» Remitiéndonos al estudio de Freijo, ya citado, podemos fijar cómo la personalidad es un problema de integración de todos los mecanismos y no tanto de anulación.

(74)   HA, 1781. También RE, 807 y LI, 686.

(75)   Si hemos de creer a Marañón el mismo Galdós cumplía esta norma: «En su
hogar fue un modelo de dulzura y tolerancia. Hasta los últimos de su existencia, cuando
ya la vida vegetativa se imponía a todo lo demás, nadie le oyó nunca una razón des-
comedida ni una palabra agria. Afuera era la lucha y la existencia complicada.» G. MA-
RAÑÓN, Galdós íntimo, en Obras Completas, v. IV (Madrid, 1969), 28.

en que la dignidad se muestra como sentimiento humano, y la exterior, en que esa misma dignidad tiene una función social. La misión del hombre es conseguir un equilibrio entre el «yo soy como soy» que pronuncia Federico (76) y el elemento que añade su padre: «cada uno obra según su carácter y el medio en que respira» (77). Es el binomio libertad y orden como criterio ético de actuación que podríamos adoptar como conclusión. Superar la disyuntiva dentro-fuera tal como la propone Malibrán (nota 6) y acceder a un nivel de integración donde los criterios de actuación interiores y exteriores sean complementarios en su antagonismo. Es una ética igualmente equidistante de la beatitud como de la hipocresía.

(76) RE, 832.
(77) Ib.

III. LA NATURALEZA: MARCO DE LA SALVACION

La literatura filosófica e incluso la no filosófica ha empleado sobreabundantemente el término «naturaleza» como categoría interpretativa de la realidad. Sin embargo, encierra una gama de significados difíciles de sistematizar, tanto por las múltiples acepciones que recibe como por la serie de binomios en que se ve incluido como antítesis o complemento de otro término.

Durante los siglos XVIII y XIX los sistemas filosóficos pueden clasificarse de acuerdo con el lugar en que sitúan la Naturaleza. Idealismos y materialismos encuentran así su más acusada diferencia al tiempo que éstos fueron progresivamente haciendo de la Naturaleza una realidad más dinámica. El naturalismo literario corre parejo al evolucionismo de Darwin o Spencer como superación de una visión estática de la realidad.

1. PRIORIDAD DE LA NATURALEZA

Pérez Galdós participa de ese movimiento literario en que el primado de la Naturaleza es claro. Las copiosas lecturas juveniles de los escritores franceses del XVIII le alejaron de los idealismos nobles pero vacíos y le educaron en el culto a la naturaleza como máxima virtud. Además de Buffon, cuya influencia es evidente (1), Rousseau también ejerció un claro influjo sobre Pérez Galdós (2), tanto en las implicaciones que la Naturaleza tiene en materia educativa o moral como la teoría acerca de la sociedad, que considera, al igual que Rousseau, «sagrada» (3). Y ambas cuestiones son complementarias. En cualquier caso la permanente antítesis entre lo natural y todas las manifestaciones artificiosas que Galdós muestra una y otra vez en toda su novelística suponen una postura muy próxima al *Emilio*.

La adhesión de Galdós al mundo natural le incluye dentro de ese amplio movimiento donde la Naturaleza se presenta con prioridad a cualquier otra

(1) Me remito a J. BLANQUAT, *Lecturas de juventud*, en «Cuadernos hispanoamericanos», núms. 250-52 (Madrid, 1971-72), 161-220.
(2) La obra completa de Rousseau se encuentra en la biblioteca de Pérez Galdós según el testimonio de BERKOWITZ, *La biblioteca de Galdós*.
(3) J. J. ROUSSEAU, *Contrato social* (Madrid, 1968), 16.

realidad y se establece como modelo activo de conducta, rectificadora igualmente de idealismos puramente especulativos y de comportamientos forza-
dos. El hacer todo conforme «a natura» llega a ser el principio básico de la
ética galdosiana, ya que la Naturaleza impone los límites dentro de los cuales tiene que discurrir la conducta de cada hombre y el quehacer del poder
legislativo o religioso. Asegura la realización dentro de su ámbito al tiempo
que se tiene la certeza de perdición cuando no se la toma en consideración.

Su presencia permanente se manifiesta a nivel individual y en el plano
de la realidad ambiente en tensión constante con los legalismos que coartan
las manifestaciones espontáneas, libres e interiores de los personajes y tiende a lograr una integración donde los criterios externos se vean superados
por las manifestaciones nacidas de la conciencia. Progresivamente los valores extrínsecos o simplemente basados en el cumplimiento de la ley —social
o religiosa— se someten a un proceso de purificación, de adecuación a su
propia naturaleza. Este proceso es realizado por la conciencia que efectúa
una labor de reconocimiento al tiempo que descubre lo artificioso para des-
echarlo. Esta interiorización impide las realizaciones antinaturales y logra
una conducta adecuada a las auténticas necesidades naturales del individuo.

No se trata, pues, de negar la dimensión exterior, sino de integrarla en
una conducta unitaria que asegure la adecuación entre la norma y las necesidades naturales; lograr ajustar el propio natural del protagonista con la
realidad en la cual necesariamente ha de vivir. Ello se realiza mediante síntesis parciales que se muestran en novelas como *Miau,* donde Villaamil ha
de optar por la conciencia frente a un medio que le es hostil; en *Realidad,*
donde Federico Viera hace una opción semejante. O, por el contrario, se
muestran las consecuencias de no realizar ese proceso. Torquemada sacrifica
su peculiar forma de ser ante las manifestaciones sociales y esta situación
provoca la disociación de su personalidad.

Angel Guerra, desde este punto de vista, significa el primer intento de
unidad tras mostrar en toda su evidencia el fracaso que trae consigo intentar
anular la propia naturaleza mediante un ejercicio artificial de ascesis religiosa. Benigna es la gran síntesis donde lo religioso se convierte en naturaleza
humana. Mientras, en *El abuelo* realiza este mismo esfuerzo vaciando los
criterios éticos legalistas, de rígido contenido, para adecuarlos a la propia
intención que dimana de la conciencia. *Casandra* entra asimismo a formar
parte de los intentos galdosianos en un afán clarificador por situar los valores sociales y religiosos en el marco de la Naturaleza.

1.1. *Crítica de lo artificioso*

La presencia afirmativa de la Naturaleza adquiere en estas novelas gran
diversidad de matices e incluso de funciones con un denominador común:
capacidad decisoria y permanente frente a lo artificioso y la tendencia a
creer una adecuación básica del hombre consigo mismo. En este sentido se

presenta constantemente como refutadora de los aparentes éxitos sociales: «No es feliz —dice Torquemada— quien está privado de hacer su gusto y de vivir conforme a su natural» (4). El temperamento se impone una y otra vez (5) frente a los intentos de construir la propia vida de acuerdo con criterios puramente abstractos o derivados de la atmósfera ambiental.

Angel Guerra es por antonomasia el relato de una frustración, producida al querer reemplazar mediante mecanismos de sustitución la propia naturaleza revolucionaria por el intento de una transformación social desde presupuestos religiosos. El amor por Leré, inviable por los cauces normales, le conduce a intentar una vida sacerdotal que produzca la unión en el ámbito de lo religioso.

Angel se nos presenta ya como un ser desajustado, para quien su actitud revolucionaria es un sustitutivo que desaparece por completo cuando la situación económica le sitúa socialmente de forma adecuada. Sus delirios místicos posteriores volverán a desquiciar su personalidad. Sus ejercicios de ascesis solitaria parecen reconfortarle al iniciar el proceso de identificación con la mujer amada, pero en estos inicios ya se presenta la posibilidad de una contradicción interna:

> «Mas para que la semejanza con su modelo resultara perfecta, la vida nueva no debía concretarse sólo a la contemplación, sino propender también a fines positivos, socorriendo la miseria humana y practicando obras de misericordia. Ved aquí la dificultad y lo que ponía en gran confusión a Guerra; compaginar el aislamiento con la beneficencia y ser al propio tiempo amparador de la Humanidad y solitario huésped de aquellos peñascales» (6).

Pero esta disyuntiva no muestra otra contradicción más profunda. Cuando encuentra a Dulce después de meses de ascesis toledana y sufre las acusaciones por parte de un hermano de ésta, los sentimientos de estos meses desaparecen para dejar al descubierto su temperamento agresivo:

> «Ebrio de furor, Angel obedecía a un ciego instinto de destrucción vengativa que anidaba en su alma, y que en mucho tiempo no había salido al exterior, por lo cual rechinaba más, como espadón enmohecido al despegarse de la vaina roñosa. El temperamento bravo y altanero resurgía en él, llevándose por delante, como huracán impetuoso, las ideas nuevas, desbaratando y haciendo polvo la obra del sentimiento y de la razón en los últimos meses» (7).

(4) TP, 1104.
(5) «Nada podemos contra nuestro temperamento, decía Federico...» RE, 867.
(6) AG, 1360. Dulce, por su parte, había reconocido el cambio iniciado en Angel: «Comprendió muy bien que los sentimientos de Angel tomaban una dirección desconocida y las cosas de un orden místico y espiritual marcaban diferencia enorme entre el hombre actual y el de antaño.» Ib., 1351.
(7) Ib., 1376.

Estas experiencias muestran una vida ondulante. Su mente calenturienta que desfigura la realidad en su ceguera amorosa es repetidamente acuciada por la fuerza de sus apetitos. La misma Leré le hace ver lo imposible que es reformar el carácter y el temperamento aunque después admita lo que ella denomina «doma»: «La razón manda mucha fuerza, la piedad y la fe más todavía; pero las tres juntas no pueden variar la naturaleza de las cosas. Con todo si el carácter no se modifica, puede domarse con esfuerzos de la voluntad sobre sí misma, repitiéndolos sin descanso un día y otro» (8). Y acaba imponiéndole un programa de reforma donde el «sacrificio del amor propio y la humillación» (9) se imponen como primordiales. Se trata de un programa de moralidad restrictiva y, por tanto, sus posibilidades de éxito son muy limitadas ya que fuerza un proceso sin intentar adecuarse a la naturaleza individual. La normativa rígida, de contenidos fijos que se aplica sistemática es enemiga de la Naturaleza. El Bien no es tanto ajuste a las leyes cuanto a la intención que dimana de la conciencia una vez que ésta actúa de acuerdo con las propias posibilidades personales: «Por mi parte —dijo Casado—, creo que cada cual debe cultivar el bien en sí, según las condiciones de propia naturaleza. La condición angélica no es concedida a todos, mejor dicho, hay distintos modos de ser angélico, sin fijarnos en este o el otro caso. Variadísimo es el reino de la naturaleza espiritual» (10). Por eso Angel, en la conversación posterior, corrobora el derrumbamiento de su espiritualidad: «Todo el espiritualismo, toda la piedad, toda la ciencia religiosa de que me envanecía salieron de mí de golpe. ¿Ve usted cómo se vacía un cántaro de agua que ponen boca abajo? Pues así me vacié yo. No quedó nada. Era ya otro hombre, el viejo, el de marras, con mis instintos brutales, animal más o menos inteligente, ciego para todo lo divino» (11). Es el golpe de la realidad, como en otra ocasión lo denominara Angel, y los artificios de la inteligencia no pueden nada contra esa lógica. La pasividad se deshace ante la agresión y el reconocimiento del propio fracaso y si en una ocasión tuvo que recurrir al sentimiento del honor y al propio desprecio, cuando ni la moral pura ni el temor de Dios podían hacer ya nada, al final Angel reacciona al contacto con la auténtica realidad: «El golpe que he recibido de la realidad, al paso que me ha hecho ver las estrellas, me aclara el juicio y me lo pone como un sol» (12). Su confesión postrera en que reconoce el espejismo de su vocación religiosa y declara que la única atracción que podía haberle satisfecho hubiera sido simplemente la humana, significa el sometimiento a las leyes naturales y su aceptación, lo cual supera todo el comportamiento anterior.

La Naturaleza ejerce una función magisterial en la que, como señala

(8) Ib., 1380.
(9) Ib., 1381.
(10) Ib., 1451.
(11) Ib., 1452.
(12) Ib., 1526.

Correa, «corrige nuestros errores y la violación de sus leyes provoca en ocasiones castigos que pueden afectar nuestra vida en forma catastrófica» (13). Sin duda este magisterio se ejerce de forma literal en la esfera amorosa donde es imprescindible el equilibrio natural entre el hombre y la mujer; al mismo tiempo, la gran variedad de tipos que la Naturaleza contiene, suponen una riqueza inmensa de comportamientos que supera los márgenes sociales y religiosos. En esta diversidad caben también quienes podemos considerar excepcionales: toda una serie de personajes más allá de la normalidad física o espiritual. El místico es uno de estos seres que preocupó a Galdós hondamente. Su mentalidad racionalista indudablemente estaba más preparada para interpretar los fenómenos normales y esto explica en buena parte su postura ante este fenómeno místico que trató de aprehender con una metodología naturalista. En este intento que comienza en *Fortunata y Jacinta* y dura todo este período, Galdós comprendió perfectamente que el comportamiento humano no depende exclusivamente de la Naturaleza pero no puede en ningún caso contradecirla. Ella es la creación misma, quien ha hecho las cosas tal como son y las infunde su sentido y finalidad y por eso se opone a los artificios que pretenden cambiar el orden de los acontecimientos. El poder de la voluntad humana debe crear su propia conducta y dirigir el acontecer social de acuerdo con el propio natural de la sociedad (14). Esto nos muestra que si el hombre es el protagonista, la historia tiene ya una finalidad donde cada cosa debe actuar de acuerdo con su naturaleza. Ahí convergen varias líneas de pensamiento: desde la finalidad natural de Aristóteles hasta la racionalidad histórica de Hegel.

Galdós desea así abordar una labor de autentificación donde el amor, la libertad y el orden son los criterios primordiales y naturales dentro del marco de la especie humana a quien pertenecen las pasiones, los anhelos, las antipatías, la imperfección... donde los sustitutos suelen conducir a grandes errores. Así el monstruo engendrado por Torquemada (15) es un símbolo de los efectos producidos por quien ha contravenido las leyes naturales (o más exactamente las socionaturales). El misticismo de Leré —quien pertenece a una familia de monstruos— (16) es en parte monstruoso en cuanto se realiza al margen de las leyes físicas, y por eso produce efectos contraproducentes en Angel Guerra, y cuando, al final, tras la muerte de éste, Leré marcha a sus obligaciones religiosas, sigue siendo un fenómeno incomprendido para el mismo Galdós (17).

(13) G. CORREA, *Presencia de la Naturaleza en las novelas de Pérez Galdós*, en «Thesaurus», t. XVIII, núm. 3 (Bogotá, 1963), 649.

(14) AG, 1263.

(15) TSP, 1125.

(16) AG, 1257.

(17) «... pasada la impresión hondísima de la muerte de su amigo recobró por merced divina la serenidad augusta sin la cual no fuera posible su trabajosa misión entre las miserias y dolores de este mundo». Ib., 1532.

En *Halma* vuelve sobre el tema. Se trata de una reconversión natural en la que Nazarín interviene como agente. Es, en primer lugar, un intento de Galdós por situar socialmente al hombre religioso, quien por superar la vulgaridad moral puede servir de guía. Antonio de Urrea es un caso semejante al de Angel Guerra. Su atracción por Halma se ve reforzada por los deseos religiosos de ésta, quien desea fundar una orden religiosa. Sin embargo, no consigue anular sus instintos amorosos (18) a pesar de la cura de misticismo y es precisamente Nazarín quien muestra cuál ha de ser el camino de los acontecimientos:

«—Porque eres muy torpe. Nada, hijo, que he convencido a la señora condesa... ¿Te lo digo?, de que debe rematar la gran obra de tu corrección, ¿te lo digo?... haciéndote su esposo. ¿No lo crees?(...) —Calma, hijo, no hagas locuras. Las cosas van por donde deben ir. Da gracias a Dios por haber iluminado a tu prima. Al fin comprende que debe llevarse la corriente de la vida por su cauce natural. Su determinación resuelve de un modo naturalísimo todas las dificultades que en gobierno de esta ínsula surgieron» (19).

No rechaza Galdós el fenómeno religioso pero le preocupan sus manifestaciones irracionales, antinaturales y artificiosas. Debe, pues, también acomodarse y tomar conciencia de cuáles son los límites naturales del hombre para ser admirable e igualmente quedar incluido dentro del equilibrio social, que puede peligrar si no respeta la autonomía de sus propias peculiaridades. Rechaza las falsas piedades que se basan en los propios desajustes internos, tienden a someter a los demás e impiden el avance de los acontecimientos naturales. Así, por ejemplo, la esterilidad de doña Juana es el origen de una religiosidad destructora del amor humano, que fía al culto todas las posibilidades de salvación del alma pero que se desentiende por completo de la realidad humana. Es una religión maniquea, falsamente espiritual, que busca una perfección fuera de los márgenes de la naturaleza humana. Es la religión que Galdós rechazó desde sus primeras novelas y rechaza nuevamente ahora. Se trata de una religión nacida de profundos desajustes, patológica en sus raíces y destructora de la realidad natural del propio hombre y de la sociedad: de aquél porque restringe y anula la capacidad creadora de la conciencia y de ésta en cuanto le impone un sistema de apariencia sagrada que ahoga el normal desarrollo de la historia. Galdós rechaza, como señala Correa, «los métodos de represión y estancamiento de la personalidad y propone esquemas que están de acuerdo con los paradigmas de la Naturaleza» (20).

(18) HA, 1853-4.
(19) Ib., 1864.
(20) G. CORREA, o. c., 651.

1.2. *Naturaleza y civilización*

La Naturaleza es un principio primario frente a la civilización, expresión de un ideal frente a los convencionalismos sociales: «... amé la Naturaleza —dice Rogelio— y en ella puse el nido de mis creencias. Era como el salvaje que funda su vida en los elementos primarios: el miedo, el valor, el placer, el misterio...» (21). Su proclamación amorosa está por encima de las instituciones sociales y sólo al final accede al matrimonio para compartir con Casandra el crimen de doña Juana, ante la Sociedad.

Dolly, en la novela *El abuelo*, se nos presenta como criatura de la Naturaleza. Junto a Nelly ha recibido una educación en la que «su institutriz es la Naturaleza; su elegancia, la libertad; su salón, el bosque» (22); y ahí nacen sus desbordados sentimientos y su carácter impetuoso. Nelly, la nieta legítima, gusta de los modales reservados y se comporta siempre de forma comedida. Ambas representan el desacuerdo entre Naturaleza y Ley (23), entre la legitimación natural y la legal. Su comportamiento produce la duda que es superada por el desbordamiento de la generosa Dolly, quien rehuye la civilización para atender a su anciano abuelo. Los designios de la Naturaleza rompen así todos los convencionalismos basados en el honor y los sustituye por la legitimación del amor. Se convierte en potencia salvadora al mostrar los falsos artificios de una civilización que basa su actuación criterios externos y ofrecer la auténtica dimensión humana: el amor. Dolly regenera a su abuelo, quien siente recobrar su ser y su equilibrio (24).

No se trata, pues, de una Naturaleza ciega, basada únicamente en leyes hereditarias donde sólo triunfan los instintos y los apetitos que sumen al hombre en un estado de negatividad. El acercamiento de Galdós al mundo moral y religioso le ayudó a superar un naturalismo rígidamente determinista para acceder a la descripción de la Naturaleza como generadora de vida, regazo para quien se acoge a ella y permanentemente fecunda, cuya rica creatividad desborda los moldes estrechos de una realización civilizada.

La novelística galdosiana ofrece el primado de la Naturaleza frente a la metafísica (25). La vida —lo vital— triunfa siempre sobre los criterios fríamente racionales.

La falta de adecuación entre la Naturaleza y las leyes sociales es evidente, si bien Galdós afirma la necesidad que el hombre tiene de vivir en una sociedad para evitar el caos colectivo. Esta antítesis conduce a Nazarín a

---

(21) CA, 131.
(22) AB, 18.
(23) Ib., 84.
(24) Ib., 112.
(25) Refiriéndose a *El amigo Manso* donde se plantea este problema, Correa dice lo siguiente: «La razón se hallaba situada de esta manera en la esfera de lo imperfecto, frente a la Naturaleza, en cuyo ámbito podemos ver sus propios designios de perfección.» G. CORREA, o. c., 659.

optar por la Naturaleza como medio en el cual vivir, como alternativa a la civilización urbana. En este sentido la Naturaleza adquiere la doble dimensión de medio físico virgen, que presenta en toda su pureza las fuerzas agrestes y, de otra parte, ello comporta una manera de vivir moralmente diferenciada, menos artificial y más auténtica. De esta forma se presenta la Naturaleza ante Nazarín:

> «Se alejaba, se alejaba, buscando más campo, más horizonte, y echándose en brazos de la Naturaleza, desde cuyo regazo podía ver a Dios a sus anchas. ¡Cuán hermosa la Naturaleza, cuán fea la Humanidad! (...) Su anhelo de semejante vida era de tal modo irresistible que no podía vencerlo más. Vivir en la Naturaleza, lejos de las ciudades opulentas y corrompidas, ¡qué encanto!... (26).

Una ruptura semejante con la civilización la encontramos ya en *Angel Guerra*, donde el protagonista se aparta del bullicio ciudadano para establecerse en plena Naturaleza; igualmente Halma desea fundar su congregación fuera de la ciudad. Todas estas manifestaciones en la novelística galdosiana muestran a la civilización y la Naturaleza como paradigmas inicialmente antagónicos que más tarde habrá de sintetizar. La intolerancia que la Naturaleza muestra frente a los artificios de la civilización no conduce a la negación de la sociedad como medio espúreo y rechazable; tal y como señala Correa: «esta dualidad divergente entre Naturaleza y Sociedad, por una parte, y razón y naturaleza por otra, pueden resolverse, sin embargo, en una armoniosa adecuación más favorable y positiva para el hombre» (27).

Galdós mismo vio los peligros que se derivaban del enfrentamiento y del idealismo excesivo que la libertad natural provocaba. El hecho de que Nazarín salga de la ciudad o de que Halma desee fundar en Pedralba no niega la existencia de una sociedad que permanece presente en todos sus mecanismos de supervivencia. Es más, esa libertad sin límites es una provocación a las instituciones sociales que rápidamente intentan ahogarla: la Iglesia desea un eclesiástico al frente de la fundación; la Ciencia desea que un científico sea quien gobierne y la Administración desea una dirección administrativa.

El lenguaje de lo natural en su pureza radical es incomprensible para la mayoría de los hombres, su creatividad puede convertirse paradójicamente en destrucción, y siempre cabe el peligro de producir efectos contraproducentes.

Ahí nace la convicción galdosiana de llegar a una síntesis. Nazarín es incorporado a la Iglesia (28) y Halma al casarse con Urrea forma una fami-

---

(26) NA, 1700.
(27) G. CORREA, o. c., 661.
(28) «No tengo inconveniente en darle de alta —dice don Remigio a Nazarín—, bajo mi responsabilidad, seguro de que el señor Obispo ha de confirmar mi dictamen...» HA, 1866.

lia, con la cual se incorpora plenamente a la sociedad. Pero todos estos personajes tienen la misión de infundir en la sociedad ese deseo de libertad que demostraron al apartarse de ella. Significan, por tanto, el cambio de una moral y religión legalistas por una moral y religión naturales que hacen posible una realización adecuada del hombre y de la propia sociedad. No se trata, pues, de una lucha de elementos irreconciliables, sino de la necesidad de armonía y tolerancia. Creo que este texto de Angel del Río expresa con justeza la posición de Galdós:

> «Lo que hace es dar mayor amplitud a sus ideas de siempre, evitando el peligro de que se conviertan en dogma, como ocurre con toda idea cuando se aparta de la vida. No renunció a su liberalismo, a su fe en la igualdad humana y en el libre juego de las fuerzas del hombre y la Naturaleza; lo superó con la creencia de que la base de todo liberalismo se encuentra, antes que en la lucha de intereses, en el respeto a la libre determinación del ser: primero viene lo moral y humano; luego lo económico y social. Tampoco renunció al otro de los credos fundamentales de su ideología: el positivismo. Siguió pensando que el hombre, y más el español de su tiempo, necesitaba dominar la materia por medio de la ciencia y el trabajo; pero complementa esta fe, puramente materialista, del positivismo con la convicción de que la verdadera liberación de las necesidades materiales se logran principalmente por el espíritu y que el progreso material no mejora en nada la suerte del hombre en la tierra si no va acompañado del progreso moral» (29).

2. EL BIEN Y EL MAL: PRINCIPIOS NATURALES

Hasta ahora hemos definido a la Naturaleza como principio activo frente a la rutina, el fariseísmo o cualquier otra forma artificial. En este sentido, es una realidad polivalente y omnipotente tanto a nivel interior como exterior, descriptible como antítesis del binomio del que forma parte. Siempre como potencia superior (30) y desbordada que necesita ser integrada en un equilibrio con las demás facultades del hombre e incluso con la Sociedad. Este equilibrio natural ha de ser guía y orientación en todos los actos de la vida humana.

Sin embargo, la Naturaleza puede ser definida por su contenido específico: el Bien y el Mal son principios naturales. Ella engendra ambos paradigmas y no puede anular ninguno de los dos. Lucrecia (31) se siente madre

(29) A. DEL RÍO, o.c., 324.
(30) «Cuando las fuerzas de la Naturaleza se desencadenan contra el hombre, ¿qué valor tienen las vanidades humanas, ni las vanidades de las naciones por grandes que sean? W. SHOEMAKER, o.c., 460.
(31) Su nombre simboliza a Lucrecio, autor de *De rerum natura*.

de sus dos hijas que significan ese dualismo y no puede prescindir de ninguna: «La una es mi deber, la otra mi error. Mi conciencia necesita los dos testigos, las dos presencias, para que yo pueda tener siempre entre mis brazos, sobre mi corazón, mis buenas y malas acciones» (32).

Esta maternidad común los convierte en necesarios. Ambos son principios activos cuya oposición engendra progresivamente la realidad misma. Ambos, pues, son igualmente positivos (33) e imprescindibles. Galdós no mira el Bien y el Mal bajo el prisma de la metafísica o la teología. Prescinde de cuál sea su esencia para mostrarlos como principios relativos y complementarios.

Su metodología histórica le impide rechazar algo como radicalmente malo o mantener lo opuesto como radicalmente bueno. A veces es un simple problema de perspectiva. El conde de Albrit duda en su lucha contra la erradicación del mal; duda que se mantiene hasta el final, ya que los acontecimientos le demuestran que la nieta ilegítima —el mal según la moral del honor— es capaz de amar, lo cual es indudablemente un bien como atestigua la versión dramática: «Ven a mis brazos... Dios te ha traído a mí... niña mía..., amor... la verdad eterna» (34).

Una verdad que sólo es asequible a la conciencia si ésta se libera de sus antiguos valores; y después lo reasume en su dimensión definitiva: «Pues el honor... —dice don Pío—. Si no es la virtud, el amor al prójimo, y el no querer mal a nadie, ni a nuestros enemigos, juro por las barbas de Júpiter que no sé lo que es» (35). La carta de Lucrecia es la sanción de la Naturaleza a esta transformación: «Puesto que usted quiere a Dolly, y Dolly le quiere, doy mi consentimiento para que viva en su compañía, por sus días. Y que éstos sean muchos desea ardientemente su hija, Lucrecia» (36).

La vaciedad de las definiciones especulativas, fácilmente tergiversables (37), es sustituida por el proceso de los acontecimientos, capaz de diferenciar el Bien del Mal y de mostrar la necesaria existencia de ambos: anular el mal puede ser la causa de que no alcancemos el bien. Su dialéctica engendra la realidad armónica y, por tanto, superior.

De nuevo aquí se nos plantea la necesidad de un equilibrio en todos los niveles de la realidad. Ese equilibrio procede —como señala Angel del Río— «de la batalla sin tregua del mal y del bien», y sobre ese equilibrio «se

(32) AB, 103.
(33) «... de que el mal y el bien son igualmente positivos, con la diferencia de que el mal se determina en uno mismo, y el bien en los demás, es decir, que la concreción del mal es sufrirlo, y la del bien hacerlo.» AG, 1370.
(34) B. Pérez Galdós, El abuelo, adaptación dramática escrita en 1904, 1055. En la versión de 1897 mantiene la perturbadora relación de contrarios: «¿El mal... es el bien?». AB, 113.
(35) AB, 111.
(36) Ib., 113.
(37) Así sucede con las definiciones que Bailón da Torquemada. TH, 921.

asientan la vida, el progreso y la historia» (38). Eso explica también, desde esta perspectiva, el rechazo a las conductas que hemos definido como ideales, deseosas del bien absoluto o de la completa perfección. Rechazan la imperfección, el mal, que pertenece a la naturaleza humana y ello implica el fin del hombre. La única perfección viable es aquella que acoge la lucha entre todos los componentes de la realidad (39).

Esta dialéctica en *La loca de la casa* viene representada por las relaciones entre Victoria y Cruz, a quienes en un primer momento podemos definir respectivamente como el bien y el mal. Sin embargo, los acontecimientos muestran que la definición no es tan fácil como presentan las apariencias. La racionalidad y la rudeza de Cruz son un mal desde la perspectiva espiritualista de Victoria, pero igualmente aquél piensa que la conducta caritativa de ésta rompe la armonía humana, ya que «desaparece la estricta rectitud y los malos pagadores sacan los pies del plato» (40). El mundo de la economía —Cruz— necesita del trabajo, la propiedad y la contabilidad (41), pero esas virtudes económicas necesitan entrar en relación con el mundo moral para que no vengan a ser simple codicia. En esta esfera de la propiedad la Justicia es una acción correctora por la cual se hace cumplir la ley a rajatabla, defensora a ultranza de la propiedad privada y, por tanto, fuente de egoísmo. Victoria aporta a ese mundo un deseo de igualdad:

> «Llevóme hacia ti..., ¿te lo digo?, ¿quieres conocer hasta los últimos repliegues de mi pensamiento?... Arrastróme hacia ti una vaga inspiración religiosa, y además de religiosa (...) socialista...; así se dice...; la idea de apoderame de ti invadiendo cautelosamente tu confianza, para repartir tus riquezas, dando lo que te sobre a los que nada tienen..., para ordenar las cosas mejor de lo que están, nivelando, ¿sabes?, nivelando...» (42).

Esta tensión produce un nuevo orden de cosas donde Cruz aporta su laboriosidad: «Soy el instrumento de la Providencia, el Dios destructor... Destruyo para que los demás tengan suelo y material para edificar» (43), y él mismo reconoce en Victoria a «la más hermosa creación de la Naturaleza» (44), portadora de los valores morales y religiosos, por más que la visión que Galdós nos da de la religión a través de Victoria es muy estereotipada, dudosa y forzada, al servicio de los valores sociales que desea mantener. La síntesis final supone la unión de ambos sin romper la unidad bienmal: «eres el mal, y si el mal no existiera, los buenos no sabríamos qué

---

(38) A. DEL RÍO, o. c., 335.
(39) Jordana lo explica prácticamente: «En fin, conviene combinar lo espiirtual con lo profano. Agua bendita por un lado; por otro, «Champagne». LCA, 1642.
(40) Ib., 1651.
(41) Ib., 1664.
(42) Ib., 1653.
(43) Ib., 1663.
(44) Ib., 1665.

hacer..., ni podríamos vivir» (45). Cruz, por su parte, afirma: «Mientras más la quiero, más me afirmo en ser lo que soy. Es que teniéndome por indomable, me agradan los latigazos de la domadora. Ni yo puedo vivir sin ella, ni ella si mí» (46).

Este final, semejante al de *El abuelo,* es, sin embargo, bastante más forzado al querer justificar un orden social frente a los intentos revolucionarios ya presentes en los finales de siglo. Los valores morales son usados como equilibradores reaccionarios de un progreso socioeconómico cuyos valores por sí mismos pueden quedar controlados. Mientras que en *El abuelo* la crisis de valores producida, si bien tiene repercusiones en la jerarquía social, incide sobre todo en la interioridad de la conciencia. En cualquier caso, ambos son claros ejemplos de la visión unitaria que Galdós tenía de la Naturaleza y de la realidad misma y de cómo la antítesis de los opuestos engendra la auténtica realidad.

No es, sin embargo, una concepción dialéctica de la historia en su sentido más literal. Angel del Río lo denomina «una especie de concepción dialéctica» (47) y creo que la denominación es válida. Ciertamente la nueva realidad (síntesis) no se logra tanto por la superación mutua de tesis y antítesis, sino por la reasunción y equilibrio de ambas. Esta filosofía de la historia, pues, no se adecua totalmente a la concepción hegeliana. Pérez Galdós, tras mostrar la existencia del Bien y el Mal y de todas las demás antítesis naturales y sociales, advierte cómo siempre hay posibilidades de conciliación.

3. FATALISMO Y LIBERTAD

Nos quedan dos últimos aspectos por tratar. Paradójicamente la Naturaleza impone un cierto grado de fatalismo al tiempo que la libertad natural se afirma como alternativa frente a la burocracia, cuyo determinismo es cualitativamente peor, ya que se ejerce desde fuera del individuo.

Miau es la novela por antonomasia del fatalismo. Su presencia se palpa a través de la conciencia que de él tienen los personajes como fuerza superior a sus deseos (48), principio rector capaz de impedir la salvación del individuo (49), quien lo vivencia como insuperable: «Somos —dice Abelarda— unas pobres cursis. Las cursis nacen y no hay fuerza humana que les quite el sello. Seré mujer de otro cursi y tendré hijos cursis...» (50). La fa-

---

(45) Ib., 1671.
(46) Ib.
(47) A. DEL RÍO, o. c., 322.
(48) MI, 596.
(49) Ib., 597.
(50) Ib., 603.

talidad es una fuerza superior al hombre que se opone a todo tipo de esperanza, donde la experiencia se muestra opuesta a la virtud (51). Ciertamente, la conclusión de la novela nos presenta la victoria del fatalismo burocrático que impone ya cuál deberá ser el porvenir del cesante. Las leyes sociales en este caso llegan a convertirse en algo «natural». No es menos cierto que gran parte de esos males sociales que los Villaamil padecen son consecuencia, en gran medida, de la herencia de los desórdenes nerviosos. Sus desajustes mentales determinan en gran parte su propio destino (52). Así, al determinismo de su naturaleza se superpone el automatismo de un poder absurdo que actúa caprichosamente sumiendo al personaje en el desamparo. «La muerte en *Miau* —como dice Casalduero— es sólo huir...» (53). Pero esta huida viene exigida fatalmente por un sentimiento de opresión en el que Sociedad y Naturaleza han colaborado amenazando al hombre con el absurdo.

Esta colaboración entre causas externas e internas se plantea también en la descripción que de Federico Viera hace su amigo Infante:

> «De mí sé decirte que le estimo de veras, y que trato de mejorar su adversa suerte. Pero me parece que no haremos carrera de él. Quéjase de la fatalidad, ¡el comodín de todos los que equivocan el camino de la vida!, pero yo voy creyendo que en este caso la fatalidad existe, y que Federico no adelanta porque se lo estorba alguna fuerza interior incontrastable, y también circunstancias externas independientes de su voluntad» (54).

Fatalidad que Federico sufre de la influencia paterna:

> «A nuestro amigo le perjudica el nombre de su padre, que es la mayor de sus desdichas. Lo mismo es decir Viera, que surge la imagen de ese solemnísimo bribón, cuya triste fama permanece en Madrid, viviendo él fuera de España. Esta es la fatalidad de Federico, el sino perverso que le hará miserable y desgraciado toda su vida; pues aun cuando llegara a vencer los inconvenientes del deshonrado nombre que lleva no se quitará nunca la mala sombra que su padre ha echado sobre él con la perversa educación que le dio» (55).

Así pues, Galdós hace depender el destino propio de la propia naturaleza donde ésta impone los límites que el individuo no puede rebasar. Federico no puede abandonar su propio sistema de vida, ni Angel Guerra romper con su natural apasionado, por citar dos ejemplos. Sin embargo, y como

---

(51) Ib., **639**.
(52) Gullón ha dicho de *Miau* que es una «parábola en torno al destino del hombre». R. GULLÓN, *Galdós, novelista moderno* (Madrid, 1966), 306.
(53) J. CASALDUERO, *Vida y obra de Galdós*, 96.
(54) LI, 718.
(55) Ib.

ya hemos mencionado, este determinismo de la Naturaleza puede ofrecerse
como liberación frente al fatalismo artificioso de la Sociedad.

Esta dualidad de la Naturaleza permite la superación del fatalismo radical y ciego al hacer posible la introducción de ciertos valores desde los
cuales se enriquece su propia vida. Así Galdós cree en la educación de la
voluntad, rectificadora de errores y fuente de arrepentimiento, con enorme
capacidad de salvar a quien la ejerce.

Por tanto, Galdós nos ofrece el personaje a quien su propio natural
libera de las soluciones artificiales de la sociedad, es decir, por la fidelidad
del personaje a su propio ser; e igualmente el otro personaje que buscó la
solución en criterios externos y al final la fuerza de la propia Naturaleza
le ayuda a rectificar. En ambos casos tenemos lo que podemos denominar
una especie de «determinismo liberador», diferente del que mostró en *La
desheredada* o *Lo prohibido*. Sin embargo, para algunos personajes el proceso es ya irreversible: cuando Torquemada desea reintegrarse a su primitiva naturaleza (56) es ya tarde y ello determina su ambigüedad final.

Cruz, en *La loca de la casa*, se debate al final con su propio carácter.
Siente de pronto que lo traiciona: «Me avergüenzo de la traición que hago
a mi carácter» (57), e incluso Moncada le tiene por «hombre vencido y do-
mado». Sus últimas palabras en que reafirma su ser —«el ser lo que soy»,
dice— significa la necesidad de justificar su unión a Victoria como algo que
cae dentro de su naturaleza. Incluso considera que el amor de su mujer
mejora su propio ser.

Antes de esta aceptación, que supone la liberación, los personajes sufren
una profunda crisis, una lucha interior cuya misión es precisamente adecuar
el comportamiento a la conciencia. Ello supone, en primer lugar, el arrepentimiento como consecuencia de la nitidez en que su interior se le presenta: Lucrecia, tras una crisis que le supone auténtico dolor físico exclama:
«... he visto mi conciencia... lo he visto. Ya sé que no debo ser la que he
sido y estoy decidida a ser otra» (58). El conocimiento real de sí mismo trae
a su vez la libertad de opción y con ella la posibilidad de una plena adecuación consigo mismo y de lograr la unidad que supere las contradicciones
destructoras. En este sentido la Naturaleza con su determinismo frente a
los artificios engendra la libertad.

Sin esta base natural cualquier intento de salvación está llamado al fracaso. Por el contrario, cuando el hombre lucha y consigue su propia síntesis,
su propia identificación, e incluso su misión histórica, entonces está capacitado para acceder al plano de los valores positivos, el amor sobre todos ellos.

Este es, fundamentalmente, el esquema galdosiano, bastante elemental,

(56) «¡Cuerno! Que ya es tiempo de ser uno Pueblo, de volver al Pueblo, a la
Naturaleza, por decirlo así.» TSP, 1166.
(57) LCA, 1670.
(58) AB, 102.

podríamos decir, pero claro y firme. Su deseo de autenticidad le llevó desde sus presupuestos a presentar las contradicciones existentes entre sus personajes para mostrar a continuación qué posibilidades tenía cada uno de superarlas. La rica variedad de la misma Naturaleza excluye las soluciones tipificadas y la verdad deja de ser problema de tribunales para venir a ser una cualidad de la conciencia. Se trata de la primacía de la ética frente al Derecho, sin desechar la misión social que éste tiene.

Como señala Angel del Río, «es en la zona de lo moral y lo religioso, zona del espíritu por excelencia, donde afinca en verdad el pensamiento de Galdós» (59). Pero no es un teórico, sino, fundamentalmente, un observador; su observación le condujo a fijarse en la Naturaleza como principio activo y en la Sociedad, medio donde el hombre vive y, por tanto, se halla en la necesidad de aceptarla como interlocutora.

(59) A. DEL RÍO, o. c., 334.

IV. LA SOCIEDAD, MEDIO HISTORICO DE LA SALVACION

El humanismo que como vocación Galdós esgrime a lo largo de su obra, incluye en su radio de acción a la sociedad, ya que ahí se realiza la vida humana. Y esta inclusión la hace en función de mostrar las contradicciones internas de la Restauración que impedían un desarrollo libre, maduro y coherente (1).

La sociedad objetiva una serie de valores principalmente éticos que el hombre precisa rescatar para utilizarlos en su propia realización. Valores cuyo significado se encuentra invertido o manipulado bajo diversas variantes que van desde la vanidad hasta el fariseísmo o la intolerancia como formas opuestas a la Naturaleza, por lo cual impiden el normal desarrollo del individuo.

Desde su particular visión, Galdós se dedica a criticar la normativa vigente en la sociedad, tratando de imponer una revisión que redujera las deficiencias y contradicciones de la sociedad española en orden a hacer posible la libertad frente a todo tipo de falsedades y a la realización del destino histórico auténtico de cada componente social frente a las desviaciones surgidas. Intentará mostrar cuál debe ser el destino del hombre y de la mujer; la función que corresponde a la aristocracia y la burguesía, a la política y la religión y a todos los demás componentes en pro de esa voluntad de síntesis que constituye la finalidad de su novelística.

Ese humanismo, acto de fe en la bondad natural del hombre, constituye su criterio de interpretación a través del cual desfilan los mecanismos sociales tal y como se le mostraban en la sociedad que observaba. La crítica que ejerce se suaviza con la ternura o con la visión humorística y evita las descripciones agresivas, que sólo aparecen en contadas ocasiones, o el «realismo grosero» (2) de la escuela francesa que no llegó nunca a profesar. Es más, Galdós tiende a ofrecer modelos universales conducentes a una ac-

(1) «Filosofía de la persona y de la libertad. Esto es lo que descubre en la obra de un novelista liberal que muestra las taras de una sociedad dividida en clanes políticos, sociales, religiosos o filosóficos, en la que el fanatismo al igual que la moral conformista de los pequeño-burgueses miopes, ofende por igual a la razón y al sentimiento, burla a la persona humana ignorando sus derechos e incluso, en algunos casos (doña Perfecta), hasta su misma existencia.» J. BLANQUAT, o. c., 216.

(2) Ib., 208.

ción positiva que supere la crítica superflua; aportar la condición de que se
ha producido una inversión sistemática en el conocimiento de las cosas y
que es preciso, por tanto, proceder a la inversa armonizando los principios
con las realizaciones. Expresa su deseo de que se forme una sociedad coherente que produzca acciones igualmente coherentes y para ello invita a una
toma de conciencia sobre la necesidad de una regeneración que comience en
las entrañas y se extienda a cada una de sus actividades.

1. LA SOCIEDAD ES UN ORGANISMO VIVO

En primer lugar, la Sociedad se presenta en la novelística galdosiana
como una estructura dinámica, un organismo vivo que tiende a subsistir
como principal misión y que conoce las técnicas que debe utilizar para conseguirlo. Preexiste al individuo, sus principios y su moral tienen ya «replie-
gues y arrugas» (3) y tiende a la uniformidad por lo que difícilmente admite
las excepciones: «A todo el que piensa o hace algo extraordinario le llaman
loco. Es que esta innoble Sociedad sin religión, sin ningún principio, no
comprende nada grande», dice un personaje de *Realidad* (4).

Existe asimismo una permanente dualidad, visible o invisible, que obliga a los individuos a llevar una doble vida, favorece así los intereses sociales antes que los individuales; su propia dinámica establece la prioridad de
los valores que han de juzgar las conductas de los individuos: son adecuadas
las realizaciones de acuerdo con su efectividad al margen de la intención
subyacente que pertenece al mundo de lo invisible.

La Sociedad busca la solución pragmática de los problemas. El alcalde
que entrevista a Nazarín así se lo hace saber: «El fin del hombre es vivir.
No se vive sin comer. No se come sin trabajar. Y en este siglo ilustrado,
¿a qué tiene que mirar el hombre? A la industria, a la agricultura, a la administración, al comercio. He aquí el problema» (5). Y en este sentido Galdós tuvo la convicción de que fracasaría cualquier intento que de forma radical se opusiera a este programa, como también estaba convencido de las
limitaciones humanas que contenía. De estos dos puntos nace la visión, crítica y programática, que Pérez Galdós tiene de la Sociedad. Entre los santos
y los ferrocarriles (6) como símbolos de dos interpretaciones de la realidad
propias de la edad moderna, intenta la vía media del humanismo ético:
intento de humanizar la sociedad para que ésta sea válida interlocutora
del individuo, ya que éste necesariamente tiene que vivir en ella, pues sus

(3) RE, 811.
(4) Ib., 882.
(5) NA, 1745.
(6) Ib. Esta polarización ya la usó en *Angel Guerra:* «Se empeña en que este siglo
ha de tener santos y santas y yo le digo que no hay más que ferrocarriles, telégrafos,
sellos móviles y demonios coronados...» AG, 1322.

mecanismos de subsistencia son tan fuertes que agotan los intentos individuales de automarginamiento en tanto son focos incontrolados. El caso más
claro nos lo ofrece Galdós cuando presenta a las instituciones reclamando
la dirección de esa peculiar fundación que Halma desea fundar. Cada una
ofrece la exclusiva de su aportación (7) pero las tres critican el carácter ainstitucional y asocial de la obra de la condesa. Ni siquiera la Iglesia permite
el ejercicio de caridad fuera de su cobijo y reclama para sí este derecho
como una más de las profesiones, al tiempo que la ciencia reclama la prioridad de la medicina sobre la virtud y la administración señala la necesidad
de trigo para vivir, con anterioridad a la fe o el misticismo.

Este papel de los valores sociales como aglutinantes del organismo social es claramente defendido a excepción, en algunos casos, de la Iglesia.
Admite su presencia —en *Angel Guerra,* Leré permanece como representante de una orden religiosa; Nazarín reingresa, asimismo, en el seno eclesial—
pero admite la existencia paralela del ejercicio caritativo de Benigna y de
Rosaura que la realizan al margen de la Iglesia como institución.

La crítica, pues, que Galdós ejerce durante este período no es en absoluto corrosiva. La experiencia del fracaso revolucionario de 1868 pesó lo
suficiente como para que no volviera a desear cambios bruscos (8); su pesimismo labró una concepción determinista del cambio social en el que, frente
a la acción política fracasada, se erigía ahora la necesidad de una regeneración
ética de las «entrañas» (9), como antes señalábamos. En su perspectiva se
trataba de hacer una crítica más en profundidad que la puramente política
o económica, que serían sólo las manifestaciones del funcionamiento interior.

Ese fracaso aludido condujo a Galdós a posturas políticamente conservadoras al tiempo que reactivaba la crítica moral de las normas sociales
como directamente incidentes en la vida individual. La afirmación de que
el hombre necesariamente ha de vivir en la sociedad es constante y paralela
a su deseo de mostrar la urgencia de lograr unas mejoras que habrán de
conseguir los individuos y que repercutirán en los propios individuos.

---

(7) La Iglesia: «Procuraría dar ejecución práctica y visible a las ideas, a los
elevados sentimientos de caridad de la santa señora, y, modestia a un lado, creo que no
me sería difícil conseguirlo...» La Ciencia: «Yo soy muy práctico, reconozco la importancia del elemento sacerdotal en un organismo de esta clase; es más: creo que tal elemento es indispensable; pero la dirección, señores, opino, respetando el parecer del
señor cura, opino, entiendo yo... que debe ser encomendada a la Ciencia...» La Administración: «Bueno que tengamos el elemento tal..., religión, bueno; elemento cual...,
medicina, bueno. Pero para que éstos puedan concordarse y vivir el uno enclavizado
en el otro, se necesita el elemento primero que es el trabajo, el orden, la cuenta, la
razón...» HA, 1849-50.
(8) «Hemos visto terminar revolucionariamente un reinado y los demoledores ante
los ojos de la misma generación en que combatieron, restauraron errores y vicios que
tan acerbamente habían maldecido.» W. SHOEMAKER, o. c., 537-8.
(9) «Estas son las que deben regenerarse ante todo; que si en ellas no hay virtud,
inútil es pedirla a las extremidades obedientes.» Ib., 537.

Galdós es consciente de que el comportamiento social es positivista: mantener la supervivencia conquistada, reconquistarla o alcanzarla: «En este mundo pícaro —dice Cruz— no hay que esperar felicidades de relumbrón, que casi siempre son humo; basta adquirir un mediano bienestar. Las necesidades satisfechas; eso es lo principal... ¡Vivir, y con esto se dice todo!» (10).

También es consciente de que el orden económico condiciona la visión ética —doña Lupe reflexiona sobre cómo no puede haber virtud en situación económicamente miserable (11)— y la sociedad restauracionista se caracteriza por la lucha sórdida en busca de un puesto adecuado. En torno a la burguesía, el aristócrata reafirma su derecho a la vida (eso significa el grito de Cruz) y el proletariado se presenta como amenaza frente al orden establecido: «El sablazo es la forma incipiente del colectivismo —opinó Morentín—. Estamos ahora en la época del martirio, de las catacumbas. Vendrá luego el reconocimiento del derecho a pedir, de la obligación de dar; la ley protegerá al pordiosero, y triunfará el principio del "todo para todos"» (12). E incluso la Iglesia toma opción por un orden determinado: «Bienaventurados —dijo con unción evangélica su ilustrísima— los ricos que saben emplear cristianamente sus caudales en provecho de las clases menesterosas» (13), al tiempo que los clérigos manifiestan su posición pragmática ante la situación económica: «Ahora hay que aplicarse a defender el materialismo de la existencia, porque los demás a eso van, y no es cosa de quedarse uno en medio del arroyo mirando a las estrellas» (14).

Sin duda, Galdós reconocía en los sacerdotes gran capacidad de acomodación como hombres que habían tomado conciencia de la medianía de los tiempos. En la medida en que cada uno es hijo de su tiempo, a los españoles de finales de siglo les correspondía ser medianos y eminentemente prácticos. Por eso, cuando busca una alternativa tajante a este pragmatismo, choca violentamente con los usos vigentes. Nazarín y Halma pretenden establecer unos principios espirituales que excluyen los materiales. El choque frontal no hace sino provocar contradicciones: cuando la condesa Halma renuncia al rendimiento económico de Pedralba como condición necesaria para acceder a la vida espiritual no es comprendida por Pascual, para quien incluso resulta inútil dedicar la tierra de cultivo a lugar de contemplación. La nueva postura de Halma rectifica y supera el antagonismo: se trata de dar a la tierra su función y su finalidad poniéndola al servicio del pueblo: «hay que sacar del suelo de Dios todo lo que se pueda» (15). Es la búsqueda del equilibrio que Galdós siempre emprende y que reafirma en *Misericordia* y en *Casandra,* donde defiende la necesidad de una redistribución más justa que

(10) TC, 981.
(11) Ib., 936.
(12) TP, 1036.
(13) Ib., 1101-2.
(14) AG, 1323.
(15) HA, 1843.

conduzca a un orden más equitativo. Benigna aporta el «espíritu de lucha», la esperanza en las fuerzas de vivir y la actitud que evite de nuevo el desequilibrio. Cuando Alfonso —personaje de *Casandra*— aboga por la necesidad de trabajar, «domar» la tierra, aporta, a su vez, ese humanismo ético de ayuda mutua: «Esa ruindad de los tiempos no acabará mientras los españoles no aprendamos a prestarnos auxilio unos a otros; mientras los que poseen con exceso no alarguen su mano a los que sufren escasez, a los que, cargados de hijos y de obligaciones duras, no pueden vivir ni respirar... Malo está y estará todo mientras el egoísmo sea ley de las almas» (16). Un programa realizable socialmente y justificable en sí mismo sin finalidad puramente espiritual. El remedio al egoísmo se logra en la lucha por un reparto real y no sólo mediante una actividad que nace y termina en el espíritu.

Tras el desastre del 98, Galdós, de una forma más palpable, busca la solución a una sociedad desquiciada mediante el esfuerzo de la colectividad que potencie la agricultura y la industria, abonada por «la libre conciencia, el respeto, la disciplina, el orden mismo...» (17), cualidades que nacen de la conducta individual tras una adecuada instrucción.

Como el intermediario que describe en *Miau* (18), ensaya un acuerdo para que sociedad e individuo no se devoren, un orden donde el individuo pueda esperar la realización de la justicia. Somete a la sociedad a un proceso de humanización que supere el mecanicismo impersonal que aniquila al hombre frente a un poder que le guía imperiosamente. Villaamil razona así tras sus continuos fracasos por hallar un empleo: «Por fuerza tiene que haber un enemigo oculto, algún trasgo que se ha propuesto hundirme, deshonrarme» (19). Busca a continuación la forma de establecer un equilibrio entre la ética individual y la social, que se muestran inicialmente disociadas; defiende la necesidad de renovar los comportamientos y los juicios de los miembros de las respectivas clases sociales para que se ajusten a las nuevas relaciones y condiciones de vida que se van produciendo; y, por contra, lo peligroso del anquilosamiento. En el fondo queda la resultante del relativismo moral que se prueba en la correlación evolución-revisión.

2. NORMATIVA SOCIAL

La crítica que Galdós hace de los criterios que rigen la sociedad española hay que interpretarla desde esta falta de coherencia que se iba acentuando

(16) CA, 123.
(17) B. PÉREZ GALDÓS, *Soñemos, alma, soñemos*, o. c., v. VI, 1947. También en *Rura*, 1497-99.
(18) MI, 582.
(19) Ib., 563. Poco antes había musitado: «Bienaventurados los brutos, porque de ellos es el reino... de la Administración.»

con el paso del tiempo: desde la aristocracia empobrecida que sigue aferrada
a sus valores anacrónicos hasta la burguesía que no encuentra su lugar.
Por eso en *Misericordia* o en *Casandra* busca los valores de protagonistas
populares que aporten un hálito de autenticidad que sirva de fuerza positiva
en esa armonía social que Galdós intenta repetidamente.

2.1. *Etica y clase social: ¿moralidad o eficacia social?*

La relación entre ética y clase social queda refleja en la serie *Torquemada*.
Ahí se presentan los mecanismos autodefensivos de la sociedad en orden a
subsistir: «No, cada cual debe vivir en armonía con sus posibles, y así tiene
derecho a exigirlo la Sociedad (...). La posición, amigo mío, es cosa muy
esencial. La Sociedad designa los puestos a quienes deben ocuparlos» (20).

Así, Donoso personifica la fusión entre aristocracia y burguesía como
garantía de orden, de justicia, la moralidad y el Derecho, pilares de la Sociedad, para impedir de esta forma la proletarización de los nuevos ricos
mediante la reabsorción de la ética aristocrática. Establece la necesidad de
marcar las diferencias de clase: «No basta ser rico, sino parecerlo» (21).
Y así Torquemada acepta estas palabras como «la nueva ley que debía transformar el mundo»; la aristocracia a cambio alaba su pragmatismo y le ofrece
sus títulos. De esta forma se convierte en representante de esa nueva clase
social: prototipo de la vulgaridad, inconsciente de su responsabilidad histórica, defensor del positivismo craso que confía en la economía por encima
de cualquier otro criterio... Es, como le define Earle, «el heredero, último
fruto de una evolución que parece desarrollado al revés en grotesca parodia
del proceso positivista» (22), perteneciente a una «generación de majade-
ros» que confundieron la apariencia con la realidad (23) y, según propia
autodefinición, a «los hombres de acción» (24) que glorifican los hechos por
encima de las palabras, la eficacia frente a la intención y el sentido práctico
frente a cualquier principio rector; para esa generación trabajo y conciencia,
negocio y caridad, todo está exclusivamente en función de los resultados.

Esta conciencia pragmática, este materialismo fue, no obstante, indispensable para llenar el vacío de los estómagos, como irónicamente puntua-
liza Torquemada. Ahí radica su fuerza y su limitación. Su alianza con la

---

(20) TC, 956-7.
(21) Ib., 957.
(22) P. EARLE, *Torquemada hombre-masa*, 33.
(23) «La costumbre de la buena ropa, del trato constante con gente de buena educación, habíanle dado un barniz, con el cual las apariencias desvirtuaban la realidad.»
TP, 1082.
(24) «La acción, señores. ¿Y qué es la acción? Todos los sabéis y no necesito deci-
roslo. La acción es la vida, la acción es... lo que se hace, señores, y lo que se hace...
dice más que lo que se dice: "Hase dicho"... (Pausa). Hase dicho que la palabra es
plata y el silencio es oro. Pues yo añado que la acción es toda perlas orientales y bri-
llantes magníficos.» Ib., 1097.

aristocracia vino exigida por un ansia de dignidad arcaica, basada en el honor, la raza, el orgullo. Para ello hubo de torcer su destino y no logró sino su decadencia. La falta de principios, de formación moral y cultural le impidió resistir la tentación de la buena conciencia que le ofrecieron. La familia que funda Torquemada, expresión estética de esta situación, no logra engendrar sino un monstruo: la Sociedad quedaba en manos de los Torquemada, de los prestamistas enriquecidos para quienes el dinero es la máxima virtud y la sabiduría por excelencia; los principios sustituidos por las entidades, la reflexión y el estudio por la cultura de café y la retórica; la religión convertida en una serie de fórmulas vacías. Galdós ofrece así su diagnóstico de esa sociedad al tiempo que implícitamente ofrece los remedios.

Tenemos, pues, una sociedad fruto de actividades coyunturales, hipócrita en lo moral, creyente de las novedades por el hecho de serlo y cuyos errores se acentuaron al ceder la dirección a los Torquemada. La solución no estaba tampoco en ese reducto de la aristocracia que se resistía al ensamblaje, que prefería quedar sumergida en su reducto de orgullo antes que mezclarse con otras clases.

Había, pues, que buscar una vía donde subsistieran la eficacia, la planificación y la superación de las desigualdades y, al mismo tiempo, evitar la rutina de la uniformidad física y moral que impedía sobresalir a determinados individuos capaces de potenciar moralmente la sociedad. Por eso Pérez Galdós aporta algunas concepciones sobre la sociedad que posteriormente estarían vigentes en diversos momentos del siglo xx como crítica permanente a las doctrinas que pretendían una igualación de la sociedad a costa de impedir toda actividad creadora al individuo. Si para la reconstrucción de la sociedad exigimos la negación de la vida privada del individuo con su reducción a la esfera colectiva, Galdós piensa que estamos impidiendo la auténtica regeneración que brota de la riqueza del mundo interior. Acepta la necesidad del Derecho pero enriquecido con la moral que genera sentimiento de Humanidad, es decir, que permite al hombre seguir siendo hombre. El problema radica precisamente ahí: ¿cómo armonizar moralidad y eficacia? Así se expresa Babel, personaje de *Angel Guerra*: «¡Moralidad, moralidad! —repitió Babel atusándose los bigotazos—. De eso se trata. Pues vea usted: Yo sostengo que la revolución no hará la moralidad de golpe y como por ensalmo, pues en país tan corrupto como el nuestro, donde la máquina está oxidada, no es fácil limpiarlo todo en un día, ni en dos..., pero ni en tres... Se hará lo que se pueda» (25). Para Villaamil es comple-

---

(25) AG, 1223. Pío en tono irónico responde: «¡Eh! señor Cánovas, o señor Castelar, o señor Sagasta: ¿Qué me dice usted ahí? ¿Qué los derechos y qué la prerrogativa, y qué sí y qué no, y qué pateta? Póngase usted boca abajo, que le voy a explicar mis doctrinas constituyentes y el alma pastelera del tío Carando... Veríais cómo andaban todos derechos. Si no hay otra manera, desengáñense, no la hay... ¡Conozco la Humanidad, porque he bregado mucho con ella, y sé que es un animal feroz si no se la sabe domesticar!...» Ib.

tamente imposible; sus palabras: «Merezco, ¿sabes qué?, pues que el Ministerio me llame, me haga arrodillar en su despacho y me tenga allá tres horas con una corona de orejas de burro..., por imbécil, por haberme pasado la vida creyendo en la Moralidad, en la Justicia y en que se deben nivelar los presupuestos» (26); expresan su convicción nacida de su experiencia acerca de la disociación entre Administración y Moralidad, pues aquélla no exige nada más que talento y aprendizaje (27).

Senén, personaje de *El abuelo,* es el prototipo del hombre que ha logrado metamorfosear la moralidad para que sea útil, pero en un sentido poco válido porque el sentido moral queda completamente desvirtuado: «La honradez y la no honradez, señores míos, son cosas tan elásticas que cada país y cada civilización..., cada civilización, digo, las aprecia de distinto modo. Pretendéis que la moralidad sea la misma en los pueblos patriarcales, digamos primitivos, como esa pobre Jerusa, y los «grandes centros»... ¿Habéis vivido vosotros en los grandes centros?» Más adelante completa su idea: «Que si hubiera moralidad, tal como vosotros la entendéis, la gente no se divertiría, y sin diversiones no tendríamos lujo y, "por ende", no habría industrias; la mitad de los que hoy comen se morirían de hambre y la otra mitad mascaría tronchos de berzas» (28). Fue la solución dada por la época: la moral de circunstancias donde los principios dejan paso al único criterio del respeto a la opinión, ese «coram vobis» que nos debemos todos ante el mundo. Solución que no hizo sino engendrar la ambigüedad, la moral doble, como el mismo Galdós la define (29).

Era una moral simplemente para poder subsistir. ¿Qué pueden la ley y la honra cuando hay que satisfacer apuradamente las necesidades primarias? La inestabilidad económica conduce al relativismo moral de quienes no pueden cumplir las normas que imponen las clases adineradas pero se sienten atraídas por ellas. Historia y clase social son dos elementos imprescindibles para interpretar la moralidad de una sociedad y en concreto la sociedad de la Restauración que mezcla continuamente concepciones éticas y sociales como prueba de la ambigüedad de sus pilares básicos, que estuvieron seguros en otras épocas en que las instituciones eran estables y esta estabilidad se manifestaba en sus realizaciones. Pero ahora las instituciones —Ejército,

(26) MI, 660.
(27) Esta disociación la plantea el mismo Galdós —como narrador— en *Torquemada en el purgatorio,* en su crítica a los juicios económicos de Torquemada: «Cualquiera desentraña la relación misteriosa de la vida moral con la financiera o de los negocios, y esto de que las corrientes vayan a fecundar los suelos áridos en que no crece ni puede crecer la flor del bien. (...) Ni se debe admitir que la Providencia protegiera a Torquemada para hacer rabiar a tanto honrado sentimental y pobretón. Era..., las cosas claras; era que don Francisco poseía un talento de primer orden para los negocios...» TP, 1020.
(28) AB, 17.
(29) «Es que nosotros, los del Mediodía, hemos inventado la moral doble, distinguiendo artificiosamente la pública de la privada, para de este modo tener abierto el camino para pecar contra una y otra...» W. SHOEMAKER, o. c., 439.

Iglesia, Magistratura— eran «pilares podridos» que no dejaban ver la «honradez y la pureza», sino como términos de comparación, convirtiendo a la Sociedad en un organismo enfermo donde las palabras se han desvirtuado (30) y la política es una «pura pamema», generadora de vulgaridad y freno de la auténtica creatividad; que desea tener individuos ajustados y uniformados según un único patrón. Para ello la sociedad «nos ofrece a cada instante materia narcótica en abundancia para cloroformizar la conciencia y operarla sin dolor» (31); cuenta con sus ya arcaicos principios, una moral —«vejestorio entrado en años»—, su larga experiencia que ha madurado los distingos, las reservas y las ondulaciones y, con todo ello, está sobre el individuo.

2.2. ETICA Y DINÁMICA SOCIAL

En este planteamiento sociomoral Galdós mezcla a partes iguales sus preocupaciones éticas con las sociales. Eran momentos de corrientes internas que iban perfilando cuáles serían las clases del futuro. Tenía lugar una reforma social de los valores éticos, una nueva manera de enfrentarse con la realidad que desbordaba a quienes seguían anclados en el pasado; tanto la aristocracia, antaño dominadora a base de monopolizar no sólo el poder político, sino también el religioso y el moral, como la burguesía que pretendía el mismo tipo de monopolio, comienzan a ser cuestionadas por nuevos grupos cuyo status social se forjaba no a base de posesiones heredadas, sino de su trabajo.

Así, en este segundo momento no se trata sólo de correlacionar moralidad y eficacia, sino qué contenidos deben inspirarnos, en definitiva, qué moralidad y qué eficacia. En este sentido va mostrando diversos escalones. Cuando en 1892 escribe *Tristana* muestra cuál era la moral de don Lope como representante de toda una tradición:

> «Presumía este sujeto de practicar en toda su pureza dogmática la caballerosidad, o caballería que bien podemos llamar sedentaria en contraposición a la idea de andante o corretona; mas interpretaba las leyes de aquella religión con criterio excesivamente libre y de todo ello resultaba una moral compleja que no por ser suya dejaba de ser común, fruto abundante del tiempo en que vivimos; moral que, aunque parecía de su cosecha, era en rigor concreción en su mente de las ideas flotantes en la atmósfera metafísica de su época, cual las invisibles bacterias en la atmósfera física» (32).

(30) «¡La paz!... Llamar paz al aburrimiento, a la somnolencia de las naciones, languidez producida por la inanición intelectual y física, por la falta de ideas y pan, es muy chusco.» LI, 693.

(31) Ib., 723.

(32) TR, 1537.

En 1897 el conde de Albrit —protagonista de *El abuelo*— es inicialmente heredero de esa moral caballeresca, pero los nuevos acontecimientos
sociopolíticos que se iban sucediendo precipitaban el final de ese tipo de
moral. El personaje trata de superar esa moral basada en el honor para acceder a otra basada en el amor, con las repercusiones sociales que eso conlleva.

El honor hasta ese momento es, sin duda, uno de los criterios éticos que
parece más asiduamente en la novelística galdosiana. Recibe múltiples acepciones, de acuerdo con la expresión de los distintos personajes, pero casi
siempre con un denominador común: es un criterio externo de conducta:
«El honor y el deshonor dependen de que las cosas se sepan o no se sepan»,
había dicho Leonor, personaje de *Realidad* (33); es un criterio de clase que
se desmorona cuando se accede a situaciones sociales diferentes, no sirve
como elemento para juzgar conductas no legalizadas, pero muy enriquecedo-
ras, que superan el criterio clasista y honorable:

> «La realidad, con sus lecciones dolorosas, me ha enseñado a mí lo
> que es decadencia. Ideas de vanagloria tuve yo también, y con ellas
> posición muy distinta de la que tengo ahora. Pero caí y me encontré
> con que las tales ideas y el puntillo de honor y todo lo demás eran
> de muy mal ver sobre las ruinas que me rodeaban, Aprendí a ver
> mayores extensiones de mundo; la necesidad me hizo viajar por
> regiones bajas, que son las más interesantes y las que más vida en-
> cierran, y descubrí que el reino de la Humanidad tiene muchas
> más provincias de las que yo creía» (34).

Esta afirmación predice la profunda transformación a que deben someterse
residuos arcaicos de la cultura española que habían originado «el arte de
tratar y dominar al hombre», que había originado también ese tipo de «gran
señor» y había inspirado al ejército español cuando era el más poderoso del
mundo. Eran signos de una amplia tradición que había sustentado una sociedad clasista y anquilosada, basada en el sentimiento del honor que, como
señala Correa, «con su variedad de matices y manifestaciones, se halla puesto en tela de juicio por sus deformaciones y sus frecuentes faltas de autenticidad» (35). Un sentimiento que, por otra parte, había permanecido como
sentimiento de familia, orgullo de raza y tradición de nobleza al margen de
la realidad.

Hubo sectores que trataron de adaptarse al nuevo «modus vivendi» conservando esa respetabilidad externa como único recuerdo del pasado. Pero
unos y otros —quienes seguían aferrados al honor tradicional y quienes pac-

---

(33) RE, 820. Se presenta, pues, como máscara social: «Es cierto; tú y yo hemos
perdido lo que aquí se llama el honor, una especie de cédula o cartilla sin la cual no
se puede vivir en estos barrios que alumbran el Sol y la Luna.» Ib., 875.
(34) RE, 863.
(35) G. CORREA, *Pérez Galdós y la tradición calderoniana*, en «Cuadernos hispanoamericanos», núms. 250-52 (Madrid, 1970-71), 223.

taron ante las circunstancias— se hallaban en una situación ambigua, en una sociedad necesitada de una dirección y un nuevo sentido. Los conceptos rígidos no sólo habían venido a ser una parodia de la moral, sino que, como le sucedía al conde de Albrit, su actitud además de llevar al fracaso, «es juzgada inmisericordemente por los habitantes de Jerusa y sus antiguos servidores, quienes miran a este último como un fantasma ridículo, al querer perpetuar sus ideales anacrónicos» (36).

Hay que buscar un nuevo camino y Galdós intenta hallarlo en *El abuelo:* redefinición y adecuación del honor auténtico que, lejos de ser sustento de clase o raza, puede ser válido como norma frente a las conveniencias, el egoísmo y la hipocresía, sin que ello suponga desigualdad social o moral. El honor desligado del orgullo puede ayudar al mantenimiento del Derecho y la Justicia, puede evitar la relajación de costumbres que Galdós había denunciado.

El drama personal que el conde sufre responde paralelamente a una necesidad social. El reconocimiento de la inutilidad del honor —honor calderoniano— deja paso a esa otra noción del honor, basada en la ley del amor, que Galdós había descubierto progresivamente y acentuado durante estos años de acercamiento a valores que podemos denominar espirituales.

Con ello entramos claramente en las aportaciones hechas por Galdós como vía de superación que elabora dentro de esa tensión creada entre los principios éticos y la propia dinámica sociohistórica.

Angel Guerra puede considerarse, en parte, como una primera búsqueda en este sentido. Pero Angel intenta una renovación desde fuera y en este aspecto su acción es poco válida. En *Nazarín-Halma* sucede algo similar, aunque su final coincida con la reafirmación de la institución familiar como base frente a la Beneficencia o la Iglesia jerárquica. Benigna aporta unos valores más válidos. *Misericordia* y *Casandra,* juntamente con *El abuelo,* son el programa ético galdosiano que rompe ese impersonalismo de la Sociedad. Son la reacción bastante madurada después de observar hasta dónde la falta de moralidad podía incidir en la evolución de la sociedad española, y en la acción negativa que esta sociedad podía ejercer sobre los individuos.

La otra vía que Galdós había buscado podemos hallarla en *La loca de la casa* y en *La de San Quintín,* es decir, obras en las que intenta rescatar valores de la nobleza que, desde su punto de vista, podían ser interesantes para llenar el vacío cultural que los nuevos ricos mostraban. En ambas soluciones intenta crear un mundo nuevo donde una sociedad pertrechada correctamente desde el punto de vista técnico contenga también el elemento moral que, si no sirve específicamente para hacerla funcionar, consigue que el hombre sea hombre mediante la reafirmación personal. Ese equilibrio social que Galdós busca habría de estar bajo la soberanía del sentimiento moral como algo incondicional y absolutamente necesario. Las reivindicacio-

(36) Ib., 241.

nes éticas vienen así a ser prioritarias frente a las económicas para que después se conjuguen en un equilibrio coordinado.

En ocasiones apela al bien universal o al espíritu de la ley con el deseo de superar el excesivo literalismo y ahí surgen virtudes típicamente humanas como la generosidad o el amor que tienen fuerza suficiente para desbordar los moldes legalistas. Sirve este planteamiento para sacar a la luz una dialéctica fructífera entre unas estructuras sociales caducas y negativas, pero en cuya negatividad se encuentra como antítesis lo positivo, y la dimensión de interioridad que aportan individuos cualificados —que han logrado superar la rutina—, capaces de mostrar con su vida las grietas de la Sociedad. Su comportamiento es la negación de las negaciones sociales.

Pero siempre el contrapunto a las posibilidades de cambio porque Galdós mantiene una concepción determinista respecto de ciertas peculiaridades esenciales a la misma Sociedad: «Considera, Ismael —dice Clementina—, que la Sociedad está llena de injusticias contra las cuales nada podemos» (37). Y aquí sí que Galdós, después de mostrar una sociedad decrépita, en buena medida caótica económica y moralmente, que facilitaba las formas anarquizantes, deja ver su concepción determinista de la historia y lo insuperable de ciertas formas sociales que consideramos viciadas. Estos márgenes, posibilidad y determinismo, marcan las limitaciones del programa galdosiano. La crítica a la corrupción política se diluye en la aceptación de ésta: «La política será todo lo inmoral que quieras. Ella tendrá sus máculas como todas las cosas; pero es un medio, y hay que aceptarlo como tal cuando no se tienen otros» (38). Y eso porque incluso en el «vértigo político», como lo denomina Angel Guerra (39) también puede existir una carga de idealismo, «un ansia instintiva de mejorar la suerte de los pueblos, de aminorar el mal humano...», y, por tanto, el fin es noble aunque no lo sean los medios. Habrá, pues, que reformar éstos y, más aún, habrá que potenciar al pueblo para que no se quiebre en manos de los políticos. Esta es la línea que sigue Galdós desde 1891, primero como preocupación que después toma cuerpo en sus novelas y escritos desde 1895. Crear una colectividad más recia que hiciera posible unas manifestaciones políticas igualmente coherentes.

El abuelo es, en este sentido, una síntesis de las novelas de esta última década, manteniendo sus constantes y clarificando la tesis final: armonía en las clases, armonía en los valores mediante la evolución, que no revolución, social; superación de lo negativo, de lo antinatural que causa choques a todos los niveles, para llegar a un estado de cosas presidido por la libertad, la bondad y el humanitarismo amoroso; superación de las leyes rígidas donde la moral casuista es, precisamente, la negación de libertad natural; creación

(37) CA, 168. Esta opinión queda ratificada por Rosaura: «Nada podemos. La miseria y el dolor nos acechan siempre.»
(38) LI, 718.
(39) AG, 1202.

de un orden social que posibilite el desarrollo del individuo. Crear asimismo una mayor igualdad —socialismo paternal— y el predominio de la capacidad organizativa —Venancio, hombre del pueblo, impone su personalidad definida y su disposición organizativa a todas las demás fuerzas sociales, incluido el conde— sin que esto signifique la total negación de los valores españoles de siempre, sino su aprovechamiento y transformación en función de las nuevas circunstancias.

Así podemos sintetizar la visión social de Pérez Galdós en función de una reconstrucción de la conciencia nacional y una unión de esfuerzos para crear un organismo social sano. Esta conciencia de crisis que se acentuó a final de siglo no trató de superarla con programas teóricos (40), sino en la búsqueda de los mejores tipos que la raza en sí misma posee junto con una educación distinta de la que hoy recibe. Gran parte de lo mejor de la raza está, desde su punto de vista, en esa reconversión del honor auténtico —no del depauperado— en amor, como dimensión plena del hombre por la cual éste se entrega sin reservas, de forma completamente desinteresada (41), que supera cualquier forma de oscurantismo, cerrazón y fanatismo e impone la tolerancia, el respeto mutuo y la autenticidad. «Sólo con abrir un camino de salvación —dirá Galdós—, poniendo y fijando los primeros hitos de él, sería la generación presente digna de eterna memoria» (42).

Cuando la Sociedad sea coherente, producirá acciones respetables y entonces será posible erradicar las realizaciones nefastas que ahora critica. Eso significará que la mayoría social dispone de mayores posibilidades de autenticidad, de realización plena, es decir, de salvación. Pero esta salvación no vendrá sino por la acción de individuos cualificados que por encima de los condicionamientos de época pongan los primeros elementos para la construcción progresiva y lenta de esa nueva Sociedad. El individuo, pues, en la novelística galdosiana se presenta con capacidad de incidir en la transformación de la Sociedad o como un producto de ella. Aunque socialmente se iba produciendo la igualdad, Galdós estaba convencido de que moralmente existe la superioridad de unos sobre otros. Aquellos son los llamados a construir una sociedad robusta.

(40) Su desconfianza se muestra en este texto: «Y cuando en los principios del siglo que ha pasado fue saludada la Democracia como definitiva redención de los pueblos y triunfo indudablemente de la igualdad y el derecho. ¡quién había de decir que esa ideal matrona, gallarda y bella, fecunda y al propio tiempo virgen, había de criar en su lindo cuerpo las alimañas que llenaban de picazones al viejo y descuidado cuerpo social!... Pero dígase lo que se quiera, es muy dudosa la virginidad de la señora Democracia en las turbulentas décadas que acabamos de pasar.» W. SHOEMAKER, o. c., 540-1.

(41) En Costa más que la eficacia admira su «labor ardua, generosa, completamente desinteresada». Ib., 542.

(42) Ib., 541.

V. RELIGION Y SALVACION HUMANA

Debemos completar este análisis de las realidades y principios que contribuyen a la realización del hombre con la exposición del papel que desempeña la religión. Es, sin duda, un elemento autónomo que convive y se realiza inseparablemente de la conciencia, la Naturaleza y las instituciones sociales. Ella misma ha venido a constituir una institución: la Iglesia. Nos ocupamos en este capítulo exclusivamente de exponer aportaciones, limitaciones y hasta contradicciones del fenómeno religioso en orden a completar la soteriología galdosiana. Dejamos la última parte de la monografía para estudiar en profundidad las muchas connotaciones y matices que ofrece lo religioso como realidad pluriforme y explicar el proceso que siguió Galdós hasta situarlo correctamente de acuerdo con sus propios criterios.

1. EL PUNTO DE PARTIDA

Sin negar que durante sus años canarios Pérez Galdós tuviera conciencia del significado que lo religioso tiene en la vida individual, la declaración explícita que hace sobre el problema religioso en *Observaciones sobre la novela contemporánea en España* (1870) lo sitúa referencialmente como componente de una amplia problemática social. Como resultado, asistimos a toda la temática sociorreligiosa de sus primeras novelas y progresivamente al escudriñamiento y modelación de lo religioso como una dimensión de la realidad social a través de toda su producción. Este proceso supone en las novelas de Galdós una maduración donde los aspectos positivos los va descubriendo cuando su crítica ha completado un cuadro de negatividades en la conducta religiosa tanto de los clérigos como de esas personas que genéricamente y en tono peyorativo se denominan beatas. Personas en las que Galdós descubre lo religioso como sustitutivo, lo que provoca una religiosidad patológica en su concepción y, por supuesto, en sus manifestaciones.

Desde esta perspectiva sociológica y como acontece con otras realidades, Pérez Galdós somete lo religioso a un proceso de interiorización, de concienciación donde se produce la unificación y el equilibrio de un fenómeno que Galdós recela de ceder a una institución como la eclesial. Ello, sin duda, es fruto, como en tantas otras cuestiones, de sus experiencias como hombre

del 68. Cuando este proceso se consuma es prácticamente imposible disociar
lo interno y lo externo —sin querer decir que en sus primeras novelas el
fenómeno religioso se reduzca a problemática social pero sí que este tratamiento es más acusado y, por tanto, las conclusiones que podemos sacar
en este capítulo y al final de la segundo parte de esta monografía serán
muy similares.

El problema soteriológico del hombre, autentificación sobre todo ética
que se mueve sobre los tres pivotes que hemos estudiado, hace posible la
presencia de lo religioso. Presencia que observa y delimita progresivamente. Así, cuando encuentra el lugar en que lo religioso puede legitimar
la Sociedad es porque simultáneamente también ha hallado la religión capaz
de legitimar al individuo. En la realidad son dos hallazgos que se sintetizan
en uno solo; de ahí que la conclusión sea la misma, como antes señalaba,
aunque durante el proceso haya matizaciones peculiares que preanuncian las
posibilidades tanto como las limitaciones.

Pérez Galdós no estudió las dificultades que planteaba la articulación de
la moral y la religión, pero en sus novelas se entrecruzan, confundiéndose
en ocasiones. Podemos decir que procede desde una crítica a la religión positiva —el catolicismo de la España de la Restauración— donde muestra su
miedo ante el «sentimiento católico como fuerza política» (1), al tiempo que
muestra su inutilidad, ya que se trata de una religiosidad que no logra in-
tegrarse en la real problemática del devenir humano. Estos fallos están en
la base de la construcción religiosa que intenta a partir de *Angel Guerra* y
cuyos logros habremos de analizar en el sentido de ver si es una religión
que podemos denominar auténtica, es decir, «entrega creyente, confiada y
amorosa a la gracia de Dios» (2), explicación trascendente exigida desde la
inmanencia misma; o simplemente se trata de una «religión natural» (3) y
con ella tendríamos que en la novelística galdosiana la moral afirma su primacía sobre la religión. Esta interrogante debe quedar aquí expuesta para
ver en qué medida puede ser respondida.

2. APROXIMACIONES AL HECHO RELIGIOSO

El acceso a lo religioso se hace a través de la búsqueda de una Providencia, ese «Deus ex machina» que resuelva los problemas cotidianos. Así
lo observamos en *Miau,* donde lo religioso a veces es simplemente buscado
como solución de los problemas amorosos pero se muestra ineficaz para
solucionar tales problemas. Por eso difícilmente lo religioso germina en el

---

(1) B. PÉREZ GALDÓS, *Un congreso católico,* en A. GHIRALDO, o. c., v. IV, t. II, 162.
(2) Tal como Aranguren describe la actitud religiosa en su *Etica* (Madrid, 1962),
164-5. Véase R. GUARDINI, o. c., 227.
(3) J. L. ARANGUREN, o. c., 176.

vivir cotidiano. Se plasma en objetos —imágenes— con los que se comercia; sometidos, pues, a leyes económicas llegan a producir escepticismo antes que esperanza. Villaamil, en cambio, busca la solución a problemas burocráticos y también ahí la religión fracasa.

Galdós somete el concepto de Providencia a una purificación tanto para mostrar que la Administración tiene su propia legislación de cuyas contradicciones Dios no es responsable y no se le debe implicar en soluciones de este tipo, como igualmente para evitar las continuas evasiones de la concreción de los problemas sociales. Así se superan tanto una concepción excesivamente milagrosa de lo religioso como el relativismo subyacente, ya que el providencialismo se interpreta de acuerdo con la propia situación económica.

En este marco se encuadran las visiones que Luisito tiene de Dios, quien se le muestra bajo formas antropomórficas: «... barba espesa y blanca y cubría su cuerpo con una capa o manto...» (4). En esa visión le recomienda paciencia, muestra de su impotencia frente a la Administración y reprocha a Cadalsito su falta de estudio y la influencia que esto tiene en que el nombramiento de su abuelo no llegue.

En una nueva aparición la imagen de Dios acusa a Luisito directamente como culpable de que su abuelo no se coloque: «¿Cómo quieres que Yo coloque a tu abuelo si tú no estudias? Ya ves cuan abatido está el pobre señor, esperando como pan bendito su credencial. Se le puede ahogar con un cabello. Pues tú tienes la culpa, porque si estudiaras...» (5). Trata incluso de influir en los poderosos pero no confía en que pueda conseguirlo: «No te lo puedo asegurar. Yo le he mandado que lo haga. Se lo he mandado la friolera de tres veces...» (6).

Estas relaciones se completan en la última de las visiones cuando Dios se le manifiesta como profeta al anunciarle que nunca su abuelo encontrará colocación (7). Cuando se lo comunica a su abuelo: «Y anoche me dijo que no te colocarán, y que este mundo es muy malo, y que tú no tiene nada que hacer en él, y que cuanto más pronto te vayas al Cielo, mejor» (8), éste lo toma como «revelación divina, de irrefragable verdad», sin mezcla alguna de duda. Y en realidad, esa creencia es el punto de partida de esa liberación que le conduce a la muerte.

Pérez Galdós, en esta novela, se enfrenta con el fenómeno religioso a través del concepto popular de la Providencia tal y como se manifiesta en las visiones de un niño, aunque también Villaamil reza a ese Dios providente para que toque el corazón del ministro. Sin embargo, estas visiones son

(4) MI, 558. Todos los gestos de la figura divina son típicamente humanos.
(5) Ib., 576.
(6) Ib., 637.
(7) Ib., 668.
(8) Ib., 673. Véase G. CORREA, *El simbolismo religioso...*, 126 ss.

la expresión de los desórdenes mentales que padece toda la familia, al igual
que las oraciones del cesante vienen exigidas por una situación socioeconómica también desordenada. Dios es, pues, una creación del hombre quien lo
convierte en consolador o enemigo social: «¿Crees que espero algo ni del
ministro ni de Dios? Todos son lo mismo...» (9), de acuerdo con su estado
de ánimo. Es, pues, un concepto enfermizo y poco válido, ya que, en ocasiones, impide la acción y el enfrentamiento decidido con la realidad. Por
eso Víctor no necesita a ese Dios: «A Dios se le ve soñando y yo hace tiempo que desperté» (10). De ahí que ese Dios de Luisito y de Villaamil esté
hecho de rasgos humanos —a Luisito se le aparece como Papá Noel— pero
que manifiesta su incapacidad frente a la marcha de los acontecimientos.
Es preciso sacrificar la seguridad milagrera ante la existencia de la libertad
donde ésta, al conservar la responsabilidad, hace posible la autorrealización
frente a un tipo de seguridad que supondría la anulación. A Villaamil le
salva más la lucidez que conserva frente a las estructuras sociales que las
oraciones musitadas a lo largo de sus días.

En la medida que podemos pensar en un Galdós que reflexiona sobre el
fenómeno religioso no como una realidad metafísica, sino como un simbolismo, unas creencias y unos sentimientos que influyen en la vida de sus
personajes, queda claro en *Miau* que no desea plantearlo como sustitutivo
de la realidad. Galdós desenmascara un tipo de religiosidad enfermiza cuya
capacidad de salvación es tan sólo apariencial y ficticia. Impide, pues, la
salvación en cuanto desvía del auténtico camino para solucionar los problemas. ¿Habrá pues que marginar la religión?

En *La incógnita* se llama santo a Tomás (11) y a quienes constituyen
«ejemplos de estupenda virtud» (12), pero Infante considera que la santidad es cosa de las órdenes religiosas o de ermitaños, no realizable «en el
mundo activo, en la Sociedad, en el matrimonio, en medio de los chismes,
de las envidias, de la soberbia, del lujo...» (13).

Los elementos religiosos apenas si tienen lugar en esta novela donde los
personajes o están dominados por los convencionalismos del trato social
—que incluyen, asimismo, convencionalismos religiosos— o han de luchar
contra lo artificioso. Y lo contrario de lo artificioso es lo natural; de ahí que
lo religioso no pueda suplantar a lo natural, como afirma Augusta (14).
En alguna ocasión se menciona dubitativamente la posibilidad de una revelación sobrenatural proveniente de «alguien superior y externo» (15), pero

(9) MI, 641. Abelarda quien tampoco encuentra consuelo exclama: «Lo que es a
mí —confirmó Abelarda— bien abandonada me tiene... Es que le pasan a una cosas
muy terribles. Dios hace a veces unos disparates...» Ib., 640.
   (10) Ib., 581.
   (11) Ib., 745.
   (12) Ib., 748.
   (13) Ib., 775.
   (14) RE, 804.
   (15) LI, 732.

no se muestra cómo podemos entrar en contacto con ese alguien que en el contexto de la novela queda reducido a un mecanismo inconsciente producido por las enseñanzas infantiles sobre el Angel de la Guarda, como el mismo Infante piensa: «La casualidad, una voz, una cita, un nombre, son el rayo de luz que esclarece todos los misterios» (16). La alternativa que se presenta consiste en aproximarse al hecho religioso a través de sus representantes institucionales. Lo observamos en la serie *Torquemada*.

Torquemada en la hoguera es la visión irónica y fuerte del enfrentamiento entre la concepción materialista y factual como último argumento probatorio y un espiritualismo bidimensional: el racionalista del ex clérigo Bailón (17) y el sentido de la caridad cristiana cuya profundidad teologal es inalcanzable para Torquemada.

Las abstracciones filosóficas con que Bailón quiere convencer al avaro se estrellan contra la lógica primitiva y concreta. Torquemada tergiversa sus argumentos y estos producen efectos contradictorios. «Conviene resignarse —le decía Bailón—...» (18) a quien era incapaz de aceptar la resignación ante la muerte de su hijo en quien había confiado como la mayor fuente de ganancias.

No menor derrota sufre la caridad cristiana como virtud teologal. En manos de Torquemada todo se vuelve matemática pura, previsión y negocio. Seguramente ambos lenguajes se hallaban sumidos en una simbología inasequible para el hombre práctico. Sobre todo en el sentido de que se imponen como preceptos dogmatizados e institucionalizados que tratan de incidir sobre el destino del individuo desde fuera de su conciencia: Torquemada con el ejercicio de sus obras misericordiosas trata de cambiar el porvenir aunque no acabe de comprenderlo. Por eso el fracaso acrecienta su escepticismo —como el hombre de negocios se muestra escéptico ante los métodos que no son eficaces— y no su ateísmo: «Conformidad... ¡Qué le hemos de hacer!... Está visto: lo mismo da que usted se vuelva santo, que se vuelva usted Judas, para el caso de que le escuchen y le tengan misericordia... ¡Ah misericordia!... Lindo anzuelo sin cebo para que se lo traguen los tontos» (19). Y termina diciendo: «La misericordia que yo tenga, ¡puñales!, que me la claven en la frente» (20). Torquemada opta por las obras de caridad cuando ve que ha agotado todos los demás recursos.

Se trata, de nuevo, de retrotraer el concepto de Providencia como fuerza milagrosa capaz de cambiar el destino del hombre y con quien Torquemada negocia en términos de caridad. Así, cuando Fidela afirma la ignorancia sobre los designios divinos, Torquemada, el hombre positivista, se rebela: «Sí

(16) Ib., 733.
(17) Sus teorías sobre la reencarnación, Cielo-Infierno, reducción de Dios al concepto genérico de Humanidad, TH, 911-12; Materia-Todo-Atomos, Ib., 917-21.
(18) Ib., 917-8.
(19) Ib., 933.
(20) Ib., 934.

que los sabemos —replicó Torquemada, sulfurándose—: tiene que haber
justicia, tiene que haber lógica, porque si no no habría Ser Supremo, ni
Cristo que lo fundó» (21). Esta convicción se reafirma contra toda una presencia de Dios que, desde la oscuridad, dirige la vida humana, exigido por
quienes mantienen una concepción animista aunque de carácter monoteísta:
llena de verdad, somete a prueba, manda enfermedades, ataca la injusticia,
se encarna en personas misericordiosas, es dueño de vidas y haciendas, contra quien nada puede el hombre... (22); toda una fenomenología de la Providencia que se estrella contra la lógica de Torquemada, hombre que confía
en sus propias acciones. El choque entre una religión mal aprendida y peor
asimilada y la práctica cotidiana termina por sumirle en la confusión.

Torquemada y San Pedro es la síntesis de la serie en todo el sentido de
la palabra. Se consuma la dialéctica entre la actitud lógico-pragmática del
avaro y la necesidad de confianza irracional e ilógica del hombre en Dios
como forma de salvación religiosa, tal como el P. Gamborena le propone
a Torquemada.

Naturaleza y Religión establecen una lucha sin que al final haya un claro
vencedor, lo que, en cualquier caso, significa que la doctrina convencional,
tal como la plantea el cruzado Gamborena, no consigue realmente sus pro-
pósitos, sino crear un final donde consumación en tanto realización plena,
lo es en este caso de la ambigüedad. Es el fracaso de la religión que podemos denominar oficial por un problema de desfase entre la pedagogía y el
lenguaje que usa y el medio social, al mismo tiempo que los condicionamientos naturales desde los que ha de ser interpretado.

El P. Gamborena exige, como inicio de la salvación, «la pureza de la
voluntad, tener fe, creer todo lo que un cristiano debe creer, sofocar las
malas pasiones, amar, frenar el egoísmo, distribuir las riquezas...» (23), re-
gido todo ello por la rectitud de intención y la pureza de conciencia. Sin
embargo, este planteamiento no supera de raíz la visión de Torquemada
cuyo objetivo es «ganar el Cielo, ¿eh?, ganarlo digo, y sé muy bien lo que
significa la especie» (24) por lo que respecta al contenido; en cuanto a la intención, no está dispuesto a prescindir de su pragmatismo. El entiende su
salvación en términos de transacción comercial: la conciencia a cambio de
que le garanticen la gloria eterna. Por ello difícilmente podrá entender la
caridad como se la propone el clérigo: «La caridad debe practicarse siempre
y por sistema —le dijo el clérigo con severidad dulce—, no en determinados
casos de apuro, como quien pone dinero a la lotería con avidez de sacar ga-
nancia. Ni se debe hacer el bien por cálculo, ni el Cielo es un Ministerio al
cual se dirigen memoriales para alcanzar un destino» (25).

(21) TP, 1057.
(22) TC, 936, 943, 950, 953. Las citas son abundantísimas a lo largo de toda la serie.
(23) TSP, 1154.
(24) Ib.
(25) Ib., 1156.

Cuando la muerte está cerca Torquemada apura su oferta pero no consigue desprenderse de su visión materialista para, cuando siente mejoría, pensar que Dios desea que viva y así poder presentar un proyecto al Gobierno que mejore la economía nacional como premio a una católica España, «católica por excelencia», dice Torquemada.

Manejan distintas concepciones de la salvación: la eterna frente a la material. Así lo muestra este diálogo:

«—¿Qué entiende usted por salvarse?
—Vivir.
—No estamos de acuerdo: salvarse no es eso.
—¿Quiere usted decir que debo morirme?
—Yo no digo que usted debe morirse, sino que el término de la vida ha llegado y que es urgente prepararse» (26).

Al final Gamborena concibe la salvación de Torquemada en términos de una lucha contra Satán, poseedor del alma del moribundo; religión y ciencia frente a la muerte, donde aquélla siempre muestra, si las tiene, posibilidades cuando la ciencia ha agotado las suyas. Los últimos instantes no hacen sino confirmar la disyuntiva: «Quiero salvarme(...). ¿Abre usted o no abre? (...). Perdón... salvación... (...). Mi capa..., 3 por 100» (27); disyuntiva que se supera en la última palabra: «Conversión», pero, «¿de su alma o de la Deuda?» (28). Galdós deja la duda acerca de la salvación real puesto que, como él mismo señala, al profano no le es dado conocer el último destino del hombre.

Ciertamente, si observamos objetivamente el final, Torquemada ha quedado irredento, no ha logrado esa «entrega creyente, confiada y amorosa a la gracia de Dios» realizada de forma gratuita y de acuerdo con los baremos que la Iglesia tiene para saberlo. Torquemada no ha logrado dar una dimensión sobrenatural a su vida. Esto no es posible si nos atenemos a la trayectoria vital del protagonista como ya le vaticinó la «Tía Roma»: «Nunca aprende... Ya está otra vez preparando los trastos de ahorcar. Mala muerte va usted a tener, condenado de Dios, si no se encomienda» (29). Y su instinto apegado a lo material no le permite, salvo por un milagro, comprender la caridad como virtud sobrenatural.

Sin embargo, Torquemada, como señala Pérez Gutiérrez, «no es un hipócrita, ni un desalmado; es todo lo contrario que una mala persona; en rigor es un pobre hombre...» (30) y ahí encuentro yo el fracaso del planteamiento religioso que le hace Gamborena, correcto desde el punto de vista

(26) Ib., 1191.
(27) Ib., 1193.
(28) Ib.
(29) TH, 933.
(30) F. Pérez Gutiérrez, o. c., 244.

teológico pero falto de un estudio de la naturaleza de Torquemada, a quien el mismo Galdós, de forma latente, está juzgando como incapaz de atisbar la trascendencia teológica. Por eso Torquemada queda irredento desde este punto de vista, pero el problema que resta es saber si ahí está la última clave de interpretación de lo humano; y ante esta pregunta obtenemos la respuesta de un final inconcluso donde cabe hasta plantearse si el P. Gamborena agota la representación de Dios en este mundo y en última instancia, como queda claro, aquél no puede tener certeza sobre el último juicio de Dios.

Y por eso y desde este punto de vista, quien fracasa es la religión oficial que ofrece la alternativa salvación-condenación de acuerdo con unas normas fijadas con referencia a la intención y a los contenidos y se encuentra no con un estereotipo, con un modelo de ensayo, sino con la complejidad natural, social y hasta moral de la persona ante quien se encuentra incapacitada para emitir un úlimo juicio en uno u otro sentido. Y podríamos decir de acuerdo con Galdós que nadie puede hacerlo.

Sin duda, a Galdós le preocupaba el problema de la trascendencia, pero ni su posición personal era la más adecuada para acceder a su explicación ni encontraba en los planteamientos eclesiásticos los argumentos clarificadores. Esta duda permanece pero Galdós intentará acercar lo que él considera vivencias fundamentales de lo religioso.

Galdós, pues, no trata de mostrarse doctrinalmente heterodoxo: el fracaso del ex clérigo Bailón es mucho más evidente y radical que el de la ortodoxa doctrina de Gamborena. Aquí falla no la doctrina que éste expone —para Galdós la caridad es la máxima virtud— sino el normativismo juridicista latente y el que la Iglesia posea la exclusiva de la salvación humana y de la representatividad divina. La conclusión de escepticismo que apunta Earle (31) sigue siendo cierta; creo que no debe vaciarse de una cierta ternura que bien, incluso, podría ser la causa de aquélla.

Angel Guerra nos presenta otra modalidad religiosa: la psicológica. En primer lugar Leré es la persona religiosa, «instruida en todo lo que toca a nuestros deberes para con Dios», ejerce sobre quienes la rodean una atracción misteriosa. Persona activa, atemporal y carente de instintos, es la imagen permanente del puro espíritu; atractiva por su impasibilidad y seguridad, desea seguir por encima de todo su vocación religiosa, sin atender a los requirimientos de la carne. En segundo lugar, Angel quien se siente atraído por esa fortaleza que le empuja a plantearse si sería una solución volverse él también místico.

Hasta ese momento se había mostrado como un hijo de la aristocracia cuyos criterios habían surgido simplemente como reacción frente a ciertos convencionalismos. Revolucionario por simpatía, cree romper con el pasado aceptando una existencia al margen de lo establecido. Cuando su madre

---

(31) «Pero es de notar que el idealismo de Galdós —el social y el religioso— lo llevaba a conclusiones singularmente escépticas.» P. EARLE, *Torquemada hombre-masa*, 29.

muere, y en ella lo hace el pasado, se le muestra hasta qué punto ese pasado le influye. Galdós demuestra que las algaradas callejeras no son la auténtica revolución; basta un cambio de posición económica y unas experiencias personales (muerte de su hija, amor a Leré) para que sus juicios e ideales de revolucionario se esfumen. La respuesta a esa pregunta que se formulaba queda pues lastrada de raíz: lo que es una atracción humana queda arropada en un hálito místico.

Toledo le envuelve con su aire intimista y sacral. Su ambiente recogido, la cercanía personal, las costumbres ancestrales, la riqueza formal de la liturgia religiosa en la que coadyuva el arte, crean un reducto pequeño que propicia la riqueza de las vivencias y el desarrollo de la imaginación y el mundo interior. Todo un mundo que Galdós muestra dirigido por hábiles profesionales que crean en Angel la necesidad de una auténtica salvación religiosa: «... apreciaba con brío mental y convicción fortísima la humana existencia, dejando muy mal parado el mundo, por el suelo sus afanes y vanidades, y resueltamente establecido de que fuera del fin de salvarse no hay ningún fin humano que no sea una gran necedad» (32). Esta predisposición queda reforzada por la carta de Leré que es un programa de salvación de la más pura ortodoxia religiosa: «Amigo don Angel, hay que pedir a Dios gracia, sin lo cual no adelantaremos nada; hay que vigorizarse con la oración, con la asistencia a los actos del culto, con el cumplimiento de las prácticas sacramentales que manda nuestra madre la Iglesia» (33).

El cumplimiento de este programa desarrollado en un marco de belleza artístico-religiosa le hace despreciar todo planteamiento humano. Desea encontrarse con Leré en la cumbre del misticismo; conseguir una completa rectitud interior, prescindiendo de la dimensión corporal y de sus necesidades, y aun de la dimensión social juntamente con sus leyes.

Podemos observar en esta novela la influencia que sobre el hombre puede tener una estética religiosa, cómo un ambiente creado empuja a una persona hasta convencerla de su traslación a un ámbito desligado de las pasiones. La creación de una atmósfera en un núcleo aislado capacita para sacarlo de su historia y someterlo a una especie de hibernación. La forma religiosa donde se plasma este estado anímico es restrictiva. Por eso cuando a don Pito se le muestra este tipo de salvación no la comprende:

«Mira, maestro; yo he pensado que pues vamos a reunirnos al modo de frailes, no debemos meternos en grandes penitencias. Lo que salva no es privarse de consuelo inocente; lo que salva es hacer bien al prójimo, dar a cada uno lo suyo y respetar la vida, la honra y la hacienda de Juan y Pedro; lo que salva es ser humilde y no injuriar. Pero porque comas pescado, porque bebas vino o aguardiente, no te han de quitar la salvación, si te la ganas con buenas obras.

(32) AG, 1366.
(33) Ib., 1382.

(...) Pues yo sostengo que eso de prohibir el amor de hombre a mujer y de mujer a hombre me parece que va contra la opinión del Ser Supremo. El querer no es pecado, siempre que no haya perjuicio de tercero y si pusieron en la tabla aquel articulito fue por razones que tendría el Señor de Moisés allá, en aquellos tiempos atrasados. Pero no me digan a mí que por querer se condena nadie.

(...) A mí no me entra la religión con esas astinencias, aunque lo digan siete mil concilios. ¡Carando! Francamente, pues cuanto existe en la Naturaleza es de Dios, y no hay quien me quite esto de la cabeza» (34).

Los ideales que actúan contra la realidad están llamados al fracaso. Su Primitivo (35) aflora en los estados oníricos, demostrándole lo humano de su amor por Leré. «Humanízate y ama a Leré», le grita Arístides. Creo que el juicio de Pérez Gutiérrez recogiendo la opinión de Ruiz Ramón es correcto:

«Angel Guerra es un personaje dividido, y representa en la obra galdosiana la transición a los personajes "enteros" que inmediatamente le siguen, el primero de los cuales es la misma Leré. Pero lo grave del caso es que tanto Angel como Leré, como el mismo seráfico cura don Tomé, de acuerdo con una psicología religiosa que ya puede apellidarse clásica, son personalidades neuróticas. Las experiencias de la niñez, tanto de Angel como de Leré, han hecho de ellos auténticos neuróticos, y aunque su fe no deja de ser verdadera, sus respectivas vocaciones adolecen de un vicio de origen» (36).

Esta disociación a que se refiere Pérez Gutiérrez impide la realización de Angel Guerra en el sentido en que lo deseaba y solamente le salva la rectitud de su intención y de su fe: ella ha hecho posible la comprensión del amor aunque sus realizaciones fueran erróneas.

Por eso Angel no necesita recibir sacramentos, porque el sacramento de su entrega, asumiendo sus errores y aceptando la muerte es el único sacramento necesario (37). De nuevo Galdós muestra que salvación consiste en la realización de las propias virtualidades en pro de la entrega generosa a la Humanidad, donde la fe también es elemento necesario:

«Gracias a ti, el que vivió en la ceguedad muere creyente. De mi "dominismo", quimérico como las ilusiones y los entusiasmos de una criatura queda una cosa que vale más que la vida misma: el amor..., el amor, si iniciado como sentimiento exclusivo y perso-

(34) Ib., 1423.
(35) Según la instancia de Baudouin recogida por E. Freijoo, o. c., 109.
(36) F. PÉREZ GUTIÉRREZ, o. c., 248.
(37) Angel estaba dispuesto a recibir la comunión pero muere antes: «Aproximábase el Señor; la campanilla sonó en el portal. Llamaron al dormido caballero; pero no contestó, porque nadie contesta desde la eternidad.» AG, 1532.

nal, extendido luego a toda la Humanidad, a todo ser menesteroso y sin amparo» (38).

Fé y caridad redimen a Angel juntamente con su reconversión a la realidad que aporta a aquéllas la dimensión correcta que deben adquirir en la persona; es decir, integración de lo religioso en el desarrollo natural del hombre. La participación en los ritos eclesiales queda como no necesaria. Y así como a Torquemada Galdós no se atreve a juzgar en última instancia, en *Angel Guerra* Lucía, cuya ceguera física le permite ver con los ojos del espíritu, ratifica la salvación de Angel, aunque no haya recibido los sacramentos: «Poco antes de llegar el Señor, "vi" que el amo se transportaba... Se encontraron un poquito más allá de la puerta, y juntos se eubieron... Recemos... por él no, por nosotros» (39).

3. LA RELIGIÓN AUTÉNTICA

El problema incompleto de *Angel Guerra* aunque ahí estuvieran sus elementos, vuelve a plantarse en *Nazarín-Halma* desde una perspectiva diferente: ¿Qué posibilidades existen de que una persona tenga poder de salvación?

Sobre este supuesto crea Galdós un personaje quijotesco a lo cristiano que fracasará como protagonista, como líder y, sin embargo, cumple su objetivo como conciencia. Estas dos etapas corresponden sucesivamente a cada una de las dos novelas, escritas en el mismo año.

Con Nazarín ensaya la configuración de una religiosidad nada convencional, donde las virtudes se dan en su máxima pureza y perfección, donde el desprendimiento total trae consigo la posibilidad de la libertad y el amor absolutos (40). Es decir, la realización plena del espíritu de las Bienaventuranzas.

Este es Nazarín, un santo en medio de una sociedad concreta. Y aquí es donde se divide su biografía, de acuerdo con lo que señala Correa (41), que da lugar a una situación paradójica: la soledad reconoce su inutilidad —la técnica suple al milagro— y, sin embargo, le considera peligroso y trata de reducirlo. Ya estudiaremos más detalladamente estas relaciones.

Su biografía interna nos muestra sus posibilidades de perfeccionamiento individual, da a conocer cuáles son las energías interiores que le permiten

---

(38) Ib., 1527.
(39) Ib., 1532.
(40) Por poner un punto de comparación, don Manuel Flórez defiende que la caridad ha de darse con método y de acuerdo con los criterios de la Iglesia. HA, 1791.
(41) La doble biografía, interna-externa, de Nazarín, tal como la ha hecho G. Correa me parece uno de sus mayores aciertos. G. CORREA, *El simbolismo religioso...,* 168-79.

redimirse y redimir a los demás. El punto de partida, como hemos señalado, consiste en la anulación de su propio ser, en un total desprendimiento y tienen como peculiares virtudes la paciencia, la pasividad y la humildad que se ofrecen como antagónicas de las virtudes sociales. Esta completa anulación le acerca al ideal de Jesús y así se convierte en santo que facilita con su fuerza espiritual la regeneración y el perfeccionamiento de los demás hombres y gracias a su atracción las personas que con él conviven también se sienten llamadas a la santidad. Esta voluntad de salvación se manifiesta principalmente en el ejemplo positivo de la caridad.

Sin embargo, Nazarín se convierte socialmente en un ser contradictorio y sólo es plenamente aceptado dentro del limitadísimo grupo de sus discípulas, mientras la generalidad le considera un loco. Sin duda, la mística como programa social constituye un gran fracaso aunque él se considere salvado: «Descansa, que bien te lo mereces. Algo has hecho por Mí. No estés descontento. Yo sé que has de hacer mucho más» (42). Y Galdós desea rescatarlo en sus cualidades fundamentales como conciencia que ayuda a los demás a enmendar sus yerros y encontrar su auténtico camino. Y como señala Pérez Gutiérrez: «... comienza el desmantelamiento de todo lo que es artificial y falso bajo los golpes de la pura verdad que Nazarín trae consigo: se hunde la seguridad en sí mismo de sacerdote ejemplar y se viene abajo la "vocación" perfeccionista y fundadora de la señora condesa: Nazarín es el hombre que ve las cosas como son..., que es como Dios las debe de ver. Nuestro cura manchego ve claro donde los demás se dejan deslumbrar o andan a oscuras...» (43).

Y en esta actividad consiste lo más positivo de Nazarín como ser capaz de escudriñar a los demás, de hacerles ver cuál es su auténtico destino. Así como la religión institucional se levanta como algo prefabricado que ha de cumplirse con carácter de obligatoriedad, la mística del primer Nazarín tampoco es válida para la mayoría; es ahora que ha logrado equilibrar su dimensión interior con sus realizaciones cuando aporta su libertad y su amor sin producir efectos contradictorios, simplemente descubriendo «la verdad sencilla, elemental» (44).

En esta misma línea se sitúa el personaje de Benigna, protagonista de *Misericordia,* quien con su humanidad pobre pero de espíritu desbordado, generador de realidades pequeñas socialmente consideradas pero enormes en su dimensión personal, se opone con su fuerza interior a la mezquindad de toda una sociedad caduca. Es persona religiosa en cuanto ejerce la caridad en su máximo grado, se inmola en pro de los demás; asistemática como lo es el puro ideal, no pertenece a ninguna institución sino que encarnada en su realidad social ejerce la caridad de forma personal: se hace pobre con

---

(42) NA, 1762.
(43) F. PÉREZ GUTIÉRREZ, o. c., 251.
(44) HA, 1866.

los pobres, no se presenta como un personaje milagroso sino tremendamente humano. Ella, en sí misma, es un mundo rico, capaz de generar la caridad contra todas las leyes macroeconómicas que deshacen a grandes contingentes de hombres.

Con Benigna lo religioso queda asentado en el mundo de la conciencia. En este sentido, su mensaje amoroso, como el de Cristo, trasciende su momento histórico para incorporarse a todos los hombres. Integrado como posibilidad salvadora en una dimensión de libertad, lo religioso perfecciona a quien lo posee y a los demás: así se logra la superación amorosa de los antagonismos tanto religiosos como los que pueden producirse entre los componentes sociales. Aquellos se superan en el amor espiritual de Benigna hacia el moro Almudena donde la espiritualidad aúna, crea una dimensión de universalidad donde Dios se hace presente: «... yo digo que Dios, no tan sólo ha criado la tierra y el mar, sino que son obra suya mismamente las tiendas de ultramarinos, el Banco de España, las casas donde vivimos y, pongo por caso, los puestos de verdura... Todo es de Dios» (45).

La armonía con el Derecho se simboliza en el perdón de Benigna que Juliana acepta y que constituye la escena final de la novela (46). Podemos decir que el acto cualitativamente más religioso de Benigna es la donación de ese perdón que significa la salvación de Juliana. Es una acción caritativa no económica —su caridad económica apenas logró salvar a doña Paca— de un pleno sentido cristiano que vendría a ser la total identificación con Cristo, a quien por derecho propio le corresponde el otorgar perdón (47).

Benigna con su esfuerzo se acerca a Dios o, como dicen Bleznick y Ruiz, «Benigna, no conformándose con la conducta moral de su sociedad, busca la moralidad auténtica del cristianismo primordial» (48); un cristianismo primitivo e intuido donde no cabe la intransigencia del dogma religioso que en otras novelas había destruido a los protagonistas. Es, como dicen los mismos autores, un humanismo que se eleva a «actitud religiosa en que la filosofía y la fe se manifiestan» (49).

Casandra completa este cuadro de características de la religión auténtica a partir del enfrentamiento entre el ritualismo vacío pero tirano y la libertad de la conciencia.

Frente a Casandra, la mujer que busca salvarse (50), está doña Juana, representante de la religión ritualista: «Lo primero es que frecuente los

(45) MIS, 1886. «Dios es bueno», había dicho antes. Ib., 1885. «En El se puede confiar», Ib., 1886.
(46) Ib., 1984.
(47) «Ni yo te condeno tampoco; vete y no peques más.» (Jn. 8,11.)
(48) D. BLEZNICK y M. RUIZ, *La Benigna misericordiosa: conciliación entre la filosofía y la fe*, en «Cuadernos hispanoamericanos», núms. 250-52 (Madrid, 1970-71), 473.
(49) Ib., 486.
(50) CA, 152-3.

actos religiosos» (51), como base para lograr una salvación eterna. Sin embargo, Casandra necesita antes salvar su vida mortal: «He venido a buscar la salvación de mi vida. (...) Quiero salvarme...» (52) pero doña Juana no tiene los medios para solucionar esta vida. Este tipo de religión formalista le parece a Galdós repudiable.

El antagonismo lo supera Rosaura, personaje que podemos considerar como testamento religioso de Galdós. Ella personifica una religiosidad opuesta a la de doña Juana:

> «Siempre he creído que debemos ser buenos y cumplir sencillamente y sin aparato. Disculpo al hipócrita que lo es desinteresadamente, por orgullo de parecer santo; pero al que se disfraza con devociones para enternecer la voluntad de los parientes ricos, le tengo por el peor de los falsarios... Yo no voy a la Iglesia sino cuando me dejan mis quehaceres; sigo adelante por mi camino estrecho con mi carga de obligaciones, fatigada, pero con mi conciencia bien tranquila, eso sí, esperando lo bueno y lo malo que Dios quiera mandarme. (...) No soy santa, pero sí creyente y, como creyente, siempre espero» (53).

Es tenida como santa por Casandra que en ella ve a Dios: «Tú eres mi religión, tú eres mi cristiandad. En tus manos pongo mi espíritu. A Dios me entrego por mediación de ti, que eres una santa» (54).

Al final de la novela queda completo su retrato como prototipo de personaje religioso según lo concibe Galdós:

> «CASANDRA.—A todos agradezco tanta benevolencia y caridad; pero mi gratitud más grande es para ti, la mujer cristiana que ha traído su misericordia y su amor a esta pobre criminal. Por ti he podido ver a mis hijos; por ti disfruto aquí todo el bienestar que puede ofrecer una prisión; por ti ha vuelto Rogelio y es mi marido; por ti veré acortada mi condena. Obra tuya son estos beneficios, Rosaura, y yo debo adorarte.
>
> ROSAURA.—Desgraciada eres y criminal fuiste. Por criminal y desgraciada he venido a ti; que si fueras poderosa y feliz, a tu lado no me verías. Consagrada a mi familia, sin más devociones que mis deberes he quitado algunos ratos al trajín de mi casa para consagrarlos a ti.
>
> (...) Para venir a consolarte no me han importado los dichos del mundo. Al recibir de mí la paz y un poco de alegría has abominado de tu culpa. Juntas tú y yo, *comunicando nuestras conciencias,* hemos llegado a creer que Dios te perdonará.

(51) Ib., 152.
(52) Ib., 153.
(53) Ib., 165.
(54) Ib., 195.

(...) No me bendigas. No merezco tu bendición por mi cumplimiento de un deber tan sencillo. *El sentimiento de humanidad* que me abrasa me ordena estas devociones que practico sin darme cuenta de ellas.

(...) *Busca la verdad en tu conciencia* y no adores ídolos.

(...) La piedad verdadera florece en el silencio.

(...) Ruido de gente inquieta y gritona. Son los altareros que, ciegos, desalojan las almas, arrojando de ellas la fe de Cristo... ¿no ves tú en nuestra sociedad ese tumulto irreverente y triste?» (55).

Así pues, tenemos un sucesivo proceso de concienciación que elimina los aspectos sociales de la religión para acentuar los personales. Rosaura se presenta como creyente, eficaz, para quien el quehacer prioritario es la familia, poco practicante pero amorosa en extremo; cumple sus devociones en silencio propiciando que Cristo aparezca en la conciencia frente al bullicio idolátrico de la sociedad. Rosaura redime a Casandra sin necesidad de ritos ni abluciones: simplemente con imprimir una intención químicamente pura de amor y bondad en su deber.

No he pretendido agotar en este capítulo todos los aspectos de la problemática religiosa tal como Galdós la desarrolla en su novelística, ya que hemos dejado al margen toda una serie de implicaciones sociológicas. Sí he deseado ofrecer una panorámica de conjunto para que se vea el proceso seguido y los márgenes a que quedan reducidas las posibilidades de lo religioso en orden a la salvación del hombre, de la que resta por exponer una última cuestión: el problema de la trascendencia.

4. EL PROBLEMA DE LA TRASCENDENCIA

La mayor dificultad nos la encontramos al tratar de saber si la religiosidad galdosiana conserva una dimensión salvadora trascendente. A este respecto podemos traer a colación el final de Torquemada como apertura incognoscible hacia el infinito frente a la seguridad con que Lucía afirma la salvación eterna de Angel Guerra. Sin embargo Gamborena, portador de los signos religiosos, se muestra incapaz de saber si Torquemada se ha salvado mientras Angel se salva aun sin sacramentos. Por tanto, podemos deducir que la religión oficial, ritual no asegura la salvación eterna y sí, en cambio, quien muere creyente habiendo descubierto el amor como entrega a la Humanidad.

Esto aporta luz a una cuestión que han planteado Bleznick y Ruiz al mostrar la relación entre Benigna y Cristo: «Cristo dio su misericordia muriendo, para garantizar la felicidad eterna al hombre cristiano a través

(55) Ib., 219-20. Los subrayados son míos.

de la muerte; Benigna da su misericordia, viviendo, para garantizar la felicidad temporal a todos los humanos a pesar de la muerte» (56). Ciertamente ni Benigna ni Rosaura mueren en aras de la Humanidad, ni Galdós
vuelve a presentarnos una situación fronteriza como la de Angel Guerra.
Las acciones soteriológicas realizadas por los personajes religiosos (Nazarín,
Benigna, Rosaura) tienen una dimensión personal en orden a salvar «esta
vida» y en este sentido estoy de acuerdo con Luciano García Lorenzo en
su afirmación sobre Benigna: «La redención que Nina realiza es humana
y a partir de aquí se entiende. Nina redime humana y temporalmente y
claro está que no garantiza la felicidad eterna, pero ¿es que alguien que no
fuera Cristo puede hacerlo? ¿Qué más puede hacer Benigna que dar esa
felicidad temporal por la que la vemos luchar a través de toda la obra?» (57).

Galdós estaba preocupado por el momento histórico en orden a una
clarificación de las conciencias —no olvidemos el paralelismo individuo-
sociedad— donde lo religioso, personificado en esa minoría selecta de guías
universales que son estos personajes, en su valoración pura coadyuvara
como capacidad de salvación que creara una base de tolerancia y amor universales en esta vida. Frente a la trascendencia podemos pensar que, o Galdós
no se atrevió a hacer una mención explícita o bien pensaba que nadie puede
asegurar la salvación eterna (ni la Iglesia). O, por último, que la toma de
conciencia de esos valores universales son la única garantía de salvación
temporal y eterna, si nos atenemos a la conclusión de *Angel Guerra.*

El cumplimiento del bien sería, pues, la única garantía que el hombre
tiene para acceder a Dios en el sentido en que doña Lupe se lo hace saber
a Torquemada: «Las buenas obras son la riqueza perdurable, la única que,
al morirse una, pasa a la cuenta corriente del Cielo...» (58). O, aún más
rotundamente, en la afirmación de Máximo, personaje de *Electra:* «Hacia
Dios no se va más que por uno: el del bien. ¡Oh Dios! Tú no puedes permi-
tir que a tu reino se llegue por callejuelas estrechas ni que a tu gloria se suba
pisando los corazones que te aman...» (59).

Por eso en la mentalidad de Galdós no hay propiamente esa escisión
inmanencia-trascendencia sino más bien ambas se sintetizan como dimensiones de una misma realidad, donde asegurar la salvación —cumplimiento
del bien, actitud misericordiosa— de esta vida es asegurar la salvación integral de la persona que hallará en la eternidad simplemente su continuación. Es la concepción positivista cuya lógica le llevaba a diagnosticar y
remediar las enfermedades de esta vida que es donde el hombre puede
realizar buenas obras, según la enseñanza del envangelio.

---

(56) D. BLEZNICK y M. RUIZ, o. c., 488. Frente a la afirmación de G. Correa: «El
trayecto recorrido es una ascensión continua, cuya meta final es la imitación de Jesucristo.» *El simbolismo religioso...,* 206.
(57) L. GARCÍA LORENZO, *«Misericordia» de Galdós* (Madrid, 1975), 59.
(58) TC, 937.
(59) EL, 894.

Es necesario, pues, desentrañar la actitud de los personajes ante la muerte como instante definitivo que delimita el tiempo y la eternidad para arrojar la última luz sobre este tema. En definitiva, el problema soteriológico se condensa en la actitud que el hombre adopta ante su muerte y Galdós aborda el tema con frecuencia y profundidad.

VI. LA PRESENCIA DE LA MUERTE

1. REALIDAD SOCIOLÓGICA

Hay en la novelística galdosiana una presencia constante de la muerte que abarca muchas de las actitudes que ante ella se pueden adoptar. Seguramente hay una doble exigencia que explica esta presencia permanente: una podemos denominarla extrínseca mientras la otra pertenece rigurosamente a la temática novelística.

No se puede establecer esta casuística de un modo excesivamente cerrado pero sí establecer una jerarquización al menos en orden a la novela como producto literario. La exigencia que he denominado extrínseca hace referencia a toda una atmósfera nacional en la cual la muerte era algo cotidiano (1). El mismo Galdós con anterioridad a cualquier consideración menciona el hecho mismo de la mortalidad como algo consustancial a la sociedad española (2) sin que en algunos momentos falte una reflexión sobre el significado que aquella pueda tener. Así, en un momento en que decrece la mortalidad, escribe: «La mortalidad ha descendido considerablemente. Ya no están los ánimos tan entristecidos. El madrileño ha vuelto a tener fe en la vida, y sale a disfrutar de la hermosura del cielo, de la tibieza del ambiente» (3).

Sin embargo, poco después y a propósito de unas investigaciones médicas se refiere a la consustancialidad del mal con la naturaleza humana, es decir, a la imposibilidad que la medicina tiene de superar la muerte:

(1) Resumiendo brevemente algunas de las causas que produjeron una mortalidad alta, hay que citar las siguientes por lo que hace referencia a los veinticinco últimos años del siglo: 1868-78: «Guerra grande» con Cuba; 1872-76: Guerra civil carlista centrada en Vasco-Navarra, Cataluña y Levante con repercusiones en todo el país; 1881-90: la población padece hambre, crisis de subsistencias; 1885: cólera, difteria, tuberculosis, etcétera, al margen de las condiciones alimenticias e higiénicas en que vivían grandes sectores de la población. Véase M. MARTÍNEZ CUADRADO, *La burguesía conservadora (1874-1931)* (Madrid, 1972), passim. C. DEL MORAL, *La sociedad madrileña fin de siglo y Baroja* (Madrid, 1974), 43-117.

(2) W. SHOEMAKER, o.c., 214. «La cifra de mortalidad ha sido últimamente en Madrid bastante alta, pues de 111 invadidos —se refiere a la difteria— en un período de pocos días fallecieron 98, lo que indica una intensidad formidable...»

(3) Ib., 384.

«... la humanidad lleva consigo el sufrimiento como la luz la sombra» (4) aunque confía en el avance técnico como freno y atenuación del mal físico y por tanto de la mortalidad. Incluso en un momento en que la igualdad social iba tomando fuerza no duda en afirmar que no cabe discutir esa igualdad tanto de las distintas clases entre sí como de los hombres de todas las épocas ante «la epidemia reinante desde el principio del mundo, es decir, la muerte...» (5).

En las novelas de esta época abundan los documentos referentes a esta situación de enfermedad y pobreza. Puede pensarse en las descripciones de la situación miserable en que vivían restos de la nobleza o la baja burguesía y sobre todo, en los relatos del submundo de mendicidad que muestra en la primera parte de *Nazarín* y más aún en *Misericordia,* por donde pulula «la cuadrilla de miseria» (6), como presenta al grupo de mendigos que se agolpa a la puerta de la iglesia, hasta el punto de que ser mendigo era un oficio que requería el conocimiento de unas técnicas, al igual que la Beneficencia había desarrollado variados procedimientos.

Se trata, pues, de toda una situación social de convivencia con situaciones cercanas a la muerte que rodean el quehacer novelístico y condicionan el marco en que se desenvuelven sus personajes.

2. REALIDAD HUMANA

La otra exigencia que he denominado intrínseca no se halla del todo desligada de la anterior. Un complejo mundo novelístico que tratar de ser interpretación de una realidad humana concreta se encuentra con la necesidad de establecer una aproximación a lo humano universalmente considerado. Y así como en su plano concreto existía la muerte como algo cercano, en el horizonte universal vuelve a aparecer la muerte como realidad humana, considerada no como un hecho estadístico sino dotada de un sentido ético, religioso.

Y en este campo es donde nos encontramos con un amplio abanico de significaciones íntimamente relacionadas con la problemática soteriológica, tanto en su dimensión ética como religiosa. También su acercamiento al tema es progresivo en tanto va descubriendo sus diversos significados de acuerdo con la personalidad de sus protagonistas.

Sin embargo, puede decirse que existe un punto de unificación válido para la interpretación de esta época: la muerte es una situación límite desde donde puede interpretarse qué es lo humano: ahí se sabe ya definitivamente

---

(4) Ib., 436.
(5) Ib., 444.
(6) MIS, 1871. NA, 1677. Yo he visto —dice un personaje— la miseria de aquella casa como hay tantas en Madrid, sin que nadie la vea ni la socorra...» HA, 1820.

quién es digno de salvación. En la terminología de Aranguren sería el «acto definitivo» (7) que convierte todos los anteriores en un plazo fijo para nuestra realización. Como dice este autor en el mismo lugar: «El acto definitivo —no actualización de estructura, sino de acto propiamente dicho, que si lo es de verdad, será también "instante", "repetición" y "siempre"— es la hora de la muerte».

2.1. *La muerte no aceptada*

Así Torquemada cuando se enfrenta con su muerte, cuando tiene la posibilidad de atisbar la trascendencia, puede desde esa cercanía acceder a un acto claro de conversión (que fue su última palabra); pero no fue capaz de asumir en ese «instante» toda su vida bajo un arrepentimiento religioso de entrega creyente y confiada; «no se pliega —como dice Sánchez Barbudo —a la voluntad divina, no se pone en manos de Dios...» (8). Galdós tenía en cuenta otro elemento: un hombre como Torquemada difícilmente realizaría un acto de esta naturaleza, religiosamente puro, ya que toda su vida consistió en el ejercicio de leyes de compraventa y quiso que su muerte también lo fuera. El «instante» de su muerte fue una aceptación de su vida donde la palabra «conversión» no significaba transformación sino confirmación. Acto definitorio, como dice Aranguren, pero con una diferencia: definitorio más de la vida conocida que de la «post mortem», que Galdós parece atribuir plenamente a la jurisdicción divina sin que desde aquí se pueda afirmar o negar su salvación. Ya expliqué cómo además de los motivos derivables de la propia personalidad de Torquemada —quien en algún momento inicia un esfuerzo de arrepentimiento, que en su opinión, podía ser considerado por Dios como suficiente— bien pudo querer superar la casuística ejercida por la Iglesia sobre este acto definitorio.

Sin embargo cuando el personaje se sitúa frente a la muerte, Galdós estudia todas sus reacciones de acuerdo con las causas que le han puesto frente a ella: naturales o sociales, como vía de estudio de la posición que los hombres pueden adoptar. Es el caso de Torquemada quien se enfrenta con la muerte de una forma completamente humana: tiene miedo a morir, ha dado la importancia suficiente a lo terrenal como para considerar la muerte un simple tránsito. Está, pues, lejos de la posición estoica y aun cristiana en el sentido de que la muerte sea un simple pasar: «Lo que llamamos muerte —dice Gamborena— es un hecho vulgar y naturalísimo, un trámite indispensable en la vida total, y considero que ni el hecho ni el nombre deban asustar a ninguna persona de conciencia recta» (9). Pero estas palabras de Gamborena no le solucionan el problema porque precisa-

---

(7) J. L. ARANGUREN, o. c., 227.
(8) A. SÁNCHEZ BARBUDO, *Torquemada y la muerte,* en «Anales galdosianos» (Pennsylvania, 1967), 48.
(9) TSP, 1131.

mente ahí radica la cuestión: la mayoría de los mortales no pueden asegurar con plena certeza la rectitud de su conciencia y sienten miedo ante la muerte y el juicio que conlleva (10). La «rebeldía de su espíritu ante el inevitable tránsito» (11) o la que sintiera ante la muerte de su esposa: «¡Qué pifia, Dios! (...) ¿Es esto misericordioso y divino?...» (12), son actitudes fuertes y violentas ante la muerte, dislocadas en la acción novelística pero plenamente humanas. Son expresión primaria de un deseo de inmortalidad pre-existente en el hombre y manifestado de muy diversas formas. Torquemada, personificación de esa primariedad, entiende por inmortalidad «vivir» y así se lo manifiesta a Gamborena; en cambio, éste le ofrece una clase de vida que aquél no entiende puesto que implica el «término de esta vida» y no puede ofrecerle sino la urgencia de prepararse y resignación: «¡Señor, Dios lo ha querido!», será la expresión del sacerdote.

Torquemada, por su parte, no entiende de otra resurrección que la mejoría: «¡Bendito sea el "Ser Supremo", que me ha dado esta mejoría, esta resurrección...» (13). En este sentido representa a los hombres que advierten en la muerte la antagonista de la vida y por tanto la evitan, la eluden cuando sienten que está lejana o se enfrentan con ella cuando se acerca, como transgresión, «barrena de las leyes naturales» y, en definitiva, no aceptándola. Sería la actitud arreligiosa, no cristiana y tampoco ética en cuanto no ha asumido su vida como un emplazamiento, como un plazo mortal.

2.2. La muerte como conversión y asunción

Como exponente de otra postura, Galdós nos presenta la muerte de Angel Guerra: «instante» y «repetición» de su vida en el que logra la conversión de sus ~rrores y muere religiosamente sin necesidad de otra ratificación.

Angel Guerra es un caso mucho más claro que Torquemada ya que tras una vida errónea en su planteamiento y realizaciones, fue en ella adquiriendo la auténtica dimensión del amor aunque no superara los límites humanos en su amplia generosidad. Junto a esta realización, sus esfuerzos, correctos como disposición, hicieron posible que en el instante de la muerte recobrara la conciencia, asumiera sus errores y su muerte.

Esa conversión es propiciada por una larga preparación cuya única particularidad consiste en que su resultado no fue el que buscara mediante realizaciones falaces, objetivamente consideradas, pero plenamente morales

(10) —«¿Teme usted la resurrección de la carne?
—No señor, temo el juicio.» TSP, 1131.
(11) Ib., 1190.
(12) Ib., 1142.
(13) Ib., 1183.

en su intención. Recuerda su vida (14) y muere reconociéndose creyente; sus últimas disposiciones, dice Galdós, «eran un prodigio de memoria y piedad cristiana» (15), expresión de su pleno desprendimiento de los bienes terrenos que convierte su muerte en un acto resueltamente ético y aun religioso —«como que a todos puede darnos lecciones de cristiandad y amor de Dios», dice Leré (16)— e incluso confesional (17) excepto la recepción de los últimos sacramentos: «¿Crees que necesito quedarme solo para confesar? Confesado estoy. Todo lo que yo pudiera decirle a este clérigo campestre, arador de mi alma, ya lo sabe él. Me ratifico, y nada tengo que añadir» (18).

Al sentido de la muerte como asunción responde Nazarín, quien en algunos momentos la siente cercana, la vivencia desde su concepción mística, dentro del marco de «muerte apropiada»: «En toda ocasión la muerte es nuestra inseparable compañera y amiga. En nosotros mismos la llevamos desde el nacer, y los achaques, las miserias, la debilidad y el continuo sufrir son las caricias que nos hace dentro de nuestro ser. Y no sé por qué ha de aterrarnos la imagen de ella cuando la vemos fuera de nosotros, pues esa imagen en nosotros está de continuo» (19). No duda tampoco en mostrar su bipolaridad: «La muerte es también alegre y triste: alegre porque nos libra de las cadenas de la esclavitud vital; triste, porque amamos nuestra carne como a un compañero fiel y nos duele separarnos de ella» (20). Y concluye afirmando: «Dos cosas hay en este bajo mundo por donde nos pueda ser comprensible lo infinito: el amor y la muerte» (21).

2.3. *El suicidio, huida y liberación*

Nos queda otra postura de naturaleza diferente pero igualmente humana y con importantes connotaciones: los suicidios de Villaamil y Federico Viera, cronológicamente anteriores a la muerte de Torquemada y Angel Guerra pero que expongo después por tratarse de, si puede decirse así, de dos muertes provocadas, con lo que ética y religiosamente ofrecen mayores problemas.

La muerte de Villaamil viene causada externamente por la aceptación de la voluntad divina expresada en la visión de su nieto: «... y que cuanto antes te vayas al Cielo, mejor», que el cesante acoge como «revelación di-

(14) AG, 1527.
(15) Ib., 1529.
(16) Ib., 1528.
(17) «A misas por su alma destinó por fin un buen pico, designado a Mancebo y a don Laureano Porras para que distribuyeran la limosna entre sacerdotes necesitados.» Ib., 1531.
(18) Ib., 1528.
(19) NA, 1693.
(20) Ib., 1727.
(21) Ib., 1728. Véase B. PÉREZ GALDÓS, *Voluntad*, o. c., v. VI, 765.

vina, de irrefragable autenticidad». Literalmente esto convierte a *Miau* en una parábola y, en cierta medida, paradoja religiosa en cuanto que Villaamil acepta en un acto de rebeldía la voluntad divina al reconocer su fracaso como redentor de la administración nacional. Sin embargo la crucifixión de Villaamil —«he cargado mi cruz treinta años...» (22)— no tiene ningún significado teológico salvo que hagamos irresoluble la consumación del suicidio y por tanto la literalidad de los hechos no puede inducirnos a pensar que se trata de una incorporación de atributos divinos con un final en parte igual —aceptación de la voluntad divina— y en parte diferente, en cuanto supone su propia destrucción. «Pues —como dice Gillespie— la identificación de Villaamil, redentor impotente de su nación y de su turbulento fracaso, con Cristo, como víctima ejemplar, no nos permitiría rehuir los aspectos problemáticos de su suicidio impuesto ambiguamente» (23).

Sin negar, más bien afirmándola, la existencia de un creciente simbolismo religioso, la muerte de Villaamil es la respuesta a la dinámica interna del relato novelesco como expresión del proceso psicológico y social de Villaamil frente a sí mismo y las estructuras sociales; consumación de una existencia patológica, esquizofrénica, que le conduce a la muerte y, al mismo tiempo, la única forma de superar una situación social en la que no encuentra su razón de ser (24). Una doble disociación que necesariamente provoca su muerte. Sociológicamente es, pues, perfectamente explicable como lo haría Durkheim en términos de concatenación de causas sociales que impelen al hombre al suicidio.

Sin embargo, y aun dentro de una psiqué enferma, adquiere un nivel de liberación auténtica, de integración en la Naturaleza: «Gracias a Dios que saboreo este gusto de contemplar la Naturaleza, porque ya se acabaron mis penas y mis ahogos, y no cabilo más en si me darán o no me darán destino; ya soy otro hombre, ya sé lo que es independencia, ya sé lo que es vida, y ahora me los paso a todos por las narices, y de nadie tengo envidia, y soy..., soy el más feliz de los hombres» (25). Esta liberación se mezcla paradójicamente con su instinto fanático hasta el punto de que es este instinto quien concluye esa liberación al aplicarlo sobre sí mismo: «De veras que siento ganas de acabar con todo lo que vive, en castigo de lo mal que se han portado conmigo la Humanidad, y la Naturaleza y Dios...» (26).

(22) MI, 677. Hay otras alusiones a lo largo de la novela: Miau = Inri; Ungido = lleno de basura (parodiando), Ib., 661. Se fija la fecha de la boda de Abelarda el 3 de mayo de la cruz, Ib., 666. Su vida, una cruz, Ib., 677.

(23) G. GILLESPIE, o. c., 428. Con ello expone un juicio opuesto al de G. CORREA, *El simbolismo religioso...*, 133-4.

(24) J. Casalduero habla de «huir de una vida que no tiene sentido ni se le puede encontrar; es entrar en el área de lo desconocido; es descansar, quizá, para siempre.» o. c., 96.

(25) MI, 674.

(26) Ib., 678.

La muerte de Ramón Villaamil es así la explicación psicosociológica de un suicidio; de cómo un suicidio puede justificarse desde esta perspectiva.

Queda todavía un nivel no enteramente explicado: si en la mente enferma del protagonista su muerte nace de un mandato divino y la dirección que su instinto de destrucción toma, también: «Más vale que me despache yo, emancipándome y yéndome con Dios» (27), el suicidio de Villaamil adquiere, en este sentido, una dimensión religiosa sin que Galdós se plantee cuestiones teológicas; es, simplemente, el medio, el «sacramento» válido para Villaamil, de encontrar la unión con Dios y la liberación de las ataduras sociales: «La sacrosanta libertad, hija del Cielo —se decía a sí mismo— no te la quita ya nadie» (28).

Si Villaamil no había salido liberado de sus contactos con lo religioso, paradójicamente encuentra ahora la libertad total en una idea religiosa que brota de sí, no de la Iglesia o de cualquier otra persona y, aunque sea indirectamente, esa idea justifica su suicidio y, en él, además, su salvación. Una salvación válida solamente desde su propia circunstancia y en exclusiva para él mismo.

Se trata, pues, de un caso menos general que los descritos hasta aquí pero igualmente humano y que muestra aún más la excepcionalidad de cada una de las personas y los distintos caminos por los que puede hallarse la salvación. También encontramos aquí razones por las cuales Galdós nunca busca la realización humana en el ajuste a una normativa sino en el acoplamiento con la interiorización o concienciación de contenidos éticos y religiosos que adquieren así una dimensión diferente a la que tenían cuando simplemente estaban en posesión del Estado o la Iglesia. Esto no supone una hostilidad pública hacia las instituciones sino la búsqueda también de su auténtico puesto en la sociedad, que no olvidemos, es el medio en el que todos sus personajes están insertos. Villaamil precisamente fracasa en su intento de mejorar esa sociedad como forma de encontrar una salvación que no llegó. Encontró la única que se puede tener al margen de la sociedad: la muerte (29).

(27) Ib., 679.
(28) Ib., 681.
(29) A propósito de esto hay una carta de Unamuno que aunque escrita en 1898 y sobre un juicio que hace acerca de una novela propia, vale perfectamente en este contexto de *Miau* que es, por otra parte, permanente en Galdós: «Me dicen que es poco español este subjetivismo religioso, esta constante preocupación por el destino individual de cada uno. No lo sé. Lo que sé es que la religión aquí de puro socializada apena pasa de liturgia y moral; que no se piensa en las relaciones personales y directas con Dios o con quien haga sus veces para uno.» S. DE LA NUEZ y J. SCHRAIBMAN, *Cartas del archivo de Galdós* (Madrid, 1967), 54.

2.4. *El suicidio como regeneración*

El suicidio de Viera lo explica Galdós a través de *La incógnita* y *Realidad,* lo cual le permite exponer las versiones externa e interna del mismo hecho; esta última como la auténtica realidad del hecho. Realiza, pues, un desdoblamiento que en las demás novelas plantea simultáneamente.

Tras acaecer la muerte de Federico, en *La incógnita* se describen las cábalas sociales, las opiniones y elucubraciones sobre el proceder de la Justicia de acuerdo con la lógica del Derecho pero la aproximación a la verdad del hecho es mínima. Incluso Malibrán que se aproxima más, no es capaz de romper ese cerco de la lógica social: «Creo que esto es sencillamente un suicidio por insolvencia, por no poder cumplir obligaciones contraídas en el juego, ofuscación del ánimo cuyo origen hay que buscar en un sentimiento bravío del honor y de la responsabilidad» (30). Infante en una ocasión habla de otra lógica: «Esas son las lógicas de los tratraditos de Etica; las del humano corazón suelen ser, ¡ay! muy distintas» (31). Y esta es la lógica que busca Galdós en la segunda parte.

Realidad describe la historia interna de un adulterio aclarando las dudas acerca de la muerte de Federico. Además de narrar el hecho —Federico se suicida en presencia de Augusta pero aún tiene tiempo de salir a la calle, con lo cual evita que caigan responsabilidades sobre aquélla— estudia las motivaciones y el fondo de la conciencia de los personajes, cuyos mecanismos provocan unas interrelaciones que confluyen en el suicidio de Federico.

Dentro de unos esquemas calderonianos, como ya expuse al hablar de los criterios sociales, Federico es el exponente de una clase inflexible, absurdamente honorable. Se opone al matrimonio de su hermana por considerarlo deshonroso y él mismo se ve obligado a llevar una vida degradada a causa de su penuria que alcanza límites extremos. Sin embargo, por dentro de este honor, Galdós descubre esa otra motivación que Correa denomina «hombría» (32), una especie de imperativo categórico kantiano atemporal. Y aunque Federico representa una forma caduca socialmente de comprender el honor, cuando éste se ve radicalmente comprometido —«... mi conciencia no puede soportar la contradicción horrible de ultrajarle gravemente y recibir de él limosnas de tal magnitud»— nace en él la idea del suicidio que se preanuncia en una escena en la cual la Sombra de Orozco le hace saber que es del público dominio que Augusta ha pagado algunas de sus deudas. Su hombría se ve directamente atacada cuando la Sombra pone en duda su valor para morir: «no sabes ni sabrás nunca morir...» (33).

Como señala Casalduero: «Federico no sucumbe ante un enemigo sino

(30) LI, 764. Véase RE, 887. Se trataba de salvar el honor externo.
(31) LI, 759.
(32) G. CORREA, *Pérez Galdós...,* 234.
(33) RE, 884.

ante la idea del honor» (34). Es, pues, una inversión del tradicional duelo tras el descubrimiento del adulterio que Galdós transforma en suicidio. Federico se aniquila y así rehabilita a Orozco, marido injuriado y, por otra parte, él mismo se regenera. Orozco lo entrevé en la última escena: «Has tenido flaquezas, has cometido faltas enormes; pero la estrella del bien resplandece en tu alma» (35).

La muerte como instante decisivo muestra el giro que era necesario dar. Cuando ya no caben las dudas, el dictamen de la conciencia debe sustituir a los convencionalismos.

Desde el punto de vista personal, el suicidio de Federico adquiere así una virtualidad que hace de él la única forma de salvación cuando presiente que ha agotado sus posibilidades de vivir: «... cuando nada se reafirma en tu alma; cuando las ideas que has venerado siempre se vuelven contra ti, la existencia es un cerco que te oprime y te ahoga» (36). Y en este sentido también la muerte se presenta como liberación y la asunción personal de los propios errores. Es, pues, el último acto de la vida, la necesidad también de ser uno mismo quien supere sus anteriores deficiencias; es, en definitiva, «la muerte apropiada» (según la terminología de Aranguren) que en la perspectiva de Galdós, en esta novela, significa también apropiación de su sentido regenerativo como último acto de la voluntad, exhumación humanamente laica, completada por el último acto de arrepentimiento y súplica de perdón.

3. LA MUERTE NECESARIA

El presente histórico necesita de la muerte de un pasado que no ha comprendido la evolución de la historia. Si es cierto que el suicidio de Federico tiene este significado, más libre de motivaciones psicológicas nos presenta la muerte del ciego Rafael como huida de una sociedad en la cual ya no hay sitio para él porque todos sus criterios han sido superados y sus hermanas prefieren vivir aunque sea de prestado que morir «honorablemente».

Como él no estaba preparado para vivir de su trabajo y su honor queda degradado, prefiere morir. El suicidio de Rafael está explicado más por unas coordenadas sociales que personales y por eso, desde la perspectiva que estamos estudiando, ofrece menos interés. Sin embargo tiene importancia como constatación de un hecho sociológico: la aristocracia que deseó seguir viviendo hubo de ajustar sus criterios a los que traía la burguesía: «Es el imperio —dijo Rafael— de los capitalistas, el patriciado de estos

(34) J. CASALDUERO, o. c., 101.
(35) RE, 899.
(36) Ib., 878.

Médicis del papel mascado... No sé quién dijo que la Nobleza esquilmada busca el estiércol plebeyo para fecundarse y poder vivir un poquito más...» (37). Desde este punto de vista, la muerte de Rafael es más un simple suicidio de orgullo, carente de todo sentido ético, consumación, pero no asunción, de sus errores.

Doña Sales, madre de Angel Guerra, también personifica ese pasado contumaz que con ella muere tras no lograr asimilar una moral flexible que hiciera realmente posible unas relaciones más personales y menos instrumentalizadas; está incapacitada para comprender a su hijo, expresión de lo que Angel denomina «nulidades huecas, fariseos y escribas de este dogmatismo imbécil de las conveniencias sociales...» (38). La muerte de doña Sales es, simplemente, un acabamiento.

Y, por último, dentro del simbolismo social, la muerte de doña Juana —en *Casandra*— conlleva radicalmente, si así puede expresarse, la desaparición necesaria de un formalismo religioso opuesto al amor de Dios ya que se nutre del odio que siente por Casandra, mujer fecunda, mientras su esterilidad no podrá nunca dar fruto. Este odio le lleva a separarla de su marido y de sus hijos, mientras trata de acogerse a una religión que justifique su hipocresía.

Al darla muerte, Casandra tiene conciencia de que ha aniquilado al monstruo que impedía la libertad y la realización de los auténticos valores: «He matado a la hidra que asolaba la tierra... ¡Respira Humanidad!» (39). Con su crimen Casandra hace posible la reafirmación de las virtudes positivas que Rosaura personifica como representante de una religión plenamente integrada en la naturaleza humana a la que aporta su quehacer amoroso y creyente.

4. LA MUERTE COMO NEGATIVIDAD

Estas muertes, sobre todo la de doña Juana significaban en la novelística galdosiana una afirmación de la vida. Frente a quienes mantienen una visión negativa, consciente o inconsciente, de esta vida (40), frente a quienes esconden intereses torcidos y desviados en formas pseudorreligiosas, se alzan quienes desean vivir y ven en la vida la única manera de autorrealizarse.

Sin duda, la muerte se torna negativa cuando el hombre ha encontrado una atmósfera de convivencia adecuada, cuando su amor es tan grande que

(37) TP, 1108.
(38) AG, 1249.
(39) CA, 181.
(40) «Demasiado sé —decía doña Juana— que nuestra vida es un castigo, la muerte un indulto. ¿Qué hacemos en este presidio? El único solaz que en él hallamos es pedir a Dios que nos dé libertad y nos lleve consigo.» CA, 122-3.

le lleva a luchar por la vida de los demás. Este paso de una situación negativa a otra positiva podemos observarla en *El abuelo*. Cuando el conde de Albrit maneja aún el criterio externo del honor, siente deseo de aniquilar lo que considera espuero, y la muerte se presenta ante él como «fácil solución de los problemas graves» (41); la inseguridad en que se mueve le sitúa entre la verdad y la muerte pero su hombría le ayuda a seguir aunque su criterio sea equivocado: «Matarse... ¡Qué locura! Hay que luchar sin desmayo para aniquilar el mal» (42). Y esta capacidad de lucha, de superar la crisis, le conduce al descubrimiento del amor; es entonces cuando encuentra la auténtica dimensión positiva de la vida: «Está lucido —le decía a don Pío—. ¡Matarme yo que tengo a Dolly! Matarte a ti... que me tienes a mí. Ven y esperemos a morirnos de viejos» (43).

Esta misma concepción, planificada, la encontramos en *Misericordia*. La lucha por la vida adquiere un significado religioso cuando con intención recta se busca darle a esa vida un máximo de plenitud. El deseo de vivir se autoafirma contra todos los deseos débiles y flaquezas que el hombre siente cuando se enfrenta a una situación caótica que le sobrepasa. Por eso creo que Benigna se presenta como la «mujer fuerte» de la Biblia (44), quien «se reviste de fortaleza y de gracia y sonríe ante el porvenir» (Prov. 31, 26-26); su deseo de vivir (espíritu prometeico, como lo definen Bleznick y Ruiz) tiene también el sentido de confianza en la Providencia, pues, como dice Benigna: «todo es de Dios y ahí nace su esperanza contra la adversidad en cumplimiento del deseo divino: «... y sé también que Dios me ha puesto en el mundo para que viva y no para que me deje morir de hambre. (...) ¡Bendito sea el Señor, que nos da el bien más grande de nuestros cuerpos, el hambre santísima!» (45). Hambre que necesita ser saciada biológica y espiritualmente mediante la actuación vigorosa de la lucha cotidiana que en el caso de Benigna se presenea especialmente dura.

Con sus acciones caritativas mantiene la esperanza en la vida que aparece siempre débil en las situaciones difíciles, aporta esa capacidad de lucha de que antes hablábamos: «No había más remedio que alimentarse, haciendo de tripas corazón, porque la naturaleza no espera; es forzoso vivir, aunque el alma se oponga, encariñada con su amiga la muerte» (46); y así permite acceder a una vida mejor incluso materialmente: «¡Ay!... Al fin Dios ha querido que yo no me muera sin ver el término de esta miseria ignominiosa» (47). Benigna, pues, tiene un puesto en este estudio sobre la muerte,

(41) AB, 68.
(42) Ib., 83.
(43) Ib., 113.
(44) Prov. 31, 10-31.
(45) MIS, 1886.
(46) Ib., 1958.
(47) Ib.,

ya que la carencia de medios le pone permanentemente a sus puertas, con lo cual cada momento de su vida es una batalla ganada a la muerte.

La actividad cumple una función religiosa en cuanto tiende a completar la acción siempre incompleta de la Providencia que encuentra en el hombre su necesario colaborador. Cuando éste desea la muerte de manera cobarde, realiza un acto de desesperanza y de rechazo de su misión que convierten su deseo en negativo, arreligioso y amoral. Es, en este sentido, como también la novelística galdosiana muestra un significado negativo de la muerte. Si a Villaamil le salvó la muerte, Benigna, en cambio, es salvada por el deseo de vida.

5. LA MUERTE DEL OTRO COMO EXPERIENCIA PROPIA

La muerte adquiere también otra dimensión: interrogante de la existencia cuando muere un ser querido; una interrogante que cuestiona la propia vida e incluso la hace cambiar de sentido.

Ante Angel Guerra se presenta la muerte de su hija como la desaparición del sentido de su vida, al tiempo que el vacío producido le obliga a mirar al «Ser Supremo» aunque su pragmatismo le lleve a intentar una transacción: «Señor, Señor, sálvese mi hija, sálvese a costa de Dulce y de toda mi familia y de todo el género humano» (48). Sin duda estas palabras son una parodia de oración pero suponen para Angel una humillación que se completa con la acusación de Pez: «Pues qué, ¿crees tú que Dios Omnipotente, que castiga y premia, iba a dejar en tus manos a este ángel, como recompensa de tus actos contra la moral, el orden social y la religión» (49). Ciertamente esta situación, con anterioridad a su enamoramiento de Leré, está en la base de su transformación y es el principio de su regeneración» (50).

Esta influencia espiritual que la muerte de un ser querido tiene, se manifiesta también en Torquemada, el cual ante el peligro de muerte de su hijo sufre su encuentro con la trascendencia y ante el temor de sentirse desbordado, inicia sus acciones pseudocaritativas ya que son ejercidas bajo leyes comerciales. La muerte de su hijo acrecienta su natural egoísta y, por tanto, en este caso se trata de una influencia negativa.

Asimismo la muerte de Fidela, su esposa, tuvo una gran influencia en el estado físico y moral de Torquemada: «Con todo el mundo reñía, grandes y chicos, porque si siempre fue hombre de malas pulgas, en aquella

(48) AG, 1273.
(49) Ib., 1274.
(50) Ib., 1276. Así lo ratificaron sus amigos: «Se congratularon de la mansedumbre del hijo de doña Sales, atribuyéndola a la natural doma ejercida sin palo ni piedra por la desgracia y al influjo del sentimiento religioso, amigo y familiar de la muerte, el cual se queda en la puerta cuando ésta entra en palacios o cabañas.» Ib.

época gastaba un genio insufrible (...) buscaba en causas externas o en el ciego Destino la causa de la impotencia mercantil, y al volver a su casa iba echando rayos y centellas, o poco menos, por ojos y boca» (51). Y como sucedió con la muerte de Valentinico, esta acentúa su visión materialista de la existencia, sin lograr comprender su sentido trascendente, hecho que permanece durante toda su vida como exponente de lo que Aranguren denomina «la muerte eludida».

Esta forma de vivenciar la muerte cercana se muestra también en *Tristana*, para cuya protagonista la muerte de su madre condiciona por completo su vida ya que ésta la confió a don Lope. Y en realidad está presente en otras ocasiones: Horacio, de quien más tarde se enamora, le cuenta la muerte de su abuelo y lo que para él significó; en otra ocasión hacen una alusión a las muertes infantiles, abundantes en los finales del siglo; doña Trinidad, con quien vive Horacio, debía «mucha gratitud a la muerte» porque ésta al llevarse a su padre y su marido le permitió, por vez primera, la tranquilidad. La presencia continua del dolor trae consigo una cierta familiaridad con la muerte. Tristana, tras sufrir el accidente, no duda en afirmarlo: «La muerte me gusta; se me está haciendo simpática. Tanto padecer va consumiendo las ganas de vivir... Hasta anoche, figurábaseme que el vivir es algo bonito..., a veces... pero ya me encariño de que lo más gracioso es morirse..., no sentir dolor..., ¡qué delicia, qué gusto!...» (52).

En la preocupación galdosiana se nota una mayor disposición al estudio de la muerte desde 1888 hasta comienzos de 1895 en que concluye *Torquemada y San Pedro*. Después hay como una necesidad de reafirmar lo positivo de la vida.

6. PRESENCIA TRAS LA MUERTE

De nuevo hemos de plantearnos aquí el tema de la trascendencia: ¿Sobrevivimos a la muerte?

Al final de *Casandra* —al preguntarnos si Galdós ofrece algún vestigio sobre la resurrección— encontramos el único testimonio que llamó la atención a Unamuno, muy sensible a estos problemas: «De doña Juana y de su resurrección tengo que decir bastante» (53). Sin embargo, es difícil apreciar completamente el significado que Galdós quiso imprimir a esta presencia «post mortem». Doña Juana se aparece a sus herederos, en quienes de verdad nunca dejó de existir, en el marco de una sociedad acostumbrada a crearse sus dioses y diablos de acuerdo con las propias conveniencias. En este sentido se explica el fenómeno el marqués de Yébenes: «Cierto es que vive

(51) TSP, 1149.
(52) Ib., 1587.
(53) S. DE LA NUEZ y J. SCHRAIDMAN, o. c., 65.

doña Juana; pero sólo en espíritu y, si se quiere, en voluntad. (...) Vive doña Juana; pero sólo en voluntad. Su voluntad está metida en nosotros... En nuestras almas se ha metido, y aquí la sentimos... Lo demás es cuento, superstición, hechicería» (54).

No creo que Galdós haya intentado mostrar ningún fenómeno sobrenatural ni esbozar una explicación de la resurrección como creencia y realidad. Galdós ha querido presentar una existencia que las personas que han ejercido una acción totalitaria y absolutista tienen más allá de la muerte. Es decir, su muerte supone la desaparición física de su persona, pero las estructuras que ella creó persisten por algún tiempo. Como señala Correa: «Sin embargo, la sombra siniestra de la víctima se cierne sobre ellos a través de sus antiguos y diabólicos consejeros, los cuales se han propuesto mermar su herencia con altas contribuciones que han de ser aplicadas a los fallidos proyectos de la abuela» (55).

Por tanto, Galdós aprovecha un estado de ánimo para explicar una forma de supervivencia tras la muerte que de alguna manera supone la inmortalidad que posteriormente habrá de superarse. Es, como he dicho antes, la presencia del personaje dictador que se trasciende en la obsesión de quienes han vivido bajo su mandato. Es, pues, un fenómeno sociológico correspondiente a una obsesión psicológica; ambos se perpetúan en una presencia cuya muerte acaece tras un segundo acto de la voluntad consciente. Doña Juana muere dos veces: físicamente la mata Casandra; definitivamente cuando Rogelio ante la visión grita con fuerte voz: «¡Casandra!».

Se hace alusión en una ocasión a que este tipo de apariciones son interpretadas de acuerdo con el nivel cultural (56). Es propio de la baja condición la tendencia a la facilidad en ver continuamente apariciones que desaparecen al mismo tiempo que aumenta el nivel de formación.

Pérez Galdós no trató de ofrecer cuáles eran sus opiniones o creencias sobre la resurrección religiosamente considerada, sino explicar más bien este otro fenómeno psíquico y social tal como lo he expuesto. Lo que podemos deducir al respecto está solamente atisbado en los finales de *Angel Guerra* y *Torquemada y San Pedro*, tal como expusimos en el capítulo anterior.

(54) CA, 213.
(55) G. CORREA, *El simbolismo religioso...*, 219.
(56) CA, 213.

SEGUNDA PARTE
Religión y sociedad

Como hemos visto, la realización del hombre pasa por la renovación y armonía de todos los elementos. Hemos asimismo indicado que la religión es, en su opinión, un elemento imprescindible aunque su experiencia del catolicismo institucional fuera mala. Esta doble posición le conduce tanto a una crítica de la religión oficial como a un replanteamiento y reconversión del fenómeno religioso. Así lo apunté en el capítulo correspondiente en el marco del programa soteriológico galdosiano para mostrar sus aportaciones y limitaciones. Pero Galdós dedicó muchas páginas al tratamiento de la temática religiosa y lo hizo con mimo. Esa sensibilidad hacia el problema ha originado una gran riqueza de matices que cubren ampliamente el triángulo sociedad-religión-individuo con las oscilaciones cronológicas derivadas de las sucesivas experiencias hasta el establecimiento de las definitivas coordenadas en las cuales sitúa Galdós el fenómeno religioso.

Todo esto nos lleva a analizar en profundidad el tema a lo largo de los siguientes capítulos.

I. RELIGION Y LENGUAJE LITERARIO

1. INFLUENCIAS

El campo de observación para el escritor de novelas es delimitado por los contornos del mundo conocido o del que tiene posibilidad de serlo. En este marco se mueve Pérez Galdós y su evolución se explica por su movimiento permanente hacia esta dimensión profunda de la realidad, en lo que Rodríguez Padrón denomina «realismo trascendente» (1). Sus novelas son fundamentalmente «el examen honrado y directo de la mentalidad y de las circunstancias españolas» (2) en palabras de Montesinos. Por eso no

(1) J. RODRÍGUEZ PADRÓN, Galdós, el teatro y la sociedad de su época, en «Cuadernos hispanoamericanos», núms. 250-52 (Madrid, 1970-71), 637.
(2) J. FERNÁNDEZ MONTESINOS, Galdós, V.II (Madrid, 1969), XIII. Antes había dicho: «La obra madura de Galdós es como una gran ventana abierta sobre toda la vida española. Todo se ve desde ella; nada se escamotea o disimula. Y lo malo y lo bueno reciben ahora el mismo tratamiento artístico.» Ib.

buscó directamente la influencia sistemática de una escuela filosófica y sus preferencias son muy variadas y flexibles respecto de aquellos autores de quienes se ha encontrado huella en su novelística. Casalduero ha estudiado el paralelismo del sistema comtiano en *Marianela* (3) y ha rastreado una general influencia hegeliana que le ha servido para construir su estudio sobre la obra de Galdós. Por su parte, Correa señala una serie de influencias de carácter filosófico que sirvieron a Galdós para configurar su pensamiento moral (4). Un artículo muy erudito de Denah Lida (5) muestra las dificultades existentes para establecer una influencia directa del krausismo, que si es cierta como mentalidad general de aproximación a la realidad en puntos como la interiorización o la dialéctica armónica, sin embargo, es rechazada en otra serie de cuestiones como muestran *La familia de León Roch* o *El amigo Manso*.

Sí hay influencias literarias muy evidentes y baste recordar la cervantina cuyo estilo irónico es un enfoque disolvente de situaciones radicales que servía para multiplicar los enjuiciamientos; y, sobre todo, el esquema de *Don Quijote* que ciertamente puede observarse en toda la producción de Galdós como filosofía que hace propia, sirviéndole de estructura o andamiaje que dirige el argumento novelístico.

Sin duda, la experiencia crucial del autor canario se forma de dos elementos principalmente: la realidad española y el puesto sociopolítico (de clase) que Galdós ocupaba y desde el cual siempre desde esa atalaya interpreta aquella realidad. Y esto condiciona antes que cualquier otro elemento, tanto la selección de los contenidos como su enfoque. Contenidos y enfoque que evolucionan a medida que cambia la realidad española y este movimiento hace variar de posición el lugar en que Pérez Galdós está situado aunque él personalmente apenas varíe.

Aquí es donde se plantea lo que significa realmente el sobreabundante lenguaje religioso que existe en toda su producción y la evolución seguida. La causa que explica este fenómeno viene dada por la acomodación de los liberales decimonónicos a quien fue uno de sus interlocutores permanentes: la Iglesia, cuya influencia es permanente a lo largo del siglo. Pérez Galdós estuvo enfrentado a problemas sociorreligiosos desde su juventud: la inautenticidad de ciertas manifestaciones, el fanatismo, la intolerancia y el control religioso de la sociedad y la política... pero al tiempo que criticaba e ironizaba sobre estos extremismos aprendió la importancia que el fenómeno religioso había tenido en la historia española y que aún conservaba. Aprendió el manejo de toda una simbología religiosa que le sirve de instrumento descriptivo de la problemática acentuadamente social de la España de la Restauración.

(3) J. CASALDUERO, o. c., 204-21.
(4) G. CORREA, *La concepción moral...*, 27-30.
(5) D. LIDA, *Sobre el «krausismo» de Galdós*, en «Anales galdosianos» (Pensiylvania, 1967), 1-27.

2. LENGUAJE E IDEOLOGÍA

Galdós tenía una visión de la tradición española dentro de la más pura ortodoxia y ello explica la misma dinámica de su discurso novelístico que no logra liberarse de los límites que el pensamiento de autor le impone. Un texto de Juan Pedro Quiñonero lo explica así:

> «Galdós supedita siempre su discurso a su propia conciencia moral; el lenguaje está puesto al servicio de la ideología, perdiendo, por tanto, toda posibilidad de autonomía, de rebelión, de revuelta formal; de ahí que otro tipo de análisis, creo, no se viera compensado en su esfuerzo con resultados parejos al trabajo invertido; de ahí el tono grisáceo que toma la prosa de Galdós; de ahí su monotonía aplastante por la que el lector habitual siente una veneración sacrosanta, fenómeno que se observa incluso en determinado tipo de lectores avanzados políticamente, dado el respeto con que nuestra tradición cultural ha investido a Galdós, en una aureola de hombre fiero, revolucionario contumaz, hereje e iconoclasta, cuando debajo de ese oropel verbal se esconde un espíritu servil expresamente a las necesidades de la ortodoxia liberal de su tiempo» (6).

Es cierto que Galdós pone el lenguaje al servicio de una ideología que se mantiene constante, aunque no estática, a lo largo de su producción, y ello impide la completa libertad de aquél, con lo cual recorta las conclusiones de los esquemas dialécticos planteados que siempre quedan reasumidos en una síntesis moralizadora que el mismo Quiñonero vertebra en el siguiente esquema: testimonio-conflicto-apertura-represión (7).

Sin embargo, y aun siendo cierto que Galdós moraliza desde ese pequeño púlpito autoerigido para resguardar una verdad, los márgenes del discurso galdosiano tienen la flexibilidad que le otorga la opción irónica frente a la dinámica social que se muestra igualmente restrictiva. No podemos olvidar que Galdós se mueve dentro de los esquemas del realismo decimonónico aun en lo que antes hemos denominado «realismo trascendente». Las licencias permitidas al autor en su enfoque de la realidad encuentran siempre unos cánones limitadores que pueden sintetizarse en ese pudor que se adivina en cada página.

Quiero, con esta afirmación, decir que el realismo, juntamente con la actitud moralizante, imponen a Galdós límites en la libertad de su lenguaje, del que nunca pierde las riendas. La realidad y la opción liberal-burguesa son unas riendas que convierten su obra en un producto perfectamente localizado en el tiempo —la España decimonónica— e igualmente personal.

(6) J. P. QUIÑONERO, *Propuestas para una revisión galdosiana,* en «Cuadernos hispanoamericanos», núms. 250-52 (Madrid, 1970-71), 684.
(7) Ib., 681.

Con razón Beltrán de Heredia afirmaba que Galdós quedaría siempre adscrito a la historia española del siglo XIX aunque hubiera muerto en 1920.

A pesar de estas limitaciones no puede tampoco olvidarse que la obra galdosiana fue un revulsivo en su tiempo (recuérdense las representaciones de *Electra* y el vacío producido a su alrededor por la España oficial hasta hace pocos años).

Es más discutible que su discurso esté fuera del contexto histórico de donde surgió (8) y que esto pueda ser aplicable a toda la problemática galdosiana. Esta tesis se opone abiertamente a la mantenida por López Morillas y otros críticos en el sentido de que fue la misma realidad española quien condició el quehacer novelístico de la generación de 1868; el mismo Unamuno rechazaba la obra galdosiana como representante de una época que él deseaba superar. Quiñonero se circunscribe excesivamente a una novela de la primera época donde están muchos elementos de toda su producción pero el tratamiento y la evolución misma de su lenguaje fue madurando después, a partir de *La desheredada*.

3. LENGUAJE Y PROBLEMÁTICA SOCIAL

Hay, en cambio, como contrapartida, otro fenómeno que reseñar y que sí incide en la evolución de su discurso literario: se trata de la marcha de los acontecimientos, de la problemática social —la «cuestión social»— que se erige en acontecimiento histórico que cuestiona cualquier filosofía individualista como el mismo Galdós vio y así lo escribe en uno de esos artículos a «La Prensa» (18-V-1890) pero ello no le impidió adoptar posturas conservadoras y en cierto grado ambiguas, lo que permite una doble lectura de sus novelas espiritualistas que en los apartados siguientes aclararemos. Es decir, el lenguaje espiritual de *Nazarín* o *Misericordia* puede responder a un claro deseo de renovación de valores religiosos como potenciación moral de una época resquebrajada que busca en los hitos de su historia los elementos más peculiares de su raza para iniciar una reconstrucción que se cree ha de ser fundamentalmente moral. Así Galdós habría aprovechado sus conocimientos de la mística española (9) y de la Biblia como ha demostrado Schraibman (10) para construir un discurso literario que, según Casalduero, viene exigido intrínsecamente por la evolución de toda su producción. Pero cabe también una lectura según la cual en la obra galdosiana de finales de siglo, el lenguaje religioso estaría puesto al servicio de la clase dominante en tanto que el espiritualismo es un antídoto excelente frente

(8) Ib., 683.
(9) G. CORREA, *Tradición mística y cervantinismo en las novelas de Galdós (1890-97)*, recogido por D. Rogers, o. c., 143-60.
(10) J. SCHRAIBMAN, *Las citas bíblicas en «Misericordia» de Galdós*, en «Cuadernos hispanoamericanos», núms. 250-52 (Madrid, 1970-71), 490-504.

a la lucha de clases. Y esto puede explicarse porque Pérez Galdós tenía una concepción acerca de la desigualdad completamente determinista y mantiene en 1891 que el espiritualismo es la única solución viable (11) para «quienes ha tocado la suerte de figurar en la humilde escala social». Y dos años más tarde cuando confirma la llegada del renacimiento espiritual parece confirmar el hallazgo del antídoto social:

«Esto diría y no es fácil rebatir lógicamente el argumento, una vez admitida la premisa de que las clases bajas han perdido la fe por las enseñanzas de las clases superiores. Pero la premisa es falsa, y en ello estriba nuestro único consuelo. Ni el pueblo ha perdido la fe ni el escaso escepticismo que en las gentes del proletariado se observa dimana de las propagandas filosóficas. Estas han tenido y tienen su rectificación en sí mismas. A la marea materialista sigue comúnmente una marea espiritualista. (...) Hoy nos hallamos en un período de franca reacción contra la incredulidad. No sólo renace la fe, sino el misticismo, la exaltación del creer y del esperar y, en suma, es un craso error eso de que a las clases desheredadas se les haya quitado el cielo» (12).

Es el mismo Galdós quien en *Halma* describe esta situación mostrando cómo las clases directoras se sentían obligadas a contribuir a lo que ellas denominaban «grandes intereses espirituales» de la sociedad pero igualmente con fines bastardos desde el punto de vista personal: «daba alimento a su vanidad (se refiere al marqués de Feramor), preconizando en público lo que en su fuero interno detestaba» (13); y también desde el social: la ayuda a empresas espirituales «que eran lo mismo que una gran batalla dada a las revoluciones» (14).

Es quizá por esto por lo que Benavente, en contra de lo que piensa Casalduero, tachó a Galdós de oportunista (15). Sin negar lo que pueda haber de cierto en esta afirmación no la considero definitiva como explicación intrínseca de la finalidad que Galdós buscaba con su obra.

La superación de este planteamiento que ahora se nos presenta de forma dual, estará en el propio discurso galdosiano y en la dialéctica que produce el enfrentamiento de lo religioso con la realidad social circundante. En este

(11) «El espiritualismo es el que acerca a una solución, proclamando el desprecio de las riquezas, la resignación cristiana el consuelo de la desigualdad externa por la igualdad interna, o sea, la nivelación augusta de los destinos humanos en el santuario de la conciencia.» B. PÉREZ GALDÓS, *El 1.º de mayo*, en «Ghiraldo», oc. c., v. IV, t. II, 273-4.

(12) B. PÉREZ GALDÓS en W. SHOEMAKER, o.c., 487-8.

(13) HA, 1783.

(14) Ib.

(15) «Jacinto Benavente cree que Galdós se deja influir demasiado por los gustos del público y que su evolución hacia el misticismo se debe a tendencias de fuera y no a la convicción sincera del autor.» V. W. PATTISON, *El naturalismo español* (Madrid, 1969), 165.

sentido podemos ya decir que la espiritualidad de Nazarín no consigue los frutos apetecidos si nos guiamos por la intencionalidad que Galdós muestra en los textos citados; incluso Benigna demuestra, además de su grandeza de alma, que su caridad apenas ha servido de nada y que incluso se ha vuelto contra ella (16). Por tanto el condicionamiento del lenguaje religioso-literario o su libertad dependerán de la lectura que hagamos ya que ambas son lógicas en principio, de acuerdo con los condicionamientos existentes en cuanto a la mentalidad burguesa de su autor, las condiciones sociales de fin de siglo y ese cierto moralismo que mantiene; pero el grado de libertad del discurso ha aumentado hasta poder ofrecer una muestra cualificada en *Misericordia*. Se trata, en definitiva, de encontrar la perspectiva adecuada para ser fiel a los propios textos del autor de acuerdo con la evolución completa de su obra, ya que está claro que Galdós no es autor de una sola novela sino de todo mundo novelístico.

En este sentido, hay algunos textos donde Galdós presenta su propósito de plantear la gran cuestión de lo religioso en toda su pureza que él intuía, mostrar al público una dimensión de la realidad que trascendía la visión positivista y al mismo tiempo clarificar, para criticarla, toda una religiosidad arcaica que amenazaba la libertad de pensamiento. A propósito de la polémica que se levantó después del estreno de *Electra*, escribía Galdós en «El Cantábrico» lo siguiente:

> «Nos ha unido y nos unirá más cada día el amor a la libertad de pensamiento, nos une también el temor a la oscuridad de que estamos amenazados y que acabaría por sumirnos en triste ceguera si no pudiéramos cerrar el paso a las tinieblas pavorosas en que quieren envolvernos» (17).

Y explica a continuación cuál es la finalidad que guía su producción:

> «Este es el sistema único y eficaz de labrar la opinión, y con la opinión bien labrada y robustecida, ya verán todos cómo aumenta la hueste de acá, cómo se descompone la contraria para traernos cada día mayor refuerzo, cómo al fin lo que hoy parece indestructible se destruirá por sí mismo y, perdido su poder, quedarán las conciencias sosegadas, las familias en paz, mandando en ellas quien debe mandar, y toda la nación remediada de su turbación y desequilibrio; liberal y religiosa, trabajadora y espiritual, con fuerza bastante para poner mano en problemas de mayor gravedad que vendrán después» (18).

(16) A. Mañas en la adaptación dramática que ha realizado llega a esta conclusión. (Madrid, 1972.)

(17) B. PÉREZ GALDÓS, *La carta de Galdós*, 26-6-1900, recogido por C. BRAVO VI-LLASANTE, *Polémica en torno a Galdós en la prensa de Santander*, en «Cuadernos hispanoamericanos», núms. 250-52 (Madrid, 1970-71), 702.

(18) Ib., 702-3.

Queda aquí reflejado que la realidad social está condicionando el que-hacer del novelista que tenía en el trasfondo de su creación una proble-mática social e histórica concretas que producían graves enconos con plan-teamientos continuos de polémicas de cariz religioso (19) que Galdós desea sean superadas. Además analiza las aportaciones que la religión ha hecho a la historia de España; aportaciones a través de las cuales el mismo autor adquiere conciencia de su importancia. Tenemos, pues, que Galdós utiliza el lenguaje religioso para diagnosticar una situación y además para ofrecer soluciones.

4. EL PUESTO SOCIOHISTÓRICO DE LO RELIGIOSO

Una carta de 1885 a «La Prensa» (20) expone hasta qué punto consi-deraba lo religioso como motor potenciador y condicionante, prioritario en cualquier caso de la historia de España. Fundamento del arte y de grandes hazañas; sustento de la monarquía, está igualmente en la base de muchas actitudes: «... la valentía del guerrero, el estío del artista, la facundia del poeta, el módulo del arquitecto. Durante siglos, ni una sola idea ha sido independiente de aquella idea madre, ni fuerza alguna ha obrado separada de aquella fuerza elemental. Los santos fueron las únicas celebridades de su tiempo...» (21).

La religión inspira, según Galdós, las principales obras de arte —«nues-tros grandes poetas tienen algo de santos...» (22)— hasta el punto de que fe y arte han vivido hermanados; las conquistas políticas están regidas por el símbolo de la cruz e igualmente la ciencia y la filosofía españolas no pueden explicarse sin su relación con el sentimiento religioso. Este fue precisamente el tema que suscitó la polémica entre Azcárate y Menéndez Pelayo y que Galdós sintetiza en una afirmación que debe considerarse importante para interpretar las novelas de finales de siglo: «El misticismo es, pues, la verdadera filosofía española» (23) a falta de científicos como Galileo, Leibniz, Kepler o Newton.

Galdós ha visto, pues, en la religión un principio eminentemente activo que no ha encontrado sustituto en las filosofías modernas, por lo que a España se refiere, ni en el krausismo que «se desacreditó pronto, no sé si

---

(19) «Hace un año o dos, se ponía el veto a cualquier obra en que se vislumbraran ideas contrarias al delicioso convencionalismo en que vivimos; no hay para qué recordar las airadas campañas contra *Juan José* o contra *Electra,* obras cuyos títulos han merecido el honor de resonar en todos los púlpitos y de amenizar los *Boletines Eclesiásticos* de todas las diócesis. Pase esta campaña como signo de los tiempos. Pero de tal modo extreman ya, que el Teatro entero se ve amenazado de ruina por la zapa del cleriguicio imperante.» B. PÉREZ GALDÓS, *Prólogo a «Alma y Vida»,* o. c., v. VI, 910-11.

(20) B. PÉREZ GALDÓS en W SHOEMAKER, o. c., 145-53.

(21) Ib., 146.

(22) Ib., 147.

(23) Ib., 149.

por las exageraciones de sus sectarios o por la falta de solidez en sus ideas» (24), ni en el experimentalismo que todo lo invadió de pronto precipitadamente.

Reconoce también un valor sociológico que no ha sido llenado, pues si bien el clero tiene aún grandísimo poder como grupo que aglutina y sintetiza el sentimiento religioso, éste, sin embargo, «ha dejado de ser el móvil nacional, el brazo derecho de la historia de España» (25) como mostrará en la progresiva degradación que se observaba en las conductas que seguían denominándose religiosas. Sin embargo, reconoce que la sociedad española carece de los principios unificadores que lo religioso tenía y que ha perdido al reducirse a «puras prácticas de fórmula, que interesan a pocas personas». Galdós cree preciso rescatar todas las virtualidades intrínsecas de una auténtica religión que hay que rescatar de las aras del formalismo.

Pérez Galdós expresaba así su postura respecto del fenómeno religioso diez años antes de escribir *Nazarín* en que explícitamente intenta el rescate de ese sentimiento religioso, «fuerza poderosa, ese nervio de nuestra historia, esa energía fundamental de nuestra raza...», como lo había definido en la carta ya citada.

Y junto a las posibilidades, las limitaciones para diferenciar lo sagrado de lo profano: *Nazarín* y *Misericordia* al tiempo que rescatan las inmensas posibilidades de las virtudes cristianas más genuinas, dejan entrever también sus limitaciones. Esto es posible porque el lenguaje galdosiano entronca con la secularización a que Cervantes y Quevedo sometieron la prosa y que sirvió para romper la identificación entre arte y religión, haciendo posible de esta manera la observación de lo religioso desde cierta distancia.

5. EL LENGUAJE RELIGIOSO, INSTRUMENTO DESCRIPTIVO

La riqueza y profundidad de los símbolos religiosos sirvieron a Galdós para redactar novelas de temática religiosa simultáneamente con otras en que la problemática religiosa se mezcla con la social. Seguramente esto se debe a que o bien su análisis no fue suficientemente riguroso, lo que es cierto en parte, o bien no encontró ningún instrumento mejor, y su didactismo moralizante le llevó a utilizar un lenguaje que pensó era inteligible para sus lectores aunque eso le hiciera pasar continuamente del plano real al simbólico. Por otra parte, los conflictos de clase que se estaban produciendo en la sociedad española, y que obsesionaban a Galdós, traían, como consecuencia, todo un trasvase ético-religioso que afloraba al primer plano de la realidad y aun siendo una parte tan sólo, aparecía como si fuera la totalidad de la transformación que acaecía. Y además Galdós, por su formación, estaba ya inicialmente predispuesto a este tipo de tratamiento.

(24) Ib., 152.
(25) Ib., 146.

Esta parcialidad en el enfoque que, por otra parte era más novelable, le llevó a traducir a terminología religiosa problemas que muchas veces no son fundamentalmente religiosos sino socioeconómicos. Sí es cierto que desde esta mezcolanza, donde problemas sociales y religiosos conviven, pasa ya hacia el final —*Misericordia* y *Casandra*— a establecer qué puesto corresponde a cada una de esas realidades y, por tanto, a diferenciarlas. Veamos el proceso seguido.

La loca de la casa muestra claramente esa simbiosis entre lenguaje religioso y problemática social a que nos referíamos. Los personajes trasvasan a categorías religiosas lo que es un problema principalmente social y económico. Al trasladar a un campo ficticio esta problemática la solución es ambigua cuando no imposible, ya que impide la aplicación de los métodos adecuados. El mismo Galdós seguramente no tenía la solución perfectamente clarificada. A lo largo de la novela se mutiplican las fórmulas religiosas para explicar cómo la nobleza empobrecida económicamente necesita del dinero de las nuevas clases enriquecidas; pero cómo, al mismo tiempo, esto tiene unas implicaciones en cuanto al puesto que se ocupa en la escala social y los conflictos de valores que se producen. Lo que sucede es que el lenguaje religioso sufre una profunda secularización, se vacía de su genuina significación al mismo tiempo que las actividades antes religiosas dependen ahora de móviles estrictamente sociales. Quizá el caso más significativo sea el de la Beneficencia, cuya motivación altruista y caritativa ha sido sustituida por la moda, la coquetería y el amor propio. En la novela a que nos referimos, Victoria señala como móvil de su matrimonio con Cruz «una vaga aspiración religiosa» que en realidad esconde el auténtico móvil: «la idea de apoderarme de ti, invadiendo cautelosamente tu confianza, para repartir tus riquezas, dando lo que te sobra a los que nada tienen...» (26) y esto no es sino el deseo de un orden social cercano al socialismo paternal que suavizara transformaciones más profundas. Así, el lenguaje mismo va mostrando las transformaciones sociales al permanecer los significantes y variar los significados: la «vaga aspiración religiosa» de Victoria viene a ser una concepción socializante de la propiedad que ocupa el lugar antes reservado a la caridad. El progresismo de Galdós aquí va desde la ruptura con el fanatismo, la hipocresía y el oscurantismo a la implantación de formas más auténticas pero sin romper la ortodoxia burguesa. Ello supone un avance frente al tradicionalismo de *El liberalismo es pecado*, o de una religión ritualista basada en el recitado de fórmulas; también supone un avance del legalismo religioso, que expresa con fuerza al final de *Tristana*: «Las tías —dijo el buen sacerdote—, que son muy cristianas y temerosas de Dios, le ofrecen a usted, si entra por el aro y acata los mandamientos de la ley divina..., ofrecen, repito, cederle en escritura pública las dos dehesas de Arjonilla, con lo cual no sólo podrá vivir holgadamente los días que el Señor le con-

(26) LCA, 1653.

ceda, sino también dejar a su viuda...» (27). A eso se opone Galdós, a una
religión que consiste en prácticas casi mecánicas o en el cumplimiento de
preceptos que pocas veces se asumen en plenitud, pero ahí prácticamente
termina su «revolución» religiosa al igual que su «revolución» social concluye en ese socialismo paternal que incluso llegó a profesar en su vez junto a Pablo Iglesias. Y para describir esos dos planos de realidad utiliza el
mismo lenguaje cargado de simbología religiosa.

Sin embargo, Galdós, tras *La loca de la casa,* donde lo sagrado se mez-
claba con lo profano hasta confundirse, inicia una aproximación al lenguaje
religioso como expresión de la auténtica religiosidad hasta completar un
cuadro de características de lo que la religión significa como vivencia personal y auténtica. Supera así, en buena medida, el primer estadio, configu-
rando una religión que —como señala Amado Alonso— «no es teológicamente santa pero sí es humanamente santa» (28) como expresión de un profundo sentido ético de la vida.

Ahora, cuando se ha producido este distanciamiento, enfrenta el comportamiento religioso, de entrega irracional y permanente, a los criterios
mercantiles de la sociedad. El lenguaje describe así los límites del auténtico
comportamiento religioso y también sus consecuencias sociales: el vacío que
la sociedad había ejercido sobre los contenidos religiosos y la forma como el
sentimiento religioso volvería a ser plenamente válido, sin volver a sacra-
lizar las instituciones sociales.

Este viraje en el lenguaje galdosiano se produce seguramente por ese
acercamiento cada vez más palpable a la tradición hispánica. Galdós mismo
lo expresa veladamente, y aun con cierta ironía, cuando hablan de que su
personaje, Nazarín, ha aprendido el misticismo en fuentes rusas: «Han dicho
ustedes que es un místico. Pues bien: ¿a qué traer de tan lejos lo que es
nativo de casa, lo que aquí tenemos en el terruño, y en el aire y en el habla?
Pues que, señores, la abnegación, el amor a la pobreza, el desprecio de los
bienes materiales, la paciencia, el sacrificio, el anhelo de no ser nada, frutos
naturales de esta tierra, como lo demuestran la historia y la literatura, que
debéis conocer, ¿han de ser traídos de países extranjeros? ¡Importación
mística cuando tenemos para surtir a las cinco partes del mundo!» (29).
Esta visión de la tradición española, que plasma en Nazarín y Benigna, da
el auténtico significado a su lenguaje religioso juntamente con un cierto conocimiento de la Biblia de donde toma múltiples escenas, significados y
símbolos que dan una gran fuerza a sus personajes religiosos. Como señala
Ciriaco Morón, «lo primero que se nota es la asimilación que Galdós había
hecho del Nuevo Testamento, por la cual es capaz de escribir en su autén-

(27) TR, 1604.
(28) A. ALONSO, *Lo español y lo universal en la obra de Galdós,* en «Materia y
forma en poesía» (Madrid, 1969), 220.
(29) HA, 1805.

tico estilo español, en frases genuinas que, sin embargo, son alusiones a frases evangélicas...» (30).

Nazarín y Benigna presentan la religiosidad como experiencia personal diferenciada de cómo él concebía la religiosidad ritual, elaborada con muchos criterios sociales. El paso final consiste en situar en un nuevo plano, mediante la reconversión del lenguaje, las realidades religiosas y sociales que ahora se relacionan no desde la confusión, como al principio, sino desde la diferenciación; va desde el formalismo hasta la autenticidad —la suya—, desde un lenguaje lleno de estereotipos religioso-sociales hasta un lenguaje rico, profundo, creador de valores plenamente religiosos.

Así pues, el proceso tiene dos partes: la primera consiste en una crítica sobre la religión institucional; la segunda es la alternativa galdosiana.

(30) C. MORÓN ARROYO, *Nazarín y Halma: Sentido y unidad,* en «Anales galdosianos» (Pensylvania, 1967), 73.

II. IGLESIA, SOCIEDAD Y PODER

1. ABSOLUTISMO RELIGIOSO

Toda la problemática religiosa del siglo XIX español pasaba necesariamente por la Iglesia con la serie de implicaciones absolutistas que a nivel político se manifestaban y que creaban una situación general en el país de gran ambigüedad y contradicción. Esta intromisión obligaba a que lo religioso fuera tratado en términos de un poder que se oponía al liberalismo de Benito Pérez Galdós; por eso no duda en recordar cómo el catolicismo batallador sustentó las guerras civiles acaecidas durante el siglo, y recuerda también «que la clase que sintetiza el sentimiento religioso o los restos de él tiene todavía mucho poder entre nosotros. Esta clase es el clero que aún es fuerte, aunque no domina ya en todo el campo de las conciencias; que aún es rico, aunque la desamortización le despojó de sus inmensos caudales, que aún es numeroso, aunque no se nutre con elementos de las grandes familias y recluta casi exclusivamente sus huestes en las clases más humildes. El clero tiene todavía grandísimo poder» (1).

Estas manifestaciones que Galdós vierte para los lectores americanos tienen mucha importancia para comprender su posición frente a ciertas manifestaciones religiosas que emanaban directa —el clero— o indirectamente —aristocracia o clases populares— de la política religiosa de la Iglesia. Los razonamientos filosóficos, el escepticismo y la inseguridad humana se estrellaban contra las definiciones dogmáticas sobre las que se sustentaba el catolicismo. La crisis de conciencia que producía este enfrentamiento concluía en el rechazo del inmovilismo dogmático que sonaba a oscurantismo irracional para quien vivía el optimismo de las posibilidades de la ciencia y, sobre todo, del progreso. A Galdós este rechazo no le condujo al ateísmo, sino a un racionalismo por el que intenta construir el edificio religioso en un marco de libertad.

Galdós observaba además cómo esta falta de flexibilidad de la Iglesia mantenía su presencia en la Sociedad, pero producía un hondo vacío de sentimientos religiosos: «... hoy la gran mayoría de los españoles no creemos ni pensamos; nos hallamos, por desgracia, en la peor de las situaciones, pues

---

(1) B. PÉREZ GALDÓS en W. SHOEMAKER, o. c., 151-2.

si por un lado la fe se nos va, no aparece la filosofía que nos ha de dar algo
con que sustituir aquella eficaz energía» (2). Al mismo tiempo generaba un
fanatismo que enconaba las respectivas posiciones y mostraba como extre-
ma una postura tan moderada como la mantenida en 1889 por la Institución
Libre de Enseñanza que en materia religiosa se limitaba a reclamar para la
educación el derecho a formar hombres que pudieran ser sabios además de
santos, por lo que reivindicaba la necesidad de enseñar ciencias naturales y
una base humana para toda la relación religiosa (3). Se trataba, en definitiva,
de crear un marco donde pudiera convivir el sabio con el santo, el hombre
de ciencia con el religioso, más aún, que cada hombre aglutinara ambas
dimensiones y no sólo la santidad.

Al tratar el problema de la Iglesia hay, pues, un primer nivel: sus relaciones con el poder absoluto: ambos formaban un frente común contra cualquier forma de racionalismo y provocaban continuados conflictos políticos,
sociales, culturales... (4). Siempre el mismo problema resucitado en cada
uno de los campos de la convivencia nacional.

El segundo nivel versa sobre la religión de clase: las clases se apoyaban
en las mismas estructuras religiosas para mantener sus privilegios pero ca-
recían de un comportamiento realmente religioso. Galdós ha recogido en el
alegato de Gamborena gran parte de estas acusaciones: «Y no me digan
que protegeréis la Religión ensalzando el culto con ceremonias espléndidas
o bien organizando hermandades y juntas caritativas; en los más de los casos no hacéis más que rodear de pompa oficial y cortesana al Dios Omnipotente, negándole el homenaje de vuestros corazones. Queréis hacer de El

(2) Ib., 152. Pueden compararse estas palabras de Galdós con el informe que sobre
las actitudes religiosas de los obreros emitió José García y García en la Comisión de
Reformas Sociales. Cito dos textos que son completamente significativos: «La clase
trabajadora ha pasado, mediante un sacudimiento intelectual, de un craso fanatismo religioso al escepticismo más absoluto sin alterar mucho sus costumbres, lo que demuestra
que la fe de nuestros mayores era ilusoria en gran parte...» «Si continúa la Iglesia en
su terca guerra al progreso y a la libertad, sólo consigue separar en vez de unir, y la
filosofía racionalista no puede encontrar más poderoso medio de propaganda para la
difusión de sus doctrinas.» Recogido por A. ELORZA y C. IGLESIAS, Burgueses y proletarios. Clase obrera y reforma social en la Restauración (Barcelona, 1973), 250-254.
    (3) Informe I. L. E. a la Comisión, 29-6-1889, ib., 405-15.
    (4) Galdós escribe a raíz de la agitación escolar suscitada por el discurso de inau-
guración del curso 1884-85 que mereció la excomunión. B. PÉREZ GALDÓS en W. SHOE-
MAKER, O. C., 130-8.
    Ese mismo año (28-7-84) escribía sobre los jesuítas: «Supongo que mis lectores no
querrán visitar la afamada casa de Lozoya, semillero de la orden jesuítica. Además de
que este edificio tiene poco que ver, como obra de arte, ocupa un lugar muy bajo en
nuestras simpatías para que nos detengamos en él.» Ib., 110. Mientras, poco antes había
alabado a los Escolapios por no desear gobernar la sociedad: «Instituto es este que ha
resistido a todos los cambios y se ha defendido de las revoluciones por su carácter
retraído y educativo. No ha tenido nunca, como otros, la pretensión de gobernar a la
sociedad, y sus funciones modestas, desempeñadas con silenciosa actividad, le han ase-
gurado el respeto de todos.» Ib., 53.

amparar a los desvalidos, temiendo salir perdiendo si éstos alcanzan el triunfo. Pónese, pues, de parte de los poderes y la propiedad constituidos» (10). Poder y propiedad que están ahora en manos de la burguesía como antes habían estado en manos de la aristocracia. A lo largo de la última década del siglo Galdós corrige ligeramente esta postura: si bien va negando cada vez más todo protagonismo social a la Iglesia, sin embargo, los valores éticoreligiosos, liberados de la institución, fruto de la conciencia individual, mantienen, en definitiva, el mismo orden social.

2. CASUÍSTICA RELIGIOSA

Galdós expresa su disconformidad con aquellas manifestaciones que suponen un control; la confesión, por ejemplo, que servía para la sugestión de la conciencia individual por parte del sacerdote confesor. Admite una forma de confesión que no someta el comportamiento natural cuando éste ha de producirse inexorablemente; una confesión que supone el consuelo, pero en la mayoría de las ocasiones no llega a ser religiosa, sino, simplemente, conciencial, consumación del arrepentimiento sin exigencia de una enmienda que no se puede asegurar. La sinceridad de la conciencia hace innecesaria la confesión sacramental.

Rechaza, igualmente, toda religiosidad casuista que hace depender la existencia de una serie de prácticas religiosas convencionales, algo que se cumple: «Las prácticas religiosas de los Villaamil se concretaban a la misa dominguera en las Comendadoras, y esto no con rigurosa puntualidad. Don Ramón faltaba rara vez; pero doña Pura y su hermana, por aquello de no estar vestidas, por quehaceres o por otra causa, quebrantaban algunos domingos el precepto» (11).

Un caso más complejo lo constituye en *Angel Guerra* el ambiente litúrgico que una ciudad llena de arte sacro genera. Es un ambiente intimista donde las costumbres ancestrales, inamovibles junto con la riqueza formal de la liturgia religiosa y la grandeza artística, favorecen la riqueza de vivencias, el desarrollo de la imaginación, de la emotividad, propiciada por la creación de un mundo interior donde se confunden la emoción religiosa y estética. En cualquier caso, rechaza una religiosidad que se mide por actos de culto (12).

No acepta una Iglesia poseedora del «Dios oficial» que sólo hace partícipes a quienes cumplen sus ritos y sus preceptos, las prácticas religiosas y demás devociones, por lo que ese Dios es sólo garantía de un orden incam-

(10) B. PÉREZ GALDÓS, *El 1.º de mayo*, en A. GHIRALDO, o. c., 269.
(11) MI, 617.
(12) Alfonso, personaje de *Casandra*, ratifica esta afirmación: «La Iglesia es aristocrática y ceremoniosa, y no nos perdonaría que celebráramos honras inferiores a nuestra clase.» CA, 189.

uno de estos reyes constitucionales al uso que reinan y no gobiernan» (5). El mismo Gamborena critica la fe nominal como criterio de clase: «Cierto que conserváis la fe nominal, pero tan sólo como un emblema, como una ejecutoria de clase para defenderos con ella en caso de que veáis atacados vuestros fueros y amenazadas vuestras posiciones...» (6); rechaza después las devociones superficiales: «Vosotras mismas habéis organizado conciertos caritativos y con igual frescura tomáis el teatro y la lotería por instrumentos de caridad, que lleváis a la iglesia las formas teatrales» (7). Sin embargo, tranquiliza sus conciencias cuando les predica una religión que no les exige transformación personal ni social: «¿Queréis ser elegantes? Sedlo enhorabuena, sin mezclar el nombre de Dios ni la doctrina católica en vuestras chismografías epigramáticas (...). Por eso os digo: ya que sois tan poquita cosa, procurad ser buenas cristianas dentro de la cortedad de vuestros medios espirituales; seguid siendo aristócratas y ricas; compaginad la simplicidad religiosa con el boato que nos impone vuestra posición social y cuando os llegue el momento de pasar de esta vida si habéis sabido limpiaros de la impureza que os invade el corazón, no encontraréis cerradas las puertas de la eterna dicha» (8).

El entierro de Fidela, poco después, ratifica el clasismo eclesiástico que se desborda en las pompas fúnebres donde se muestra la solemnidad social que en todo momento se desea guardar. La actitud del vecindario muestra hasta qué punto se trataba de un auténtico espectáculo (9).

Los Informes de la Comisión a que antes me refería, cuando explican la actitud de rechazo que el obrero siente hacia lo religioso llevan siempre de forma explícita esta alianza de la Iglesia con las clases altas, la crítica hacia las formas que sustentan la moral oficial e incluso el apoyo que presta a quienes le ayudaban a sobrevivir. Las expresiones suelen ser muy agrias porque en última instancia se refieren a un ordenamiento social que la Iglesia ayuda a mantener.

La postura de Galdós en este segundo nivel es más ambigua. Está de acuerdo en rechazar todo vestigio aristocrático pero sus móviles no son tanto socioeconómicos cuanto la necesidad de mantener la libertad de pensamiento; por eso la crítica ejercida a la posición de la Iglesia se ciñe, sobre todo, a la alianza con los absolutistas ultramontanos, pero busca en la fe la solución a los desmanes anarquistas que amenazan con destruir la jerarquía social, en el sentido de que aquélla funda la esperanza en el cielo a quienes no han recibido ningún consuelo durante esta vida. Al tiempo, reconoce la posición de la Iglesia al lado de la propiedad: «La Iglesia no se atreve a

(5) TSP, 1133.
(6) Ib., 1134.
(7) Ib.
(8) Ib.
(9) Ib., 1146-8. Recuerda la descripción que hace del entierro del cardenal primado. B. Pérez Galdós en W. Shoemaker, o. c., 117-8.

biable: «Por designio de Dios —dice Cebrián en nombre de doña Juana—, árbitro repartidor de toda riqueza, los ricos son los llamados a facilitar los medios de poner diques a la impiedad y a la herejía, o, si se quiere, puntales que contengan y eviten el derrumbamiento de la sociedad, por diferentes partes resquebrajada y sin aplomo. Los ricos lo son para salvaguarda y sostén de los santos principios; lo son para favorecer el Apostolado de la Verdad. Dios hace a los ricos para que los ricos hagan la política de Dios» (13). Es, pues, un Dios que no deja otra opción: «Huir, o ingresar resueltamente en la feligresía del Dios opulento, Legislador, Jurídico, Canónico y Administrativo; Dios Omnipotente en su múltiple Naturaleza Política, Eclesiástica y Financiera» (14).

La Iglesia, en definitiva, encorseta la sociedad, la controla, impide un adecuado progreso científico e industrial y favorece un crónico clericalismo: una Iglesia que Galdós no admite. Probablemente simplificó la visión del catolicismo de la Restauración y ofrece muy pocos matices diferenciadores: tan sólo algunas alabanzas a la gestión de León XIII y a una labor adecuada en un reducido número de clérigos, como veremos después.

Dentro de esta casuística religiosa adquiría una especial importancia por sus características el tema de la Beneficencia.

Galdós nos presenta un documento acerca de las múltiples connotaciones que la beneficencia había adquirido como manifestación social: «Son los tales petitorios arbitrio financiero de los infinitos asilos y establecimientos benéficos creados por la caridad colectiva (...). Toman tan a pecho las tales (se refiere a las damas de los petitorios) la obligación postulante que se establecen rivalidades de amor propio entre este y el otro petitorio, sobre cuál recauda más dinero; siendo mujeres y mujeres hermosas las que desempeñan estas funciones, dicho se está que hay competencias vehementísimas. Muchos días antes ya corren por los salones las candidaturas de estas mesas benéficas, de más interés en ciertos círculos que las electorales» (15). Cuando años después vuelve a escribir sobre el tema señala la necesidad de separar cada una de las actitudes sociales para que cada una aparezca en su lugar: «Los bailes eran un gran recurso de la beneficencia, van ya de capa caída, y no creemos esté lejos el día en que no produzcan ni para los gastos. Por honra de la humanidad, conviene que todas las cosas se hagan derechamente y por sus propios medios, que la caridad se realice por procedimientos cristianos y caritativos, y que los bailarines enmascarados no cohonesten su gusto y aficiones con un objeto filantrópico que nada tiene que ver con la coreografía. El que quiera hacer caridades que las haga, y el que quiera derrengarse bailando o ahogarse detrás de una careta, diviértase como pueda; pero

(13) Ib., 201.
(14) Ib., 206.
(15) B. PÉREZ GALDÓS en W. SHOEMAKER, o. c., 88.

sin mezclar lo divino con lo humano, ni lo filantrópico con lo carnavalesco» (16).

La importancia del tema hizo que ocupara muchas páginas de los Informes de Comisión de Reformas Sociales. A este respecto es interesante comprobar el Informe de Ignacio Ordóñez, quien sobre la beneficencia privada afirma que «más bien se ha creado para satisfacer el orgullo de unas cuantas señoras y caballeros que para hacer lo que se llama obras de caridad» (17); termina rechazando cualquier forma de beneficencia y la aceptación indirecta —no pronuncia explícitamente el término— de la Justicia. Si se compara este Informe con el emitido por Moreno Nieto, del Ateneo madrileño (18), puede notarse el grado de teorización a que somete el tema para concluir en una postura típicamente conservadora: Un país que ha mostrado «inmensa e inagotable caridad —Galdós había escrito una frase idéntica (19)— podrá socorrer de este modo la pobreza. Denomina «sagrado sacerdocio» al ejercicio de la mujer caritativa, y termina afirmando que la solución vendrá dada cuando la sociedad se componga de «cristianos fervientes y verdaderos»; «yo os respondo de que en ella será innecesario ocuparse de la beneficencia, y unos y otros se consolarán de sus sufrimientos y se ayudarán en sus adversidades» (20). Se trata, por tanto, de sustituir una beneficencia institucional por el ejercicio de la caridad que emana de la propia conciencia.

3. LOS CLÉRIGOS

La galería de clérigos que aparece en la novelística de Pérez Galdós es muy amplia. Con muy pocas excepciones el común denominador viene señalado por su radical pragmatismo. Los clérigos que Galdós describe son, ante todo, profesionales de lo religioso con una gran influencia social.

Tras una opinión general, similar a la que pronuncia Ismael, personaje de Casandra, que, probablemente, Galdós compartía: «Tontos, ¿qué ideas tenéis del oficio más cómodo, fácil y lucrativo que existe en el mundo? Estudios muy flojos; autoridad, como nadie; el pan seguro en esta vida; en la otra, la gloria eterna» (21), han quedado diversos tipos que carecen de conocimientos doctrinales. Quizá sea Gamborena el clérigo que pronuncia en

(16) Ib., 225.
(17) Recogido por A. ELORZA, o. c., 136.
(18) Informe presentado por Moreno Nieto, recogido por A. Elorza, o. c., 182-99.
(19) «Por fortuna la caridad es en España inagotable.» B. PÉREZ GALDÓS en W. SHOEMAKER, o. c., 164.
(20) Informe de MORENO NIETO, o. c., 195.
(21) CA, 162. En Fortunata y Jacinta la descripción de Nicolás Rubín es significativa como retrato amplio de una forma de ejercer la vocación religiosa: «Aquel clérigo, arreglador de conciencias, que se creía médico de corazones dañados de amor, era quizá la persona más inepta para el oficio a que se dedicaba, a causa de su propia virtud, estéril y glacial, condición negativa que, si se le apartaba del peligro, cerraba sus ojos a la realidad del alma humana...» B. PÉREZ GALDÓS, Fortunata y Jacinta, 216.

sus páginas más contenido teológico y en esto es una excepción. La generalidad muestra la más absoluta insignificancia intelectual y moral.

Si nos ceñimos exclusivamente a este período, *Angel Guerra* es la novela donde, además de ofrecer retratos de sacerdotes, dibuja con intensidad el mundo clerical toledano que se aglutina en la pequeñez de la ciudad. Seguramente lo que más preocupaba a Galdós era su bajísimo nivel cultural, pernicioso por la influencia que ejercían sobre el comportamiento de las personas. Si bien es cierto que su misión consiste en ser guía espiritual, no lo es menos que la mayoría de ellos no aciertan a comprender el ministerio de la redención religiosa que debería hacerles estar al margen de intereses particulares, políticos, y no ser signos de contradicción. Sin embargo, para borrar cualquier vestigio apriorístico de un anticlericalismo mal entendido es preciso resaltar el sentido que da a la vocación religiosa de algunos personajes entre los que cabe contar algún clérigo. Si en algún momento Galdós comprende la grandeza de esta vocación y sus posibilidades de redención humana, queda más marcada su ineficacia contraproducente cuando no se cumple de modo adecuado.

Entre los curas secularizados, Galdós describe a Bailón —«era de los que, con cuatro líneas y pocas palabras, más se las componen para aparentar que saben lo que ignoran y deslumbran a los ignorantes sin malicia»— (22), el cual escribía «necedades» y sus razonamientos no servían sino para confundir a Torquemada. También don Eleuterio Virones, que muestra su gran utilidad en el trabajo físico, «y no le hablaran a él de libros, ni de latines, ni de cosas espirituales y sabihondas» (23). Es el tipo de cura que realmente ha fracasado en su vocación y que encuentra en el empleo de su fuerza hercúlea como albañil su auténtico puesto.

El canónigo Pintado es la figura del clérigo inútil, que serviría igualmente para cualquier otra profesión o para ninguna. Rescatado de *Fortunata y Jacinta,* donde era capellán de las Micaelas, aparece en *Angel Guerra* como capellán de doña Sales: «era corpulento y gallardo, de buena edad, afable y conciliador, presumidillo en el vestir, de absoluta insignificancia intelectual y moral, buen templador de gaitas, amigo de estar bien con todo el mundo, mayormente con las personas de posición. Mejor tresillista que teólogo...» (24).

El P. Mancebo y don Juan Casado constituyen la figura del clérigo práctico y realista. Aquél se presenta como un gran cumplidor de sus deberes :«... en todo este larguísimo espacio de vida no dejó de ir un solo día a la Catedral...» (25), pero se queja continuamente de su pobreza: «Pero nos desamortizaron... y, ¡zapa!, ahora no come nadie, porque, dígame usted, si con veintiún reales diarios que nos dan a los que fuimos capellanes de coro y ahora somos beneficiados se puede vivir decentemente: ya no hay

(22) Th, 911.
(23) AG, 1471.
(24) Ib., 1238-9.
(25) Ib., 1320.

ayudas de costa ni gratificaciones como antes (...). Va de tan capa caída el oficio este, amigo don Angel, que más vale ser picapedrero que sacerdote, porque majando piedras veo que llegan muchos a contratistas y se hartan de dinero, mientras que de clérigo, aunque llegue a canónigo, lo comido por servido, y todavía les parece mucho lo que nos dan, y nos llaman sanguijuelas de la nación» (26).

Don Francisco Mancebo, «providencia» de su familia, se presenta igualmente como representante de un nacional-catolicismo latente que Galdós no compartirá en cuanto a su arcaica concepción: «Yo soy —dirá el sacerdote— clérigo de cuño antiguo; me ha criado a sus pechos la "alma ecclesia toledana", toda severidad y grandeza...» (27). Una concepción estético-sacral completamente anclada en el tiempo que, sin embargo, rinde culto al pragmatismo tratando de impedir que Leré, en este caso representante de una nueva religiosidad, sea monja de vida activa y no contemplativa; y lo hace con unos términos semejantes a los que usa el alcalde con Nazarín: «Se empeña —decía Mancebo— en que este siglo ha de tener santos y santas, y yo le digo que no hay más que "ferroscarriles", telégrafo, sellos móviles y demonios coronados. (...) Ahora hay que aplicarse a defender el materialismo de la existencia, porque los demás a eso van, y no es cosa de quedarse uno en medio del arroyo mirando a las estrellas» (28). Muestra una gran capacidad de adaptación, bajo la regla del escepticismo de quien ha confiado en la verdad inconmovible de una Iglesia Primada que parecía «eterna e indestructible» y hoy la ve sumida en la pobreza.

Esta descripción contrasta fuertemente con la que hará después de Nazarín y Benigna. De ahí que sea necesario observar el comportamiento de estos personajes religiosos, ya que, por misión y vocación, pertenecían a la institución eclesial como portadora oficial de los valores religiosos. Mancebo tras su pragmatismo acomodaticio —«los tiempos estos son de medianía, de transición y acomodarse a lo que viene»— (29) esconde una concepción honorable y aristócrata de la misión sacerdotal, al margen de la problemática histórica con la que ahora está obligado a confundirse; su admiración está dedicada a las órdenes contemplativas que viven su vocación entre rejas, «donde todo es nobleza, recogimiento y verdadera devoción» (30), y se opone radicalmente a las monjas activas que considera de segunda fila o de clase inferior (31). La grandeza de la mirada estoica, imperturbable, era, en su opinión, el modelo vocacional que rompían quienes realizaban una labor

(26) Ib., 1321. Virones expresa ideas similares, 1457.
(27) Ib., 1322.
(28) Ib., 1322-23.
(29) Ib., 1325.
(30) Ib., 1323.
(31) Entre otros calificativos habla de «las entrometidas», «las del zancajo»..., Ib., 1322.

mundana en el ejercicio de una caridad activa. Los personajes de Leré, Nazarín, Benigna y Rosaura muestran cuál es la opción de Galdós.

Don Juan Casado es el adoctrinador de Angel en su preparación sacerdotal y, a diferencia de otros curas galdosianos, demuestra conocer bien el alma humana y posee buenas dosis de sabiduría práctica. Un hombre que se debate entre sus ansias de libertad y trabajo y el compromiso sacramental adquirido. Su personalidad no es simple y estereotipada y la inseguridad de su posición no le impide realizar su misión sacerdotal o su trabajo agrícola de forma adecuada. Galdós nos le presenta como «un buen burgués» a quien «la riqueza le había matado la ambición eclesiástica» (32), enérgico, sin embargo, en la catequización. Hombre de cualidades, culto, no se siente radicalmente unido a principios inflexibles, sino, más bien, se deja llevar por su natural bonachón:

> «Lo único que digo en descargo mío es que hago todo el bien que puedo, que no debo nada a nadie, que mi vida es sencilla, casi, inocente como la de un niño; que si ahorqué los libros no ahorco los hábitos y siempre que se me ofrece ocasión de ejercer la cura de almas allí estoy yo; que no me pesa ser sacerdote, pero si me pusieran en el dilema de optar entre la libertad de mi castañar y la sujeción canónica, tendría que pensarlo, sí, pensarlo mucho antes de decidirme. Por eso verá usted que no me las doy de perfecto, ni siquiera de modelo de curas... ¡Bueno está el tiempo para modelos! Ni hallará en mí hombre de ideas alambicadas y rigoristas de esos que todo lo ajustan a principios inflexibles; no, señor...» (33).

Su influencia en la vida de Angel es fundamental; precisamente él se erige en transmisor de la realidad que le saca de la ilusión en que estaba sumido. Para eso ha sido precisa su inteligencia tolerante, su saber teórico y práctico y, sobre todo, su independencia, que asegura a Angel la inexistencia de proselitismo y la certeza de que conservaría su individualidad, ya que a su autonomía, el clérigo añadía la convicción de que «no se puede pedir a la Humanidad, fuera de ciertos casos, más de lo que naturalmente puede dar» (34). Su eficacia queda probada al describir y analizar la pseudo-vocación de Angel: «Amigo don Angel, la vocación de usted es una vocación contrahecha. La loca de la casa le engaña. Su inclinación a la vida mística no tiene más fundamento que el hallarse revestida de misticismo la persona de quien anda enamorado...» (35). Este realismo supera las deficiencias de su devoción y la grandeza de su misión está precisamente en la lucidez para escudriñar el alma de Angel y descubrirle su error, con lo que sienta la base de la salvación de éste.

(32) Ib., 1398.
(33) Ib., 1426.
(34) Ib., 1427.
(35) Ib., 1443.

Todos estos clérigos están presentes en la vida toledana y su labor espiritual tiene múltiples connotaciones, ya que la ciudad tiene creado un estado de opinión clerical que sirve de baremos para las conductas de sus habitantes, los cuales llegan a constituir un baluarte contra el librepensamiento o el librecultismo, como si fueran términos diabólicos. Por debajo aparecen toda esa serie de intereses que he descrito, los cuales suelen presentarse como prioritarios en el orden de las intenciones y de los actos religiosos. Galdós destaca, para unos, su dimensión social: «Para darse más lustre y apersonarse más, don Simón iba con su cara mitad, "oficialmente", a la misa de doce de la Magdalena, muy favorecida del señorío civil y militar...» (36); a Angel «la liturgia le enamoraba, como arte de los ritos que tiende a sensibilizar todas las ideas cristianas» (37); y los demás viven dentro de este radio de acción pequeño pero presionante que asegura el establecimiento de una religiosidad clerical ejercida por profesionales avezados.

Aquí hemos de situar a don Manuel Flórez, personaje de la novela *Halma*. Cuando está en escena ocupa siempre el primer plano desde el cual ejerce su influencia ideológica y su protagonismo personal brillante: «En él eran de admirar, más que las virtudes hondas las superficiales, porque si no carecía de austeridad y rectitud en sus principios religiosos lo que más en él resplandecía era la pulcritud esmerada de la persona, la dulzura, la benevolencia y el lenguaje afectuoso, persuasivo y, en algunos casos, pletórico de buen gusto» (38). Se desenvuelve perfectamente en los salones de la aristocracia pero tiene gran capacidad para adaptar la doctrina de acuerdo con el medio social y lo propicio de la ocasión. Este pragmatismo civilizado se estrella con la rectitud de Nazarín, frente al cual muestra confusión primero, dudas y turbación después, al no poder clasificarlo en los moldes sociales. Ambas figuras plantean en su conciencia una polémica cuestión sobre la inserción de la Iglesia en el mundo y su relación con el medio social:

«Cierto es que si miramos a la doctrina pura y a su aplicación a nuestras acciones, él aparece con ventaja, yo con desventaja; pero miremos a los resultados prácticos de una y otra forma de ejercer el ministerio y entonces, ¿cómo dudar que la supremacía está de la parte de acá? (...) Señor, Señor, llevar a la práctica la doctrina en todo su rigor y pureza, no puede ser, no puede ser. Para ello sería precisa la destrucción de todo lo existente. Pues qué, Jesús mío, ¿tu Santa Iglesia no vive en la civilización? ¿A dónde vamos a parar si...? (39).

Sin embargo, a medida que se acerca a la muerte, somete a revisión toda su labor pastoral y cuestiona incluso su validez:

(36) Ib., 1400.
(37) Ib., 1435.
(38) HA, 1776.
(39) Ib., 1809. Esta temática está no sólo en el espíritu de la *Gaudium et Spes*, sino en la tensión entre los grupos «carismáticos» y la Iglesia como institución.

«Dios quiere llevarme ya. Ha visto que no sirvo..., que he llegado a la vejez sin hacer en el mundo nada grande, ni hermoso, ni saludable para las almas. Mi conciencia habla y me dice: "No hay en ti ni derredor de ti más que vanidad de vanidades." (...) Ni soy santo, ni ustedes saben lo que se pescan, pobres rutinarias, pobres almas sencillas y vulgares. Estoy a vuestro nivel..., no, digo mal, a un nivel más bajo» (40).

Se autoconfiesa en un afán de simplificación y despojamiento de las virtudes sociales frente a las puramente sacerdotales que deberían haberse manifestado en un carácter ecuánime, en la capacidad de sufrimiento y de perdón puestas a prueba; en la defensa del bien humano y de la fe católica frente a las injusticias sociales, en el ejercicio de la humildad. Su muerte acaece cuando el despojo de lo terreno es total y se identifica completamente con el sacerdocio de Nazarín.

Quedan atrás sus relaciones con gente principal en quien trataba de fomentar la piedad y dirigirles en sus campañas benéficas: «Huyo de lo que fui... no quiero verme, no quiero oírme. Hay un hombre que en el siglo se llamó Manuel Flórez. ¿Sabéis cómo le llamaría yo?... "el santo de salón". (...) No fui bueno, ni fui santo; fui... simpático...» (41).

El proceso de este clérigo es del todo significativo en la novelística galdosiana. No se trata de un anticlericalismo a ultranza como se ha dicho, sino de la respuesta a la Iglesia oficial en la que plasma su preocupación por las implicaciones sociales de lo religioso. Como he mostrado en estos retratos de los clérigos más significativos que aparecen en las novelas de este período, se limita a un análisis de sus observaciones dentro de una ligera ironía que nunca llega a ser crítica mordaz, donde se muestra de forma latente un deseo de mayor calidad cultural y humana en quienes profesaban la vocación religiosa cuya importancia estaba ya resaltando. Las críticas de Galdós se dirigen exclusivamente a las injerencias de los clérigos que se extendían tanto a lo personal como a lo social hasta condicionar unas realidades cuya naturaleza es puramente secular. Sin embargo, por lo que se refiere a esta época, el tratamiento que hace del problema es suave y bastante delicado; los sacerdotes, como señala Correa, «revelan una profunda humanidad que los hace participar de los defectos y debilidades de los demás hombres» (42). La intención crítica de la primera época evoluciona hacia un deseo de mayor pureza en quienes son representantes de la religión en sus varias dimensiones.

---

(40) HA, 1814-5.
(41) Ib., 1823-4.
(42) G. CORREA, *El simbolismo religioso...*, 245.

III. LA ESPIRITUALIDAD EN ABSTRACTO

1. PLANTEAMIENTO

Angel Guerra, escrita entre 1889 y 1890, afronta por primera vez, como argumento, el problema del misticismo. La historia del personaje central, muy lineal, describe un proceso de mistificación por la fuerza de la atracción natural que sobre él ejerce Leré. Desde esta perspectiva, la novela ofrece una serie de connotaciones de psicología religiosa.

Sin embargo, no es esta la perspectiva desde donde la novela nos interesa de una manera directa, sino desde el significado y las implicaciones sociales que el proceso evolutivo del protagonista crea como respuesta a quienes se presentan como interlocutores que, en definitiva, son los representantes que Galdós escoge de la sociedad española, en este caso principalmente la clerical, sin olvidar el papel que corresponde a esa burguesía decadente que dibuja con trazos muy negros.

Así pues, *Angel Guerra* debe ser leída en el contexto de ese mundillo clerical que transcurre paralelo, siempre presente como interlocutor dialéctico del misticismo que paulatinamente pretende objetivarse e institucionalizarse como exprsión del deseo que el protagonista manifiesta. Los clérigos toledanos, con su mentalidad positivista y burguesa, se han vendido a una mentalidad cerrada sobre sí misma que ha renegado de sus posibilidades como energía individual y social. El intento de Angel supone precisamente un deseo de ruptura con este formalismo religioso, pero la atosigante presencia que éste ejerce desde sus inicios, lastra y condiciona sus realizaciones. Cuando Angel expone su programa lo hace siempre como respuesta o bajo supervisión de un clérigo, casi siempre Juan Casado, expresión de una presencia real en el sentido de que la Iglesia no admitiría una obra religiosa que no estuviera al menos bajo su supervisión. Galdós muestra así, al mismo tiempo, la distancia existente entre la Iglesia y el prístino mensaje religioso y, de otra parte, su poder real en la sociedad, que no podía ser olvidado.

Angel olvida esta situación y por eso la denomino «espiritualidad en abstracto», ya que no tiene en cuenta los mecanismos sociales y ese ahistoricismo provoca su inviabilidad. Precisamente, la relación entre estas dos visiones que se ofrecen simultáneamente es la primera hipótesis explicativa del proceso que sigue Galdós en el tratamiento de lo religioso.

En esta novela están ya presentes todos los elementos que componen su campo de interés durante estos años. Varía únicamente el puesto que van ocupando en esa tensión relacional los diversos componentes sociales hasta lograr un adecuado equilibrio. La espiritualidad es el oponente que va presentando frente a la dinámica social que sirve para delimitar de forma progresiva el puesto que debe ocupar en la sociedad, y simultáneamente realiza esta misma operación respecto del mismo individuo, tal como vimos en la primera parte.

Estoy, pues, fundamentalmente de acuerdo con Ruiz Ramón cuando muestra traspuesto al plano nacional el estado psicológico individual de Angel Guerra (1) y no sólo porque ambos den prioridad a la apariencia sobre la propia realidad, sino porque las realizaciones que surgen de esta situación equivocada tienen, o pueden tener, una implicación directa en la misma sociedad. Al mismo tiempo este planteamiento corresponde al espíritu de toda la novelística galdosiana que presenta siempre la opción en este doble plano paralelo individuo-sociedad, y nos sitúa en el lugar desde donde el mismo Galdós se acerca al fenómeno del misticismo, lo que condiciona sus conclusiones. No se trata de un planteamiento teológico o prioritariamente teórico del problema, sino de la naturaleza, posibilidades y límites del hombre religioso, lo que además de ser obvio, por tratarse de un creador literario, es preciso matizar, ya que la situación del problema a este nivel le conduce a tratar sucesivamente las implicaciones existenciales y sociales de la presencia de un ser religioso.

En la evolución del pensamiento galdosiano la problemática social de fines de siglo tiene un peso notable por lo que significa para la mentalidad burguesa de Benito Pérez Galdós, para quien se ofrece el espiritualismo como solución a la desigualdad económica que no tiene solución en la práctica, y por eso traslada la respuesta al campo de la conciencia: «... el consuelo de la desigualdad externa por la igualdad interna...» (2); el significado último que sus novelas de esta época tengan no puede desligarse de esta problemática y de la particular visión que del espiritualismo nos ofrece Galdós (3).

Por otra parte, esta perspectiva que Galdós habría escogido, coincide plenamente con su opinión sobre el papel que la mística como filosofía española había tenido en nuestra historia, es decir, como una fuerza energética que había producido nuestras más significadas gestas, «nuestra razón de ser en el mundo», y, al mismo tiempo, vacíos en nuestros cuadrados científicos. La falta de una filosofía madurada adecuadamente impedía una sustitución digna de aquel fermento histórico. Una sociedad decadente necesita una fuerza vital que la relance a la búsqueda de sus propias soluciones que traigan consigo un renacimiento de sus mejores valores.

(1) F. RUIZ RAMÓN, *Tres personajes galdosianos* (Madrid, 1964), 118.
(2) V. I, nota 11.
(3) El artículo *El 1.º de mayo*, escrito a finales de abril de 1891, coincide con la finalización del tercer tomo de *Angel Guerra*.

Galdós, heredero de la mejor tradición cervantina, completaba ahora su formación con la lectura de los místicos y de la Biblia hasta conformar un núcleo de doctrina con el cual podía abordar un tema que la literatura rusa, especialmente Tolstoi, había tratado ya: la transformación de la sociedad por medio de la idea religiosa.

Y esta es la empresa que acomete. *Angel Guerra* es la primera novela en la que Pérez Galdós ensaya la posibilidad del misticismo como programa social. Leré es inicialmente la mujer cuya virtualidad religiosa infunde en Angel las energías necesarias para fundar una institución representativa de los valores místicos «leresianos». Es, pues, un intento de institucionalización de la mística, aunque, a su vez, sea expresión de ruptura —no consciente pero sí de hecho— con la institución eclesial. La espontaneidad mística plasmada en una fundación abierta y en régimen de libertad como alternativa al orden establecido, el eclesial y el social; superación de un absolutismo omnipresente durante toda la novela donde el ambiente eclesiástico constituye la atmósfera toledana pero, a su vez, el peligro de establecerse como neoabsolutismo.

Con ello tenemos explicada la postura que Galdós adopta ante la mística, el primer papel que le atribuye, al tiempo que observa ya sus peligros. Las energías sociales que contiene necesitan, pues, de una remodelación. Según esta hipótesis de trabajo, Nazarín, Benigna y Rosaura, serían esas sucesivas remodelaciones que ya atisbó cuando escribía Angel Guerra. Rosaura, por su parte, sería el producto final del planteamiento inicial en que la mística se le presenta, primero, como superación de los esquemas sociales; en segundo lugar, como energía potenciadora de una nueva sociedad e incluso solución a los problemas del proletariado; y el tercero, la premonición de una nueva forma de teocracia.

Este planteamiento cabe perfectamente dentro de su talante liberal en lo concerniente al primero y tercer punto; burgués por lo que respecta al segundo. Al mismo tiempo muestra una cierta ambigüedad que hacia lo religioso presentó el liberalismo y de la que no logró emanciparse. Su condición social y el mantenimiento de la libertad la provocaron, y con ello impidieron un avance más radical de su pensamiento y quedaron, de alguna forma, dentro de los esquemas religioso-eclesiales.

Por último, el aludido planteamiento nos presenta a un Pérez Galdós preocupado por lo religioso desde una perspectiva sociológica que no le impide, en ocasiones, profundizar en la naturaleza del fenómeno y aproximarse a su significado siempre, eso sí, en concreto, es decir, individualizado en los personajes protagonistas; por ello la especulación se convierte en el proceso y el final del personaje novelesco. Y ambos han de tenerse en cuenta.

2. CARACTERÍSTICAS DEL MISTICISMO E IMPLICACIONES SOCIALES

En tres ocasiones Galdós menciona expresamente la correspondencia entre Leré y el «dominismo» (Domus Domini) cuyo puente es Angel. Por tanto, hemos de exponer, en primer lugar, las características del misticismo de Leré (nombre con que la llamaba la hija de Angel aunque su nombre verdadero fuera el de Lorenza, recuerdo, sin duda, del personaje cervantino).

Leré es una figura premeditadamente estática a lo largo de toda la novela, impasible en su reafirmación religiosa —«... sus creencias eran firmes y ninguna sugestión podía quebrantarlas en su espíritu»— (4), se muestra ya inapelable desde el principio, lo que ante Angel aparece inicialmente como un desequilibrio: «Lo mejor sería que hubiera en cada persona dosificación perfecta de lo material y lo espiritual; pero como esa ponderación no existe, ni puede existir, prefiero los desequilibrados como tú que son la idea neta, el sentimiento puro...» (5). Este desequilibrio, aunque Angel lo define como positivo, es interesante ya que la persona religiosa aparece ante el hombre normal como diferente. Leré además pertenece a una familia de monstruos biológicos que fueron muriendo. Queda su hermano Juan en cuya presencia Angel siente «un instintivo miedo o repugnancia que no sabía dominar» (6); de esa monstruosidad le ha quedado a Leré un continuo parpadeo y ella misma se tiene por monstruosa, ya que es distinta a las demás mujeres por su aversión al matrimonio: «Soy una excepción, "un fenómeno". Vea usted —se refiere a Angel— por dónde he salido también "monstruo" como mis hermanos. El casorio no sólo no me hace maldita gracia, sino que la idea me repugna, para que lo sepa de una vez» (7).

Es una persona que se autodefine como excepción y, por tanto, de ningún modo puede establecerse como regla de lo humano, ya que no tiene para nada en cuenta una dimensión común a los humanos (el celibato caía fuera de la comprensión racional de Galdós y esta actitud juega también un importante papel en esa progresiva remodelación a que antes aludía). Sin embargo, es portadora de valores definitivamente religiosos, como la abnegación, el sacrificio, la humanidad..., expresión de una fe que tiene gran poder de convicción. Ese idealismo irracional que Angel admira y no comprende la hace atractiva: Leré desprende el hálito misterioso de aquellos a quienes se atribuye una dimensión trascendente no comprendida por el hombre racionalista; se limita a tomar al ser religioso como un intermediario válido (8). Ese misterio en que la santidad se envuelve la hace particularmente atractiva a los ojos de Angel.

(4) AG, 1255.
(5) Ib., 1256.
(6) Ib., 1313.
(7) Ib., 1280.
(8) En este sentido se expresa Angel ante la muerte de su hija: «¿Has rezado tú? ¿Has tenido acaso alguna visión?... Quiero decir, ¿sabes por algún conducto de los

Las virtudes que posee se presentan en ella como inherentes a su forma de ser: la pasividad, la caridad plena que frente a la denominación de Angel —«socialismo evangélico»— (9) ratifica con el nombre de caridad frente a cualquier otro término secular. La pasividad se traduce en la recomendación a Angel de que «no se metiera en política», ya que favorece las tensiones, crea enemigos y genera, en ocasiones, la guerra que Leré considera pecaminosa.

La pasividad innata de Leré que se siente predestinada por Dios a la vida religiosa la convierte en inexpugnable, pura razón —carente de instintos— cuando ha de juzgar las situaciones que para otros serían difíciles. En posesión de una fe firme, ardiente, capaz de mover montañas, tendría, según el estudio que ha hecho Correa, los atributos de la esfera teresiana «que se caracteriza por su vocación auténtica, voluntad indomable, derechura de miras y serenidad alegre y confiada» (10). Su «carácter duro y de peso ingente» sería la expresión de esa herencia española que el mismo Angel ratifica: «Es figura de otros tiempos, y asisto a una milagrosa resurrección de lo pasado» (11).

Se muestra plenamente liberada de las leyes físicas: «¿Qué me importan las enfermedades, la esclavitud, los trabajos y el desprecio del género humano si lo que tengo dentro de mí persiste libre y sano y alegre? ¿Qué me importa causar repugnancia a todo el mundo si Dios me da a entender que me quiere?» (12). Y, sobre todo, su total ausencia del miedo como expresión máxima de la inexistencia de subordinación a esas leyes comunes a los demás humanos: «Nada, en efecto, temía. El mal, en cualquier forma que tomase dentro de lo humano, no tenía significación alguna para un alma tan fuerte, tan aplomada y segura de sí misma. El miedo es la forma de nuestra subordinación a las leyes físicas, y Leré se había emancipado en absoluto de las leyes físicas, no pensando nunca en ellas, o mirándolas como accidentes pasajeros y sin importancia» (13).

La vida de Angel sufre una serie de transformaciones para adaptarse al misticismo de Leré y como respuesta a ese primer interrogante que surge como forma de aproximación: «¿Sería solución volverse místico él también como forma de superar una santidad, presente al mismo tiempo como estorbo y atractivo irresistible?»

La atracción que sobre Angel ejercía, también la despertaba sobre la comunidad de religiosas: «Pues todas las hermanas veían en ella una mujer excepcional. Las cautivaba precisamente con su modestia y su deseo de anularse; con querer ser siempre la primera en la faena, la última en el descan-

que son familiares a las personas devotas, si puedo contar con la salvación de la niña?» AG, 1274.

(9) Ib., 1283.
(10) G. CORREA, *El simbolismo religioso...*, 147-8.
(11) AG, 1341.
(12) Ib., 1340-1.
(13) Ib., 1341.

so; con no aventurar jamás un deseo dentro de las prácticas de la Congregación, como no fuera el de la absoluta obediencia...» (14).

Toda una dimensión ascética tendente a la anulación de la persona, negativa —no matar, no castigar, no defenderse, sacrificio del amor propio, desprecio de la igualdad— si le faltara la dimensión positiva: el amor al prójimo como expresión objetiva del camino ascendente hacia Dios.

Es muy necesaria esta apreciación porque de la mera pasividad se desprende una concepción negativa del hombre, contraria al progresismo moderado del liberalismo galdosiano. Podemos verlo en este diálogo entre Leré y su tío, el P. Mancebo:

> «Acostúmbrese, como yo, a la idea de que cuantos infortunios vengan sobre nosotros los merecemos; considere que cada día que pasa sin enfermar, sin rompernos la crisma o quedarnos a pedir limosna, es un favor muy señalado. Cuando viene el mal, no hay que pensar que se nos castiga, sino que dejan de protegernos. Lo mismo digo del morir: cada día que vivimos es un perdón o benignidad de la muerte, la cual nos afloja un poquito la cuerda con que nos tiene amarrados» (15).

Estas afirmaciones son rechazadas irónicamente por el clérigo que observa suficientes males en el mundo como para creer necesario buscar más y, al tiempo, como actitud pasiva es perniciosa para la sociedad que necesita luchar para su subsistencia. La edad moderna se caracteriza por la creación de nuevos medios para mejorar esa supervivencia; la ascética por sí sola es, pues, socialmente considerada, un contravalor. La ironía que Galdós pone en las palabras de Mancebo no resta importancia a unos argumentos que, seguramente, sirvieron al mismo novelista para basar su rechazo permanente a las órdenes contemplativas en las que únicamente ve esa dimensión de purificación individual, carente del ejercicio activo de la caridad. La anulación, el autoperfeccionamiento de Leré, están puestos al servicio del prójimo: el hecho de guardar el mal para sí se corresponde siempre con la necesidad de hacer el bien a los demás.

Hay aún otra cuestión implicada en el ascetismo leresiano: la propiedad. La pobreza, tal como la predica Leré, viene a significar la no posesión radical como signo máximo de desprendimiento y de acercamiento a Cristo: «¡La pobreza, el signo visible de pertenecer a Cristo!» (16), exclama Leré frente a quienes desean convencerla con argumentos mundanos para que abandone su vocación. Y continúa después: «El mal, el verdadero mal es el pecado. Cualquier sacrificio es poco para apartar a un alma de la condenación eterna, pero, ¡la pobreza! ¡Mirar como mal la carencia de los medios

(14) Ib., 1366.
(15) Ib., 1339.
(16) Ib., 1364.

de fortuna!» (17). Y como fin fundamental y único la eterna salvación que se presenta como opción personal diferente del progreso del mundo y de la civilización. Dios es el objeto de esa alternativa y hacia El se encaminan todos los actos sabiendo que la puerta es estrecha y dolorosa y necesita del sacrificio que es la prueba, «temple y resistencia» del alma que resiste los embates del mundo, de aquellos «que alaban la mano que les baquetea sobre el yunque, los que, cuando se ven pobres, perseguidos, enfermos, calumniados, dicen: "Vengan más"» (18).

Este planteamiento responde, pues, a la necesidad de alcanzar la vida eterna, que se presenta diferenciada de forma radical de otras finalidades, especialmente del progreso: «Que con mis ideas —dice Leré— bonita estaría la civilización, pero si yo no tengo nada que ver con la civilización, ni me importa, ni hablo contra ella. Ya sé que siempre ha de haber ricos, y convendrá, quizá, que los haya; pero cada cual tiene su gusto, y a mí, si me dan a escoger, me quedo con la pobreza» (19).

La espiritualidad desprendida de Leré está cuestionando seriamente los sistemas de propiedad con su sola presencia, aunque no hable contra ellos y niega toda dimensión religiosa del mundo secular. A pesar, pues, de que antes hemos señalado que la negatividad inherente a la ascesis genera una actitud positiva que se traduce en una caridad ejercida sobre los demás, esto acaece desde fuera del mundo: desde el convento. Y eso a pesar de que Galdós considera que las órdenes activas son superiores a las contemplativas, a las que cree inútiles. Leré había demostrado siempre su disposición a entrar en una orden religiosa de vida activa: «Mi vocación —había dicho— me llama a las Ordenes donde se trabaja sin descanso, a las que se consagran al cuidado de los enfermos y al alivio de las miserias sin fin que hay en el mundo» (20).

Cuando *Angel* desea imitar a Leré, ve como necesario para una mejor semejanza con el modelo no limitarse a la vida contemplativa, sino tender a fines positivos, «socorriendo la miseria humana y practicando las obras de caridad» (21).

Los sucesivos enfoques que hace del problema tienden a buscar la auténtica dimensión de la caridad, si bien demuestra cómo su personaje Angel Guerra en una ocasión tiene grandes dificultades para compaginar la vida conventual y la caritativa.

Por eso iremos viendo cómo progresivamente los protagonistas galdosianos se apartan paulatinamente del claustro. El primer paso lo da en esta novela cuando Angel se plantea la posibilidad de acceder a una orden

(17) Ib.
(18) Ib.
(19) Ib., 1365.
(20) Ib., 1279.
(21) Ib., 1360.

establecida y no lo acepta en aras de conservar su individualidad. Ni la vida comunitaria ni la conventual fueron comprendidas por Galdós. Leré, en este sentido es un paso intermedio al aceptar una orden de vida activa; supone, sin embargo, la obediencia y el sometimiento a un superior, a las reglas de la Orden (22).

Por último, la personalidad de Leré posee lo que Correa ha denominado «capacidad de "vivencia" para penetrar en el interior de otras conciencias y señalar con claridad luminosa la vía que corresponde seguir a cada uno en la búsqueda del perfeccionamiento espiritual» (23).

En Leré, pues, encontramos todos los elementos del alma mística de la más pura ortodoxia y dentro de la más pura cepa hispánica de acuerdo con las virtudes tradicionales de esa fe que fue capaz de crear una original manera de ser. Sin embargo, Galdós, desde esta figura evoluciona, somete a contraste tanto su comprensión del fenómeno como el aprovechamiento social de esa idea pura, sin contaminación que presentaba en su visión eclesiástica. El convencimiento que siempre había tenido de la importancia de lo religioso en la sociedad se mantiene ahora presente. Lo que pensaba de los clérigos está ya claro; ellos habían establecido la primera adecuación entre el mensaje caritativo y la realidad social. Sin embargo, esta adecuación ha desvirtuado, según su opinión, la dimensión más clarividente y válida del alma mística, legalizando el ejercicio de la caridad e incluso, como ya hemos dicho, poniéndola al servicio del poder temporal de la Iglesia. Ello ha provocado una actuación política donde la Iglesia negocia en la sociedad al nivel de cualquier otro poder secular.

La segunda adecuación es la que ahora se ensaya: el mensaje puro, sin apenas soporte institucional y la misma realidad social.

3. MISTICISMO Y REALIDAD SOCIAL

Angel Guerra se convierte en el receptor del misticismo leresiano y, aunque sea como mecanismo de compensación, es quien intenta desarrollar realmente toda la virtualidad que encierra como programa lo que Leré mantiene como vivencia personal.

3.1. Frustración inicial

De su pasado es preciso señalar su carácter contradictorio e independiente, su simpatía por los revolucionarios y su deseo de reforma social:

(22) Ambas cosas quedan perfectamente claras al final de la novela, tras la muerte de Angel: «Conforme a la regla de la Congregación, recogió su ropa, salió con maravillosa entereza y, pasito a paso, se fue al Socorro, mirando tristemente las baldosas y piedras de la calle. Al llegar allá diéronle orden de acudir sin pérdida de tiempo a la casa de un tifoideo.» Ib., 1532.

(23) G. CORREA, Tradición mística y cervantinismo..., 151.

«En una palabra —le decía Angel a Leré—, que mi simpatía hacia los transformadores data de larga fecha, y no porque creyera yo que iban a realizar inmediatamente el bien y la justicia, sino porque volcando la sociedad, poniendo patas arriba todos los organismos antiguos, dañados y caducos, preparaban el advenimiento de una sociedad nueva. La suprema destrucción trae indefectiblemente la renovación mejorando, porque la sociedad no muere. La anarquía produce en estos casos el bien inmenso de plantear el problema humano en el terreno primitivo, y de resucitar las energías iniciales de la civilización, la energía del derecho, del bien y de la justicia...» (24).

La atracción progresiva que siente por Leré, vivida en el marco estético toledano, es la base de su transformación: traslada al campo religioso esa serie de deseos que antes mostrara pero conservando la misma incoherencia: si muchos criterios anteriores habían surgido simplemente como reacción frente al convencionalismo —la admiración que sentía hacia el anarquismo, por ejemplo— y cree romper con el pasado por el simple hecho de vivir al margen de la influencia que éste mantiene en lo establecido, la misma actitud adopta en sus ansias reformistas de la institución religiosa. Galdós deja muy claro, desde el principio, que un simple cambio de la situación socioeconómica es suficiente para desbaratar sus ideales teóricos, como queda igualmente claro que los resultados de su continuada crisis no logran anular unos instintos plenamente humanos que responden a necesidades ineludibles. Así le sucede ante la agresión de los compañeros de Arístides, frente a la cual se defiende con todas sus fuerzas poco después de haber mantenido la necesidad de permanecer totalmente pasivo ante cualquier ultraje. Esta actitud de Angel está demostrando, en primer lugar, la irrepetibilidad del místico, cuya acción surgía explícitamente de una llamada divina que convierte su vida en vocación religiosa inalcanzable a los hombres normales, es decir, aquellos que tienen unas necesidades corporales que no pueden anular. Galdós no habla aún de inconsciente ni de represión pero la doctrina está ahí formulada.

Por otra parte, Angel había mostrado su proclividad hacia las actitudes revolucionarias e incluso anarquistas fruto de una situación social y efectiva inestable, circunstancia que existe a lo largo de toda su vida, con lo que esa fundación que tiene por misión replantear el cristianismo desde sus raíces primitivas es expresión de ese anarquismo que aflora también al final cuando su inestabilidad psicosocial no ha mejorado.

Este acercamiento del misticismo hacia la actitud anarquista significa en el pensamiento galdosiano su inviabilidad. Baste recordar algunas de sus opiniones sobre el anarquismo: «Difícil será, hoy por hoy —escribe en "La Prensa"—, determinar qué casta de pájaros es esa que se decora con el terrorífico nombre de "anarquista"» (25). Este desprecio se combina con su

(24) AG, 1268.
(25) B. PÉREZ GALDÓS en W. SHOEMAKER, o. c., 400. «El anarquismo, si no fuera

visión histórica, que le llevaba a desconfiar de toda revolución (26). Y cuando profetiza sobre el futuro social y económico reconoce que habrá cambios pero «los que hoy se titulan "anarquistas" entre nosotros no deben ser considerados como precursores de ese gran movimiento» (27).

Esta visión galdosiana condiciona el papel que atribuye a las doctrinas que tienen una dimensión social: tiene en cuenta su viabilidad histórica que viene probada más por su potencialidad aglutinadora que disgregadora. Y el anarquismo es considerado como doctrina que rompe un orden social imprescindible. Nos encontramos, pues, con un Galdós que se acerca al espiritualismo, al que considera necesario, pero al mismo tiempo descubre lo problemático de un espiritualismo místico como programa social. ¿Por qué este fracaso inicial?

Para responder al interrogante, que es necesario hacerse tras la exposición anterior, basta mostrar cuáles son las vías a través de las cuales Angel descubre la espiritualidad: el enamoramiento y la contemplación estética. Ambas tienen en común la idealización a que someten el objeto aprehendido y la utilización de la emotividad como forma de captación. En este sentido el misticismo de Leré sufre la primera metamorfosis, ya que ella se nos había presentado como carácter firme, con una visión clarísima del sentido de sus actos. En Angel, este misticismo se funda exclusivamente en la fe que tiene en la persona amada y, posteriormente, en el descubrimiento que realiza, si bien de manera inconsciente, sobre la capacidad de contestación que esta espiritualidad tiene sobre la clerical y caduca que conoce en la catedral toledana: Leré se había presentado como la antítesis del quehacer religioso de su tío clérigo. El proceso de identificación seguido por Angel le sitúa al lado de Leré y ahí resucita su espíritu revolucionario frente a lo institucional.

Por otra parte, Galdós nos presenta continuamente al protagonista recreándose en la vivencia emotiva de la liturgia eclesial y «en el olor de santidad crítica artística, religiosa y nobiliaria que de aquellos vetustos ladrillos se desprende» (28). Las campanas le producían «una emoción suave» (29) y el conjunto era un adecuado caldo de cultivo para incubar una naciente

una bárbara y criminal secta, digna de los mayores castigos, merecería la represión por estúpida y necia.» Ib., 485.

(26) En 1886 escribía irónicamente: «En la reunión del último domingo, el compañero Iglesias, que es el gallito de los obreros ilustrados, se dejó decir que pronto sería un hecho la revolución social y que todos los obreros de Madrid tendrían a los pocos momentos de realizada ésta, buena casa en que vivir, buena mesa y todas las demás comodidades de la vida.» Ib., 212. «Tras de una perturbación más o menos grande, según las localidades, volverán las cosas al estado antiguo, y todo seguirá lo mismo, los capitalistas siempre explotando, los obreros trabajando y viviendo siempre al día.» B. PÉREZ GALDÓS, El 1.º de mayo, en A. GHIRALDO, o. c., 273.

(27) B. PÉREZ GALDÓS en W. SHOEMAKER, o. c., 401.

(28) AG, 1311.

(29) Ib., 1312.

conversión religiosa. Incluso él mismo pronto es incapaz de distinguir si su piedad era fruto de «emoción estética o de emoción religiosa» (30) y la falta de análisis es la causa de un proceso que cada vez muestra más palpablemente la confusión inicial. Aquella aceptación se transforma posteriormente en impulsos incontrolados que reconoce como provenientes del «ambiente romántico que respiraba» y que hacen imposible separar el lirismo religioso del drama humano.

Este fenómeno originó en él una paulatina falta de realismo y de concreción. Busca la soledad, dejan de interesarle los problemas humanos para adentrarse en una atmósfera artificial hecha de «sustancia artística desde la que comienza a criticar una sociedad "que se le indigestaba, viviendo por sí y para sí solo o con las amistades que más le agradasen"» (31).

Esta crítica se extiende también a la Iglesia, en la cual encontraba «formalidades que, a su parecer, exigían modificación» (32), si bien él sigue participando de toda la solemnidad de la liturgia catedralicia, y el arte se erige en fuerza potente que mantiene el sentimiento religioso.

El hastío de la sociedad le lleva a retirarse a la Naturaleza, allí el primitivismo de lo agreste le ayuda a replantear la religiosidad desde sus inicios, es decir, en sus principios. Busca el distanciamiento de la sociedad, gusta del «paisaje severo que expresa la idea de meditación, de quietud que hace propicias —como él mismo piensa— las fluorescencias del espíritu» (33). Sin embargo, la soledad no implica la desaparición de la sociedad que permanece intacta con su propia lógica y los mecanismos de interpretación. Este aspecto es muy importante ya que implica la coexistencia de dos perspectivas diferentes en el enjuiciamiento de las actitudes, que en *Angel Guerra* se presentan como antitéticas. Cuando se enfrentan, queda demostrado el peso de los juicios de la sociedad porque el místico interpreta la virtud desde su propio desprendimiento y no coincide con la masa de los hombres que viven de forma primaria, tratando de satisfacer únicamente sus necesidades. Sucede incluso que es interpretado de forma desviada desde el exterior: como actitud al servicio de los propios intereses, principalmente económico o como capricho de un hombre adinerado que mira por el orden y por la Iglesia para impedir que la nación produzca conflictos sociales (34).

¿Cómo superar esa contradicción? ¿Cómo sustentar esa idea inicial, pura en su concepción, para que permanezca y sea útil a los demás? La respuesta ya estaba dada en la historia: institucionalizarla.

(30) Ib., 1319.
(31) Ib., 1342.
(32) Ib., 1370.
(33) Ib., 1317.
(34) Ib., 1329.

3.2. *Misticismo e institución*

Si al principio la necesidad de fundar una Orden religiosa respondía al deseo de difundir ese caudal amoroso que inundaba su alma —«El proyecto de fundación sería Leré reproducida en la realidad...» (35)—, después este mismo deseo se hace más consciente y responde a una finalidad concreta: poner al servicio del mundo entero las ideas que habían servido para transformarle a él. Para ello necesitaba medios adecuados y, por tanto, era preciso dotar de una estructura estatutaria a ese programa inicial.

Los problemas se plantean rápidamente cuando este proyecto muestra la anómala gestación que en él había tenido la idea mística, basada casi exclusivamente en un enamoramiento; y, en segundo lugar, cuando lo que era propio de un ser excepcional intenta ser convertido en programa de actuación de la mayoría y eso, como el mismo Angel reconoce, es inicio de una auténtica revolución social. La Sociedad no hará sino defenderse y tratará de destruirlo.

Galdós muestra así su disconformidad con la comercialización de la caridad de la misma forma que patentiza hasta qué punto la caridad pública ejercida de manera indiscriminada y absoluta contraviene lo establecido por una sociedad que se rige por leyes comerciales. El choque que se produce, provoca una cadena de contradicciones porque la caridad no puede sustituir a los programas económicos.

En *Angel Guerra* este planteamiento sirve para desenmascarar la caridad eclesiástica al mostrar cuál es el modelo primitivo y cómo se ha desvirtuado; pero al mismo tiempo Galdós que había hecho proceder a Leré de una familia de monstruos biológicos la presenta como un «monstruo espiritual»: su misticismo la convertía en una excepción dentro de la especie humana ya que ella misma reconocía que no necesitaba luchar contra unas pasiones que eran inexistentes en su ser y que, además, se hallaba fuera del ámbito de las leyes físicas y mostraba la imposibilidad de trasvasar a un plano social este comportamiento. Por eso fracasa también la institución de Angel —que vista desde la Sociedad no es sino una contrainstitución, negación de lo institucional— y su programa que en síntesis es el siguiente: 1. Respecto de la sociedad muestra su deseo de separación, «ruptura completa con todo el organismo social y con la huera y presuntuosa burguesía que lo dirige» (36); modificar el organismo de la Iglesia y el clero «cual maquinaria excelente y de larguísimo uso, que conviene desmontar y limpiar de tiempo en tiem-

---

(35) Ib., 1366. «Lo que Leré pensaba debía llevarlo él al terreno de la acción...» Ib., 1366. «Reconoció el poder inmenso de su inspirada maestra y doctora y pensó que así como a él le transformaba, podía transformar el mundo entero si le daban medios de traducir en realidades su grande espíritu.» Ib., 1419. Estos tres textos nos explican claramente las causas que llevaron a Angel Guerra a institucionalizar el misticismo de Leré en una congregación que se rigiera por el mismo estilo..

(36) Ib., 1369.

po...» (37). 2. En su aspecto doctrinal mantiene los principios básicos del cristianismo sobre el Dios único y misericordioso, la inmortalidad del alma, los valores morales...

Este esbozo inicial se completa en el capítulo III de la última parte de la novela donde Angel Guerra expone explícitamente sus proyectos bajo el título «Caballería cristiana», tras unas consideraciones acerca de la relación entre la congregación religiosa y el amor natural (diferenciado del religioso), donde Galdós vuelve a verter sus ideas más conocidas como «el querer no es pecado», «no me digan a mí que por querer se condena nadie» (38), etc., que en sí ya chocan contra el juridicismo de la Iglesia Romana. Si los símbolos cervantinos eran abundantes, Galdós mismo ratifica esta presencia para mostrar esa simbiosis entre quijotismo y cristianismo de especial intensidad como símbolo básico del programa.

En plena Naturaleza y al margen de la Sociedad expone cómo entiende que debe realizar plenamente el cristianismo. Y lo hace en diálogo con Juan Casado, al que cervantinamente podemos traducir por Sansón Carrasco, y, desde el lado religioso, como un sacerdote dotado de flexibilidad y realismo.

La advocación «Puerta de la Caridad» preside el espíritu de la casa donde la caridad se ejerce sin restricción alguna, y si bien no excluye la vida contemplativa, «la misión principal de todos es el consuelo y alivio de la Humanidad desvalida, según la aptitud y gustos de cada cual» (39). No se rechaza la Justicia (es decir, a sus representantes legales) pero, de hecho, tampoco está a su servicio (40); sólo y exclusivamente desea ejercer las virtudes teologales. En cuanto a reglamentación interna, no existe apenas: se admite la libre comunicación entre personas de ambos sexos y en las reuniones de la junta general todos tendrán voz y voto.

Juan Casado reconoce que no existe «nada que disuene de las armonías del catolicismo» (41) y Angel renueva sus deseos de ortodoxia:

> «Cierto; así será. Si diferencias nota usted entre esta y otras congregaciones poco menos modernas que la mía, son puramente de forma. En lo esencial quiero parecerme a los primitivos fundadores y seguir fielmente la doctrina de Cristo. Amparar al desvalido, sea quien fuere; hacer bien a nuestros enemigos; emplear siempre el cariño y la persuasión, nunca la violencia; practicar las obras de misericordia en espíritu y en letra, sin distingos y atenuaciones, y

(37) Ib., 1370.
(38) Ib., 1423. «Querer a quien se quiere no puede ser cosa mala.» B. PÉREZ GALDÓS, *Fortunata y Jacinta*, 279.
(39) AG, 1466.
(40) Así puede comprobarse en estas palabras de Angel: «¡Denunciarte! Mi opinión, ya te lo dije, es que debes imponerte tú mismo el sacrificio de entregarte a la Justicia; pero si te falta valor para sacrificar tu libertad y vienes a que yo te dé asilo, cuenta con él.» Ib., 1501.
(41) Ib., 1467.

por fin, reducir el culto a las formas más sencillas dentro de la rúbrica; tal es mi idea» (42).

En su deseo se trata sólo de una fórmula para rejuvenecer el sentimiento religioso, un renacer mediante la recuperación de los valores más peculiares, aquellos que produjeron las gestas más relevantes de nuestra historia:

«¡Estamos tan muertos, espiritual y religiosamente hablando...! Convengamos en que los españoles, los primeros cristianos del mundo, nos hemos descuidado un poco desde el siglo XVII, y toda la caterva extranjera y galicana nos ha echado el pie adelante en la creación de esas congregaciones útiles, adaptadas al vivir moderno. Pero España debe recobrar sus iniciativas» (43).

Así pues no hay heterodoxia doctrinal. El problema se plantea, como señalamos, en el reconocimiento y relaciones de este misticismo con la Sociedad misma porque se trata de una doctrina asocial, abstracta (en cuanto ya señalamos que Galdós admite la Sociedad como el único medio histórico en que puede vivir el hombre) y cuya implantación, a pesar de su ortodoxia, supondría cuestionar de raíz todas las instituciones sociales, desde la Iglesia hasta el Estado.

En el capítulo IV, titulado «Ensueño dominista», don Juan Casado duda de la organización que se fía al poder persuasivo de la atmósfera moral que habrá de respirarse y a «los efectos rápidos y saludables de la mansedumbre y de la persuasión evangélica» (44). Ningún otro tipo de organización estatal o eclesiástica para llevar a la práctica —«no pensemos mal de la realidad, dice Angel, juzgándola como la infalible desilusión de nuestras ideas»— el ideal cristiano de la caridad al margen de la vulgaridad y la rutina que, en opinión de Angel, esclaviza las voluntades. Sin embargo, la misma Leré establece el necesario realismo que debe tener toda obra pública que supera los márgenes de la conciencia. En este sentido le aconseja la necesidad de acomodar la novedad a lo ya establecido para que sea eficaz. Es más, la ruptura revolucionaria aun en el terreno religioso está llamado a fracasar. Existe una dictadura de la realidad que Angel ignora y más si, como dirá después, trata de cambiar esa realidad: «... llegará día —dice— en que esta congregación ejerza una poderosa influencia en el mundo» (45) como fruto de la aplicación estricta de las obras de misericordia. El misticismo adquiere así una dimensión sociopolítica y como tal deberá ser tratado:

«La aplicación rigurosa de las leyes de la caridad, que Cristo Nuestro Señor nos dio, aplicación que hasta el presente está a mitad del

(42) Ib., 1467.
(43) Ib., 1468.
(44) Ib., 1504. Poco después repite la misma idea: «Empiece por tener en cuenta el efecto moral de la simple convivencia con personas que son la pureza misma.» Ib., 1505.
(45) Ib., 1509.

camino entre las palabras y los hechos, traerá de fijo la reforma completa de la Sociedad, esa renovación benéfica que en vano buscan la política y la filosofía... Pues qué, ¿hay quien se atreva a declarar perfecto el estado social, ni aun en las naciones cristianas, ni siquiera en las que obedecen al sucesor de San Pedro? ¿No estamos viendo que todo ello es un edificio caduco y vacilante, que amenaza caer y cubrir de ruinas la tierra? La propiedad y la familia, los poderes públicos, la administración, la Iglesia, la fuerza pública, todo, todo necesita ser deshecho y construido de nuevo» (46).

Ese mismo misticismo anula la necesidad de cualquier otra forma de organización: desde la política a la administración eclesiástica o el mismo Estado se ven cuestionados por esta idea religiosa que se basa en la libertad absoluta.

Esta libertad, además, trae consigo un nacionalismo religioso, libre de Roma:

«No tardará mucho en verificarse la absorción del clero catedral por el dominismo avasallador, y los provinciales de nuestro instituto serán jefes de cada diócesis, y el general vendrá a ser cabeza de toda Iglesia española. Se reirá usted de mí, don Juan, si le digo que, andando el tiempo, el Estado mismo se ha de subordinar a nosotros. ¿Cómo no, si el Estado quedará reducido para entonces a funciones de escasa importancia? Los pueblos se administrarán solos y repartirán libremente sus ingresos y gastos. La beneficencia, la enseñanza, la penitencia, las bellas artes, la agricultura, serán doministas» (47).

Ahí se encuentran la mayor parte de las causas que explican su fracaso. No obstante hay algunos problemas de interpretación que necesitan aclaración. Se trata aparentemente de un cisma: «heterodoxia hispana», según la expresión de Scatori; heterodoxia ortodoxa, podríamos definirla porque Angel admite que su cisma es puramente especulativo y no impide una perfecta ortodoxia en la práctica.

Pérez Galdós había escuchado el «Discurso acerca de los caracteres históricos de la Iglesia española», pronunciado por Fernando de Castro en 1866, donde abordaba su deseo de una cierta autonomía de la Iglesia española respecto de Roma en cuestiones que no afectaran al dogma y la posibilidad de permanecer fiel a la propia originalidad de su vida y de su propia historia. La idea, por tanto, no era nueva y Galdós la resucita debido a la necesidad de cortar la influencia romana a favor del absolutismo. En *Angel Guerra* se plantea una autonomía nacional para la Iglesia, como dice Pérez Gutiérrez, «no dogmática ni siquiera disciplinar, pero sí política y funcional, del catolicismo español respecto de la Santa Sede».

(46) Ib.
(47) Ib., 1510.

No encuentro en el siguiente texto de *Angel Guerra* (texto complementario del anterior) ninguna contradicción sino la expresión de una actitud muy hispánica con referencia expresa a la actitud de los krausistas, que creían en la necesidad de la independencia de la Iglesia española más por cuestiones políticas que doctrinales. Su oposición al absolutismo les llevó a buscar fórmulas de emancipación sin negar una ortodoxia que siempre creyeron mantener, al menos respecto de los principios fundamentales. Rechazaban, sin embargo, una sumisión y subordinaciones serviles como la mostrada por el cura Casado quien no obstante poseía algo que faltaba a los especulativos: el realismo:

> «Vendrán consecuencias naturales de toda idea: la lógica hará lo que ella tan bien sabe hacer. ¿Cree usted, hablando en confianza, que la actual unidad de la Iglesia podrá subsistir desde el momento en que el suelo de nuestra nación eche en sí un árbol tan hermoso como éste cuya semilla va a caer en tierra? No, diga usted que no. Veo para dentro de un plazo no muy largo... —con inspiración—, veo, sí, como le estoy viendo a usted, la emancipación de la Iglesia española, la ruptura con esa Roma caduca y el establecimiento del Pasado español. (...) Amigo don Juan, no hay que tomarlo por la tremenda... Yo creí que usted no se asustaba de una apreciación histórica, de una profecía, pues todos somos algo profetas. *Mi cisma es puramente especulativo...*» (48).

La línea que sigue el pensamiento de Galdós a este respecto es muy clara: rechazo de los aspectos sociopolíticos y aceptación de la doctrina fundamental. No hay una sola novela en que rechace un principio básico del cristianismo. De ahí que también admitiera la posibilidad de conjugar una libertad religiosa nacional, rica en vivencias religiosas sin por ello salir del ámbito de la ortodoxia eclesial. E incluso no dudó en admirar a León XIII, un Papa más flexible que los anteriores.

Esta lectura de los textos galdosianos ha sido problemática bajo la aureola de irreligiosidad que ha cubierto al autor durante años.

3.3. *Fracaso final*

Tenemos aquí un planteamiento de las posibilidades que el misticismo tiene de transformar la sociedad, la caridad de establecerse como «programa económico», la moral evangélica como única norma de conducta y el cristianismo primitivo como forma de convivencia. Sin embargo, a pesar de cuestionar el clericalismo y de mostrar su grandeza como ideal, Galdós muestra igualmente su inviabilidad histórica.

En primer lugar ya sabemos lo que Galdós piensa de los acontecimien-

---

(48) Ib., 1511. El subrayado es mío. Estas palabras son una larga referencia a la posición krausista.

tos revolucionarios y de su inutilidad. Este solo argumento haría imposible el proyecto «dominista» pero además existe un doble peligro, rechazable en cualquier caso: el anarquismo que subyace a una religión ideal, carente de una organización, que rechaza toda institución social y propugna una forma de convivencia basada exclusivamente en la Moral sin Derecho. Por otra parte, y paradójicamente, existe el peligro de implantación de un nuevo tipo de absolutismo religioso diferente del clerical pero igualmente totalitario en cuanto a su concepción.

Es, sin embargo, la misma Sociedad —la Realidad— quien destruye los ideales construidos a su espalda. Y así fracasan al mismo tiempo su identificación mística con Leré —«Humanízate y ama a Leré», le grita Arístides—, y su ascetismo por el que creyó anular sus pasiones. Aunque había predicado la pasividad, reacciona violentamente cuando le atacan: «Te voy a matar...», les grita al tiempo que les escupe (49). Y, por último, se destruyen sus proyectos fundacionales. La Sociedad no entiende que la pobreza sea un bien: «¡Dichosos los ricos, que pueden ser buenos y hasta santos siempre que les dé la gana! El pobre es esclavo de la maldad, y cuando quiere sacudirse la cadena, no puede» «50). Y destruye, por tanto, un sistema que trata de implantarla. Esto significa la herida mortal que recibe Angel.

La caridad ha fracasado como programa social, el «dominismo» se muestra como una quimera y queda tan sólo la rectitud de conciencia que salva personalmente a Angel Guerra quien, como ya señalamos, asume en su muerte los propios errores. Sus últimas disposiciones, prodigio de piedad cristiana, dice Galdós, se hacen ante notario, testigos y sacerdotes, como representantes del Derecho, la Sociedad y la Iglesia. Quedan, pues, sometidas a la conciencia tanto como a la organización social. Y permanece asimismo la caridad que ejercen las monjas de la Orden del Socorro, a la que pertenece Leré, reconocida oficialmente por la Iglesia.

Ciertamente, pues, el espiritualismo que Galdós había visto como solución a problemas sociales en el artículo El 1.º de mayo fracasa por su planteamiento abstracto e ideal. La prosaica realidad actúa de disolvente de los ideales quijotescos y queda tan sólo una pequeña influencia en quienes están a su alrededor pero, apuntando ya su tesis final, más al nivel de las conciencias que de la realidad en sí (51). El fracaso de su implantación social se debe principalmente, desde la óptica del autor, a su comprensión de la historia que le lleva a mostrar tanto la grandeza del caballero cristiano como lo imposible de su traducción para la generalidad de los humanos. Su con-

(49) Ib., 1521-22.
(50) Ib., 1518.
(51) «Los personajes galdosianos, dice Correa, a diferencia de Don Quijote, logran cambiar al menos en mínimo grado su vida alrededor.» G. CORREA, Tradición mística y cervantinismo..., 158.

cepción burguesa de la revolución —que habría de serlo ya de los colectivismos— y del anarquismo completan la argumentación.

Sin embargo Galdós no abandona el tema y cuatro años después vuelve a abordarlo desde una perspectiva que contiene nuevos elementos.

IV. LA CONFIGURACION DEL MISTICISMO AUTENTICO

1. PLANTEAMIENTO

Nazarín y *Halma,* escritas ambas durante 1895 (1), abordan de nuevo, dentro de los esquemas cervantino y evangélico el fenómeno del hombre que encarna en sí los más puros valores espirituales y pretende realizarlos de forma literal. También, la mutua relación entre un hipotético personaje de esta naturaleza y los mecanismos sociales constituye la primordial preocupación del novelista. Con ello volvemos a referirnos a la falta de un tratamiento teológico del fenómeno en sí; las escenas del evangelio que sirven para mostrar el paralelismo de la figura de Nazarín con la de Cristo refuerzan esta afirmación, porque son aquéllas que tienen una mayor incidencia social bien por su contenido, bien por la perspectiva elegida.

Con referencia a la novela anterior, queda eliminado el proceso psicológico del protagonista quien se nos presenta ya perfectamente delimitado e incluso definido; el personaje religioso ocupa el primer puesto alrededor del cual gira toda la novela, al tiempo que su posición explica cada una de las incidencias que se van produciendo. Cuando en *Halma* pasa a ocupar un lugar secundario, su actuación, aun siendo similar, produce efectos diferentes. De ahí que sea interesante tener en cuenta este punto. Se mantiene y en cierta forma se acentúa la vinculación a los plantamientos de la Iglesia. Así puede observarse cuál es la reacción eclesiástica y, al mismo tiempo, su influencia: el hecho de que Nazarín sea sacerdote condiciona en gran medida el desarrollo como la conclusión.

Su protagonismo en esta acción significa que Galdós ha pergeñado un tipo de misticismo que pide acceder a la realidad, una vez que ha superado una primera forma de idealismo inviable; es decir, admite una capacidad clarividente que actúa limpiamente debido a su posición desligada de la inmediatez de los acontecimientos. Al mismo tiempo esta situación hace posible su utilización para mostrar cuál es el puesto auténtico que corresponde a cada una de las realidades. En este sentido, la Iglesia no es rechazada sino reducida dentro de unos límites, mientras las otras instituciones mantienen vida propia fuera del ámbito eclesial. Y esta diferenciación es

(1) Estoy de acuerdo con Ciriaco Morón en cuanto a la conexión íntima de ambas novelas. C. MORÓN, o. c., 67.

también obra de Nazarín al final de *Halma:* al situar cada una de las realidades se sitúa a sí mismo en ese orden equilibrado que Galdós intenta mostrar siempre, con el cual elimina todo tipo de absolutismo, representado en esta novela por lo que puede denominarse «misticocracia» o pseudomisticismo.

Esta introducción me lleva a estar más de acuerdo con Pérez Gutiérrez cuando aplica a *Nazarín* el término de «fábula» como género literario, que con Ciriaco Morón quien entiende que esta novela galdosiana es una «parodia» (2). Si bien Galdós puede mostrarse ambiguo o parecer contradictorio en determinados momentos, es difícil calificarle de indiferente (3). Quizá pueda dar esa impresión el impersonalismo del narrador que escribe la biografía de una persona interesante pero no es la visión fideísta y ya comprometida del discípulo que relata la vida de su señor desde una postura de identificación con él.

Es muy importante reseñar que Galdós ha planteado la vida de Nazarín como un hecho noticiable, interesante para un reportaje periodístico, a través del cual conocen los personajes exteriores al foco de la narración la vida del cura manchego. A veces se olvida este enfoque que es fundamental. Para un teólogo, la personalidad de Nazarín no ofrecería las dudas y reservas con que le acoge un periodista, expresión del hombre típicamente secular al que probablemente pueden añadirse algunos de los matices que Galdós deja entrever en ocasiones sobre este oficio (4). En *Halma* ya se mezclan la opinión que tienen sobre Nazarín quienes han leído el libro con la presencia directa del personaje a través de la narración novelística, con lo cual se resaltan todos los matices de una personalidad singular.

Tampoco Galdós descuida los rasgos humanos; con ello aporta sensación de realidad, evita una mitificación blanda y artificial y humaniza las situaciones y los personajes. Nazarín se presenta con rasgos humanos; Beatriz padecía de histerismo y Andara estaba dominada por el amor propio. Sin embargo, en ocasiones el equilibrio es muy difícil y aparece el peligro de resultar una parodia, de acuerdo con lo dicho por Ciriaco Morón que también apunta J. Palley aunque de forma más matizada (5) cuando hace un estudio comparativo de *Nazarín* y *El idiota* de Dostoievsky.

Este difícil equilibrio se produce porque Galdós no plantea tanto cuál sea la auténtica razón de ser intrínseca del hombre religioso sino cuáles son sus relaciones, qué implicaciones puede tener en una sociedad laica, pero al mismo tiempo ofrece su visión sobre ese individuo peculiar. Así el argumento se centra en la tensión creada por la presencia de Nazarín y la descripción de cuáles sus virtualidades, su manera de ser, su fe y su virtud para explicar esa tensión que se **provoca**.

(2)   Ib., 75. F. PÉREZ GUTIÉRREZ, o. c., 250.
(3)   C. MORÓN, o. c., 76.
(4)   B. PÉREZ GALDÓS, *Prólogo a «Los condenados»,* 704. HA, 1803.
(5)   J. PALLEY, *«Nazarín» y «El idiota»,* en «Insula», núm. 258 (Madrid, 1968), 3.

Los modelos utilizados además del Jesús evangélico son Don Quijote y, con bastantes posibilidades, Verdaguer (6) que acentúan ese hispanismo que ya dejó palpablemente establecido en *Angel Guerra*. El modelo quijotesco puede ser discutible en cuanto a su aparente gratuidad, «probablemente inoportuna» dice Pérez Gutiérrez (7). Sin embargo y concediendo que sea una debilidad de Pérez Galdós, supone en buena parte la concepción que este autor tenía del ser religioso en su dimensión mística; y así, al tiempo que refuerza su carácter de excepcionalidad como caso único, en relación con el hombre normal y con la vida cotidiana, se presenta como un ser objeto de opiniones contrarias. Además, el esquema idealismo-realismo se hace mucho más tenso con la intervención de un personaje quijotesco que al establecerse como paradigma permite mejor establecer las contradicciones de la realidad.

Estamos, pues, ante un plantamiento donde la persona que ha llegado a hacer del misticismo su única forma de vida, realizando en opinión de Galdós, una reducción quijotesca, debe enfrentarse con los mecanismos comunes de la convivencia o, en un segundo momento, con los pilares básicos de la sociedad. Su conciencia permanece segura mientras que su comportamiento es cuestionado por la Sociedad, para quien las virtudes religiosas literalmente vividas e interpretadas no son viables. Estas demuestran las deficiencias e incluso la inutilidad de las instituciones o las leyes: la pasividad en último grado presenta a la Justicia Oficial como inútil; el no poseer atenta contra los sistemas basados en la propiedad y el ser peregrino significa superar el cerco de la ortodoxia formalista y dogmática... Mientras la Sociedad le insta a que acepte sus instituciones, que no atente contra la convivencia, la cual se basa más en las leyes que en las Bienaventuranzas.

He ahí pues la situación paradójica del santo: se reconoce su inutilidad y, sin embargo, se le presenta como un ser peligroso. La solución social radica en considerarlo anormal, es decir, fuera de la norma, lo que en otros términos puede definirse como locura o, en cualquier caso, aquello que no se ajusta a lo preceptuado, sea en el orden que sea. Un enano es un ser anormal como lo es un deforme... un santo. Todos ellos caen fuera de lo establecido como natural o razonable y así como debe curarse a los enfermos, también los santos deben ser curados. A falta de un método propio se les reduce a una enfermedad tipificada: Nazarín termina su andadura en un hospital curando su tifus y su mente para volver a ser apto.

Su inicial fracaso, no conciencial pero sí social, está mostrando de nuevo una de las constantes de estos años en la obra galdosiana: el espiritualismo no puede suplantar como programa a la política. El lenguaje, las acciones necesitan un marco de interpretación sin el cual aparecen como vacías,

(6) W. PATTISON, *Verdaguer y Nazarín*, en «Cuadernos hispanoamericanos», números 250-2 (Madrid, 1970-1), 537-45.
(7) F. PÉREZ GUTIÉRREZ, o. c., 250.

arbitrarias o contradictorias aunque la intención sea recta. La Sociedad admite el cambio, necesita de la evolución, de las modas, pero de forma controlada: incluso la religión no se libra de esta dinámica. El místico cae fuera de los márgenes de lo aceptable; su peregrinar le convierte en un personaje incontrolado como un ladrón o un loco.

Esta inutilidad sólo quedará superada cuando Nazarín encuentre su puesto en el consorcio de fuerzas sociales, evitando la invasión de otros campos; es más, él mismo será quien evite que se produzca este hecho.

2. EL HOMBRE RELIGIOSO Y SU DESARRAIGO SOCIAL

Nazarín vive en un submundo de pobreza, «en medio de lo más abyecto y zarrapastroso de la especie humana» (8), con su aspecto semítico y, como dice el autor, «para colmo de confusión, el árabe... decía misa» (9).

La ubicación social parece más situacional que otra cosa. De hecho no pertenece a las gentes con las que está hospedado y sus diferencias se acentúan en cada una de sus acciones. Vivía apartado del resto y Galdós expresamente señala que «no pertenecía el sacerdote a la familia hospederil» (10); es pues un ser socialmente ambiguo y desclasado que produce desde el primer momento opiniones contradictorias sobre su comportamiento «extrañísimo e incomprensible», hasta no poder superar la disyuntiva entre santidad y locura (o simpleza); todo lo más un ser respetable, «al menos en lo aparente», distante siempre de las situaciones pues cuando está implicado en alguna siempre es de forma involuntaria y debido a su posición amorfa.

Esta posición se va posteriormente radicalizando: «Este hombre es un sinvergüenza —me dijo el "reporter"—, un cínico de mucho talento que ha encontrado la piedra filosofal de la gandulería; un pillo de grande imaginación que cultiva el parasitismo con arte» (11). Y así llega a plantearse en términos antagónicos: ¿santo u hombre? Como si ambos se movieran en coordenadas diferentes: «¡Ay, si en vez de santo fuera hombre, la mujer que tuviera que mantenerle ya podría dar gracias a Dios!» (12). Y aunque la frase tiene su carga de ironía no deja de expresar una clara disyuntiva en la interpretación de quien vive sujeto a leyes físicas.

(8) NA, 1677.
(9) Ib., 1678.
(10) Ib.
(11) Ib., 1684. «Este hombre es un fanático, un vicioso del parasitismo, y bien puede afirmarse que no tiene ningún otro vicio, porque todas sus facultades se concentran en la cría y desarrollo de aquella aptitud.» Ib., 1685.
(12) Ib., 1686. «Dígamelo con verdad, a lo hombre más que a lo santo.» Ib., 1692. «Usted, como santo, ve todo eso muy fácil..., y, naturalmente, por ser usted así dicen que está loco... no lo está, yo sé que no lo está..., pero por eso lo dicen... por no ser usted humano como yo...» HA, 1854.

La duda y la contradicción presiden las opiniones que se vierten sobre él: Bienaventurado, personalidad vigorosa, santo, parásito, loco... su inutilidad social es mantenida incluso por quienes reconocen su altruismo, porque la Sociedad tiene ya sus instituciones religiosas y benéficas para satisfacer las necesidades con método como garantía de eficacia.

Desde estos presupuestos el místico se muestra como un ser inútil e ineficaz, y en cualquier caso, fuera de los criterios que pueden adecuarse a los ciudadanos socializados (13). Así lo tienen por un ejemplar raro que interesa al investigador, al erudito o al periodista que busca novedades; y si se atreven a reconocer su santidad superando la duda, no por eso dejan igualmente de reconocer su inutilidad: «¿Para qué sirve un santo? —se pregunta la tía "Chanfaina"—. Para nada de Dios. Porque en otros tiempo, páice que hacían milagros, y con el milagro daban de comer, convirtiendo las piedras en peces, o resucitaban los cadáveres difuntos y sacaban los demonios humanos del cuerpo. Pero ahora, en estos tiempos de tanta sabiduría, con eso del "teleforo o teléforo", y los "ferroscarriles" y tanto infundio de cosas, que van y vienen por el mundo, ¿para qué sirve un santo más que para divertir a los chiquillos de las calles?» (14).

Existe una presencia permanente y poderosa de la Sociedad que está en posesión de los medios adecuados para manener a cada uno en su puesto: «... resulta que la Sociedad por todas partes se filtra; cuando creíamos estar solas con Dios y nuestra conciencia, viene también el mundo, vienen también los intereses mundanos a decir: "Aquí estoy, aquí estamos. Si te vas al desierto, al desierto te seguiremos"» (15). Y ella tiende a resolver exclusivamente los problemas cotidianos controlando todo aquello que impida esta tarea. Esta postura desvela una de las aparentes paradojas: la inutilidad del santo es rechazada no tanto en función de su misma ineficacia sino porque, primero niega que los problemas cotidianos sean tales problemas, desecha el progreso como fin primario y, segundo, porque tiene gran poder para hacer prosélitos. La vocación religiosa es por naturaleza expansiva y comunicativa pero quizá no es la predicación lo que más detesta la Sociedad sino la posibilidad de que muchos imiten su pasividad, «su humildad y su conformidad absoluta con la desgracia». «Y me temo —dice el periodista— que saque discípulos porque su doctrina es de las

---

(13) Kluckhohn define así la socialización: «El material humano tiene tendencia a adoptar formas propias, pero de todas maneras una definición de la socialización en cualquier cultura es la posibilidad de predicción de la conducta diaria de un individuo en varias situaciones definidas. Cuando una persona ha sometido mucha de su autonomía fisiológica al dominio cultural, cuando se comporta la mayor parte del tiempo lo mismo que lo hacen los demás en la ejecución de las rutinas culturales, está ya socializada. Los que conservan demasiada independencia se encuentran recluidos en el manicomio o en la cárcel.» C. KLUCKHOHN, *Antropología* (México, 1974), 211-2.
    (14) NA, 1685.
    (15) HA, 1855.

que se cuelan sin sentirlo, y de fijo tendrá indecible seducción para tanto gandul como hay por esos mundos» (16).

El santo se mueve, aun sin él desearlo, en el centro de un juego de fuerzas que forjan de él una imagen distorsionada y no puede evadirse de la influencia de la qpinión que se muestra siempre tremendamente poderosa y activa hacia lo que presenta interés o misterio al margen de la prosaica realidad. Su peregrinaje desde el lado social es la confirmación de que sus criterios de actuación son irrealizables en sociedad y tan sólo pueden llevarse a cabo en un régimen similar al de los pájaros: «Si es usted pájaro —le había dicho la tía "Chanfaina"—, váyase al campo a comer lo que encuentre, o pósese en la rama de un árbol, piando, hasta que le entren moscas» (17).

3. CONFIGURACIÓN PERSONAL

Frente a las ambigüedades sociales, Nazarín se presenta con unos conceptos muy claros y definidos, haciendo confesión de ortodoxia católica como sacerdote de la Iglesia: «Jamás me he desviado de las enseñanzas de la Iglesia. Profeso la de Cristo en toda su pureza, y nada hay en mí por donde pueda tildárseme» (18); apunta ya su desprendimiento absoluto que rechaza la propiedad: «¡La propiedad! Para mí no es más que un nombre vano, inventado por el egoísmo. Nada es de nadie. Todo es del primero que lo necesita» (19).

Esta ortodoxia no impide, sin embargo, que presente grandes diferencias con los demás sacerdotes: no le gusta predicar, prefiere hablar familiarmente; sólo dice misa cuando se la encargan, pero no las busca y carece de cualquier sentido del bienestar, bien diferente de los otros clérigos que aparecen en la novela. Así, por ejemplo, el sacerdote que le recoge, «al verle en faenas tan impropias —ayudaba a los vecinos— de un ministro del altar» (20), termina por decirle que su forma de vida no sólo perjudica a él sino a quienes con él viven y que la opinión pública envuelve a los que están cerca; en definitiva, rechaza la forma de ejercer el sacerdocio de Nazarín.

(16) NA, 1685. «Su humildad llevada al extremo, su conformidad absoluta con la desgracia —afirmó el sacerdote, pensativo, mirando al suelo y quitando la ceniza del cigarro con el dedo meñique—, son, hay que reconocerlo, una fuerza colosal para el proselitismo. Todos los que padecen sentirán la formidable atracción.» HA, 1804.
(17) NA, 1679.
(18) Ib., 1681. En *Halma* se ratifica esta opinión tras el juicio a que le somete don Manuel Flórez: «... y tan fuerte está el hombre, que por más que quise no pude cogerle en tanto así de falsedad lógica o desliz herético...» HA, 1830.
(19) NA, 1680.
(20) Ib., 1698.

Así pues, ortodoxia doctrinal pero no de costumbres: termina por rechazar el traje talar y no duda en aceptar el trabajo manual que era tenido por impropio tratándose de un clérigo (21). «Lo único que nos puede extrañar en Nazarín —señala Ciriaco Morón— es su indolencia para el apostolado positivo» (22). Sin embargo, el mismo autor se responde al decir que «el intento de imitar a Cristo es ya apostolado» y además, de forma progresiva, desea hacer partícipes a los demás de su salvación.

3.1. *Anulación del propio ser*

El punto de partida está en la anulación del propio ser, de acuerdo con el precepto evangélico: «Quien quiera ser discípulo mío, niéguese a sí mismo, tome su cruz y sígame» (Mt. 16, 24). Este no ser nada para serlo todo, no poseer nada para tenerlo todo, define a Nazarín no sólo como sacerdote sino como místico; por eso jurídicamente no puede participar de la institución. Al no ajustarse a las normas de conducta de acuerdo con la forma establecida, se le rechaza, «retirándole las licencias eclesiásticas». La presión social le sitúa en posición de acceder a lo que Ricard denomina «segunda conversión» (23) que desde la opción del protagonista es fruto de su interior «tan bien robustecido de cristianas virtudes» que le llevan a la realización del ideal en su estadio más puro al margen de la sociedad, en la Naturaleza; «sólo así llegaría a toda purificación posible dentro de lo humano, y a realizar los bienes eternos, y a practicar la caridad en la forma que ambicionaba con tanto ardor» (24). Ahí se consuma el rompimiento de su mundo interior con la civilización y el progreso del que asegura es la culpa de que la situación humana se haya deteriorado: «No sé más sino que a medida que avanza lo que ustedes entienden por cultura, y cunde el llamado progreso, y se aumenta la maquinaria, y se acumulan riquezas, es mayor el número de pobres y la pobreza es más negra, más triste, más displicente. Eso es lo que quisiera evitar, que los pobres, es decir, los míos, se hallen tan tocados de la maldita misantropía» (25).

3.2. *Pobreza*

La ausencia de trabas sociales y la peregrinación le sitúan en condiciones de perfeccionar sus virtudes, acentuando su ascenso en la imitación de Cristo. Así la pobreza como ideal espiritual se alimenta en su vida de la

---

(21) «¿Teja? ¿Para qué quiero yo tejas ni tejados? —replicó el clérigo con energía—. Guardaos la prenda para quien la quiera o usadla para algún espantajo.» Ib., 1701. «... le designaran alguna ocupación u oficio en que pudiera ganar algo, aunque fuera de los más bajos y miserables.» Ib.

(22) C. MORÓN, o. c., 71.

(23) R. RICARD, *La segunda «conversión» en las novelas de Galdós*, en «Revista de Occidente», núm. 10, 2.ª época (Madrid, 1964), 114-18.

(24) NA, 1700.

(25) Ib., 1683.

más pura autenticidad al confiar plenamente en la Providencia, de acuerdo
con el precepto evangélico: «No os inquietéis por vuestra vida, sobre qué
comeréis, ni por vuestro cuerpo, sobre qué vestiréis (Mt. 6, 25). Pero esta
pobreza no sólo es una forma de vivencia personal de la pobreza evangélica sino que, en su opinión, es el remedio de la mayoría de los males
sociales. Así lo expone a Belmonte al final de un episodio que resulta
ambiguo (26) como la mayoría de las acciones en que toma parte: «El
remedio del malestar social y de la lucha cada vez más enconada entre
pobres y ricos, ¿cuál es? La pobreza, la renuncia de todo bien material.
El remedio de las injusticias que envilecen el mundo, en medio de esos
decantados progresos políticos, ¿cuál es? Pues el no luchar contra la injusticia, el entregarse a la maldad humana como Cristo se entregó inde-
fenso a sus enemigos. De la resignación absoluta ante el mal no puede
menos de salir el bien, como de la mansedumbre sale al cabo la fuerza,
como del amor de la pobreza tienen que salir el consuelo de todos y la
igualdad ante los bienes dela Naturaleza» (27). En este texto, junto con la
pobreza están las demás virtudes peculiares de Nazarín: la paciencia, la
pasividad y la humildad que constituyen su credo. La confianza absoluta
en Dios excluye la más leve queja o protesta hasta consumar la total anulación de su ser que, como en Leré, tienen una dimensión positiva: «de la
resignación absoluta ante el mal no puede menos de salir el bien». Sin
duda, la pasividad es la fuerza que proporciona temple a sus virtudes y le
convierte en un ser capacitado para desarrollarse frente a los poderes que
amenazan con destruirle.

3.3. *Apóstol y Maestro*

Su comportamiento adquiere progresivamente los caracteres del ministerio de Cristo como Apóstol y Maestro veraz que es aceptado por unas
pocas personas que tienen fe en él. El hecho de que sus discípulos sean
mujeres acentúa esa ambigüedad a que antes me refería, de cara a la Sociedad. En realidad, Andara y el Sacrílego, representantes del inframundo y
Beatriz, símbolo petrarquiano del amor, son sus seguidores y los únicos
que creen en él.

Como apóstol desea hacer partícipes a todos de sus virtudes en las
que confía como fuerza de salvación: «No me contento con salvarme yo
sólo; quiero que todos se salven y que desaparezcan del mundo el odio, la
tiranía, el hambre, la injusticia; que no haya amos ni siervos, que se acaben
las disputas, las guerras, la política» (28).

(26) Ambiguo en el sentido de que es susceptible de una doble interpretación:
interior y exterior; y así para quienes no comprenden sus principios de actuación, es
decir, quienes no son místicos, produce efectos contrarios a los deseados.
(27) NA, 1722.
(28) Ib.

Asimismo explica a Andara cuál es el origen del hombre, el sentido de la muerte, de la otra vida y niega las proposiciones supersticiosas con el firme propósito de ayudarle a salvar su alma. En la misma calidad de apóstol critica al señor de Belmonte su manera de tratar a los servidores calificándola de «anticristiana, y antisocial, y bárbara y soez»; «los sirvientes son personas —le sigue diciendo— no animales, y tan hijos de Dios como usted, y tienen su dignidad y su pundonor, como cualquier señor feudal o que pretende serlo, de los tiempos pasados y futuros» (29). La necesidad de difundir el mensaje nace del mandato de Cristo que al mismo tiempo le infunde el valor suficiente ante los posibles sufrimientos: «No temo nada, y si alguien me impusiera el martirio en pago de las verdades cristianas, al martirio iría gozoso» (30).

Su apostolado es también profético al atreverse a denunciar el estado de la Humanidad en la que, dice, «se notan la fatiga y el engaño de las especulaciones científicas, y una feliz reversión hacia lo espiritual» (31). Ante esta situación reafirma que «la idea religiosa, el ideal católico» es la única fuente de verdad, y, por tanto, se hace necesaria una vuelta al sentimiento religioso capaz de salvar al género humano frente a la inocua política que, «dio de sí todo lo que tenía que dar».

Es, pues, un mundo concreto el que condiciona su palabra: un mundo en el cual se ha producido el hastío como fruto de la sociedad industrial que acentúa las diferencias de clase. Todo clama por la igualdad. Nazarín muestra su confianza en los principios cristianos en el orden material y espiritual como precursores de una Edad de Oro religiosa. En unas palabras imbuidas de espíritu platónico explica cómo solamente a quienes «poseen Fe, ese don del Cielo, toca conducir a los que están privados de ella» (32). El santo ha de ser quien guíe a la Humanidad hacia el nuevo espiritualismo, hacia el total desprendimiento, la pasividad, la paciencia y la resignación ante el mal como fuente de los auténticos bienes.

Nazarín se constituye en Maestro que explica una doctrina y al que siguen unos discípulos con un determinado estilo de vida. El les introduce progresivamente en la vida del espíritu. Así les recomienda: «... que no empleasen contra nadie, ni aun contra sus mayores enemigos calificativos de odio; lo primero que les enseñaba era el perdón de las ofensas, el amor de los que nos hacen el mal y la extinción de todo sentimiento rencoroso en los corazones» (33); «volved a la verdad, al bien, a la inocencia. Amad a Dios vuestro Padre, y al hombre que es vuestro hermano; no matéis, no blasféméis, no levantéis falsos testimonios ni seáis impuros, de obra ni de

(29) Ib., 1718.
(30) Ib., 1719.
(31) Ib., 1720.
(32) Ib., 1721. Frente al gobierno de los sabios opone el gobierno de los Creyentes, de los que poseen la Fe. De ahí que pueda hablarse de una «misticocracia».
(33) NA, 1738.

palabra. Las injurias que no os atreveríais a decir al prójimo fuerte, no las digáis al prójimo desvalido. Sed humanos, comprensivos, aborreced la iniquidad, y evitando la palabra mala, evitaréis la acción vil, y como os libréis de la acción vil, podréis libraros también del crimen» (34).

Sus seguidoras son dirigidas y guiadas por el fuego de la espiritualidad de Nazarín: «... su espíritu se iba encendiendo en el místico fuego con las chispas que el otro lanzaba del rescoldo de su santidad» (35). Con él viven un sufrimiento regenerador, escuchando sus enseñanzas, como hemos visto, y se empapan del ejemplo de su vida.

Andara —la Marta evangélica (también guarda paralelismo con San Pablo)— se caracteriza por la defensa militante, toda actividad, luchaba con el mal «por rutina de su amor propio insatisfecho y de su pericia bien probada, gustando de alabarse y de echar incienso a su egoísmo, como soldado que entra en combate movido por las ambiciones del ascenso» (36). Mientras, Beatriz —personificación de María, la hermana de Marta (o también San Juan)— se realiza en la contemplación, afrontando por igual el perfeccionamiento que constituye en ella una experiencia religiosa: «luchaba con el mal segura de su superioridad y sin alabarse de ello, por rutina de la fe desinteresada y un convencimiento que sostenían las altas temperaturas del alma en ebullición» (37).

La psicología diferencia la igual intensidad religiosa en modalidades diversas que «culmina —dice Correa— con la visión lumínica de las dos mujeres transformadas en criaturas sobrenaturales» (38). Es una disociación final en que Nazarín las asume como discípulas, después de que ellas le siguieran voluntariamente. En la visión se transfiguran ambas discípulas apareciendo como sobrenaturales (39).

3.4. *Taumaturgo*

Por último, en orden sistemático ya que cronológicamente es anterior, Nazarín aun a pesar suyo se convierte en taumaturgo. En Móstoles le piden que cure a una niña pues, si no es médico, «es otra cosa que vale más que toda la mediquería. Si usted quiere, don Nazario, sanará» (40). El nota su limitación humana y reconoce que sus facultades no alcanzan más que a consolar pero en ningún caso son medicina para el cuerpo. Pero las mujeres que acompañan a la niña enferma confían ciegamente en la santidad de Nazarín como poderosa fuerza que hace milagros: «Si usted quiere salvar-

(34) Ib., 1750-1.
(35) Ib., 1728.
(36) Ib., 1731.
(37) Ib.
(38) G. CORREA, *El simbolismo religioso...*, 177-8. Esta opinión, según él, guarda paralelismo con 2 Mac. 10, 29-30.
(39) NA, 1760-1.
(40) Ib., 1707.

nos a la niña, nos la salvará, como éste es día. Yo así lo creo y en sus manos pongo mi suerte, bendito señor» (41). Nazarín reconoce las limitaciones humanas y la distancia existente con la Divinidad, único Ser que puede alterar las leyes naturales y les exhorta para que acepten la voluntad celestial; no obstante, los estimula para que rueguen con fe y amor por la salud de la niña y eso mismo hace él: «Eso mismo: pedir a Dios que devuelva su ser sano y hermoso a esta inocente niña y ofrecerle mi salud, mi vida, en la forma que quiera tomarlas; que a cambio del favor que de El impetramos, me dé a mí todas las calamidades, todos los reveses, todos los achaques y dolores que pueden afligir a la Humanidad sobre la tierra..., que descargue sobre mí la miseria en su más horrible forma, la ceguera tristísima, la asquerosa lepra..., todo, todo sea para mí, a cambio de que devuelva la vida a este tierno y cándido ser, que os conceda a vosotras el premio de vuestros afanes» (42).

Esta acción del cura manchego ofrece diversos aspectos: no creo que Galdós haya querido plantear aquí la problemática del milagro desde una perspectiva teológica; se sitúa, por una parte, dentro de ese simbolismo directo para mostrar el paralelismo entre Nazarín y Jesús de Nazareth; y, por otra, en esa sociológica que guía la novela: desde ahí lo que interesa fundamentalmente es saber qué efectos sociales ha producido una curación sorprendente. Y así, Beatriz cree en él y le sigue; es, pues, un testimonio de santidad y de unión con Dios para ella. Es, también, una prueba del poder de la palabra, capaz de transformar los espíritus y mover a conversión a quienes creen en el prodigio. Fuera de este ámbito reducido la acción se diluye siendo sometida a las más variadas interpretaciones y, en cualquier caso, queda sustancialmente incomprendido: bien puede ser una acción sobrenatural pero puede ser también fruto del azar, y es difícil deslindarlo de los manejos mágicos o supersticiosos que mezclan con la acción de Nazarín las mujeres que están con la niña.

4. MISTICISMO Y MUNDO SECULAR

La entrevista de Nazarín con el alcalde constituye el punto de inflexión de la novela. Después de su prendimiento, donde se rememoran las circunstancias del Huerto de los Olivos, es conducido ante el alcalde: ahí se enfrentan la fe en el progreso y la fe en el espíritu. «Galdós —dice Morón— ha opuesto pietismo y progresismo: dos falsos extremos. Exactamente por aquellos años intentaba Unamuno con más claridad lograr la síntesis de trabajo productivo y contemplación espiritual, como cuenta en su página final de *Paz en la Guerra* (1897). *Nazarín* dos años antes, exponía la misma

(41) Ib., 1709.
(42) Ib., 1710.

tesis» (43). Yo diría más bien que Galdós había buscado desde sus primeras novelas la fórmula de convivencia entre religión y sociedad, una de
cuyas variantes presenta *Nazarín*. El acceso en esta última década al espiritualismo, en parte por exigencia de su obra y más aún por la influencia
de los problemas contemporáneos que traían una revulsión espiritualista
con elementos heterogéneos, le condujo a la búsqueda de fuentes desde
donde interpretar ese caudal. Se planteaba ahora el problema de ese espiritualismo místico ainstitucional que personifica Nazarín y necesita volver a
buscar el equilibrio de esta religiosidad con la estructura social. Esta escena,
como he dicho, supone el punto de viraje que condiciona el final de *Nazarín* y las novelas posteriores.

Dos falsos extremos que, por otra parte, estaban en la base de dos
posturas sociales igualmente fideístas aunque sus contenidos fueran diferentes. El alcalde que no tiene problemas en aceptar una religión que salve
el buen parecer y el respeto a lo establecido, critica el quehacer de Nazarín
al que describe como milagrero y embaucador y, sin embargo, se ve sorprendido cuando sus criterios prácticos se ven desbordados por quien pretende cumplir la religión no como apariencia sino como doctrina que da
un sentido a la vida, y lo hace «con la palabra y con el ejemplo» sin reco-
nocerse mérito alguno. Vuelve a reconocer su inutilidad para los fines que
debe proponerse una sociedad moderna:

> «El fin del hombre es vivir —dice el alcalde—. No se vive sin co-
> mer. No se come sin trabajar. Y en este siglo ilustrado, ¿a qué tiene
> que mirar el hombre? A la industria, a la agricultura, a la adminis-
> tración, al comercio. He aquí el problema. Dar salida a nuestros
> caldos, liberar los presupuestos públicos y particulares..., que haya
> la mar de fábricas..., vías de comunicación..., casinos para obre-
> ros..., barrios obreros..., ilustración, escuelas, beneficencia pública y
> particular... ¿y dónde me deja usted la higiene, la urbanización y
> otras grandes conquistas? Pues nada de eso tendrá usted con el mis-
> ticismo, que es lo que usted practica; no tendrá más que hambre,
> miseria pública y particular...» (44).

El misticismo ciertamente no puede dar respuesta a estas interrogantes:

> «El siglo XIX ha dicho: "No quiero conventos ni seminarios, sino
> tratados de comercio. No quiero ermitaños, sino grandes economistas.
> No quiero sermones, sino ferrocarriles de vía estrecha. No quiero
> santos padres, sino abonos químicos"» (45).

El hecho de no seguir estos principios supone ya una anormalidad, una
locura por la cual será juzgado, de acuerdo con los criterios establecidos.

(43) C. MORÓN, o. c., 74-5.
(44) NA, 1745.
(45) Ib.

De ahí que el santo, sin proponérselo directamente, aparezca en oposición radical a las instituciones seculares, cuya omnipresencia no logra eliminar ni con su peregrinación. Ambos hablan lenguajes diferentes e incomprensibles recíprocamente. Aparece como sospechoso y la misma institución eclesiástica no le ve como hombre abrasado en el fuego de la caridad sino como amparador de criminales, piedra de escándalo al que no debe defenderse. Los caminantes, cuando le ven pasar rodeado de otros presos, resumen —dice el narrador— en una todas sus opiniones: «vagancia, desvergüenza, pillería» (46). Es el peso de la opinión impersonal que se diluye en quienes tienen un trato personal con él, capaz de influir sobre quienes estando a su alrededor llegan a comprenderle:

> «Debe decirse que si, al principio, la opinión de los dos militares era poco favorable al misterioso preso que conducían, y le tuvieron por un redomado hipócrita, en el curso del viaje esta creencia se trocaba en dudas acerca de la verdadera condición moral del personaje, pues la humildad de sus respuestas, la paciencia callada con que sufría toda molestia, su bondad, su dulzura, les encantaban, y acabaron por pensar que si don Nazario no era santo, lo parecía» (47.)

Sin embargo, la masa se esconde en esa opinión condenatoria de acuerdo con la normativa secular que comparten también las clases oprimidas, desconcertadas ante unos ideales que no comprenden. Tocaba la seguridad de los principios sociales aunque sea de forma indirecta y por eso no puede ser aceptado. La reacción es sencilla:

> «No tenga cuidado, padre, que allá se le absolverá por loco. Los dos tercios de los procesados que pasan por nuestras manos, por locos se escapan del castigo, si es que castigo merecen. Y presuponiendo que sea usted un santo, no por santo le han de soltar, sino por loco, que ahora priva mucho la razón de la sinrazón, o sea que la locura es quien hace a los muy sabios y a los muy ignorantes, a los que sobresalen por arriba y por abajo» (48).

Su conciencia es el soporte que mantiene unificada su personalidad y da sentido a sus acciones de acuerdo con sus inquebrantables principios. Adquiere así una dimensión diferente, única, que culmina en el ofrecimiento de su propia vida en el testimonio del martirio, signo de la máxima imperturbabilidad ante el mundo que le escarnece, primero en la persona del alcalde, luego de sus compañeros de prisión. La pasión y el sufrimiento son la culminación de su vida que se conforma plenamente con la de Cristo. Reacciona violentamente sólo ante las irreverencias que atentan contra la fe, «ardiendo en santa cólera» contra quienes le pedían «el simulacro de

(46) Ib., 1748.
(47) Ib., 1749.
(48) Ib., 1761.

una misa al estilo infernal» y es paciente ante las afrentas personales con
las que siente recobrar plenamente el ser: «... con vuestros nuevos ultrajes
ha querido el Señor que yo recobre mi ser, y aquí me tenéis en toda la
plenitud de mi mansedumbre cristiana, sin cólera, sin instintos de odio y
venganza» (49).

Si la santidad permanece incólume ante las agresiones de que es objeto,
su personalidad se deteriora progresivamente hasta caer su mente en un
estado patológico. Las realidades que habían sustentado su vida se diluyen
hasta no saber dónde se encuentra la verdad, «¿dentro o fuera de sus
pensamientos?». Su estado mental esquizofrénico se convierte en una defensa frente al medio social; en las escenas finales se alimenta exclusivamente de sus visiones que se envuelven en la duda de si eran realidad o
ficción. Su mente desquiciada es signo de la consumación de esa tragedia
que se cernía sobre él desde el momento de su presentación en la novela.
Las contradicciones que iba planteando su cristianismo no han podido ser
equilibradas y terminan por destruirlo. Ha sido imposible establecer un
justo medio que permitiera la supervivencia de su misión religiosa, sometida por la Justicia oficial, que no desea verse superada por criterios utópicos. El enfrentamiento entre espiritualismo y positivismo ha supuesto la
anulación de aquél; tan sólo unos pocos han quedado convencidos por las
doctrinas nazarinas: los guardias, sus discípulos, el buen ladrón... si bien
también queda patente la parcialidad de la concepción positivista, excesivamente materialista y excluyente de los valores morales y religiosos auténticos.

Nazarín se consume en una crucifixión febril e irrealizable: «No merezco, Señor, no merezco la honra excelsa de ser sacrificado en vuestra cruz.
No quiero ese género de suplicio en el que el cadalso es un altar y la agonía
se confunde con la apoteósis» (50). La visión final del Cristo que le habla
es al tiempo signo de piedad, acto de conciencia que rechaza las figuraciones
de su mente enferma y ratificación profética de su esfuerzo:

> «Hijo mío, aún vives. Estás en mi santo hospital padeciendo por Mí.
> Tus compañeros, las dos perdidas y el ladrón que siguen tu ense-
> ñanza están en la cárcel. No puedes celebrar, no puedo estar con-
> tigo en cuerpo y sangre, y esta misa es figuración insana de tu
> mente. Descansa que bien te lo mereces. Algo has hecho por Mí.
> No estés descontento. Yo sé que has de hacer mucho más» (51).

La rectitud de su conciencia pero la Sociedad nunca ha hecho intención
de comprenderle. Ante la duda, ¿loco o santo?, ha optado por la solución
que está a su alcance: si no comprende qué es la santidad sí sabe en qué
consiste la locura y cómo curarla; santo es sólo para unos pocos. Y por tanto,
la duda queda sin resolver o, mejor dicho, con la posibilidad de una doble

(49) Ib., 1752.
(50) Ib., 1761.
(51) Ib., 1762.

respuesta irreducible a unidad. Ni siquiera el testimonio de su propia vida ha podido solucionar la ambigüedad que suspendió el juicio del periodista y su acompañante cuando le conocieron por primera vez.

5. CONCIENCIA Y RACIONALIDAD

La profecía final se realiza en *Halma,* novela que tiene varios niveles de acción. En primer plano aparece un argumento similar en lo fundamental al de *Angel Guerra:* el misticismo como mecanismo que suple al amor humano y que se desvanece cuando éste puede realizarse. La diferencia estriba en que ambos componentes acceden al misticismo de forma equivocada: la condesa Halma, víctima de las circunstancias, se compromete a vivir una vida ascética que rompa con su estatus, su familia, su tiempo y consigo misma; y Urrea, primo de Halma, casquivano de siempre que busca en la mística la cercanía de su prima.

El misticismo de Halma desea también plasmarse en una Fundación que lleve su espíritu. Este tema sirve para volver a plantear el de las órdenes religiosas (52).

Sin embargo, esta novela nos interesa menos por la trama que forman estos personajes que por el papel que Nazarín desempeña en ella. El primer hecho que observamos es la traslación de su protagonismo, de líder de su propio movimiento pasa a ocupar un lugar secundario hasta el punto de que durante buena parte de la narración tan sólo se sabe de él por los comentarios que mantienen las opiniones ya conocidas: para don Manuel Flórez, Nazarín amalgama en su ser «las dos naturalezas: el santo y el loco, sin que sea fácil separar una de otra, ni marcar las dos una línea divisoria» (53). Otros hablan de él como un caso singular y único que, como tal, despierta curiosidad. Se le interroga sobre las raíces rusas de su misticismo, que niega; don Manuel hace referencia a la tradición mística española, veta riquísima que no necesita salir de sí para alimentar la propia historia.

El problema radica en la dificultad de conciliación de su doctrina con la civilización, y a nivel personal en la disociación existente entre conciencia e inteligencia, lo que produce ese desasosiego: las leyes sociales tienen una base de racionalidad uniformadora que permite una convivencia igualmente uniformada. Sin embargo, la conciencia es la facultad individual por antonomasia. Cuando ésta no se pliega a la razón tenemos un ejemplar individual y único que cae fuera de la normativa social, necesitada de esa base común. De ahí que si no pueden condenarle por falta alguna de la conciencia, lo hagan en cambio por su falta de racionalidad. Así, conocemos ya el informe médico: «... los actos del apóstol errante eran inconscientes por hallarse ata-

(52) HA, 1773-5.
(53) Ib., 1803.

cado de melancolía religiosa, forma de neurosis epiléptica...» (54). Sin el ajuste de ambos no hay posibilidad de equilibrio, y por tanto, de viabilidad social, única que Galdós admite.

A lo largo de las tres últimas partes de la novela asistimos al proceso de curación. Este proceso viene marcado por una finalidad: «le devolveremos —dice el clérigo don Remigio— sano y equilibrado a la Iglesia militante, en la cual, o mucho me engaño, o puede ser un elemento, sí, señor, un elemento de grandísima valía» (55). Es ya significativo al respecto que la salida a escena sea con traje talar —dice textualmente el narrador que «exactamente como don Remigio» —y hace confesión explícita de obediencia incluso como virtud primordial, por encima de aquéllas que deseó vivir en su máxima pureza. Si con anterioridad la mansedumbre y la pasividad le condujeron al distanciamiento de la institución, esas mismas virtudes hacen de él un hombre obediente hasta la anulación completa de su voluntad, es decir, a la realización social de la pasividad, de la anulación del ser.

Su vida en Pedralba —la fundación de Halma— es completamente disciplinada y normal de acuerdo con los cánones eclesiásticos; buen observador de las actitudes de los moradores de esa especie de Iglesia primitiva, donde en realidad se escondían, bajo un perfeccionismo cristiano mal entendido, los impulsos masculino y femenino de Urrea y Halma. Cuando aquél confiesa a Nazarín que «no muere uno para seguir viviendo en otra forma y ser. Un hombre no puede ser... otro hombre» (56) está adelantando el juicio que sancionará los fallos de ese perfeccionismo realizado al margen de su propia naturaleza y de la sociedad; el «bendito salvajismo», la «bendita barbarie» que permitía lo más elemental: vivir, en realidad, proporciona una vida irreal. Es una objetivación de dos defectos del primer Nazarín, y por tanto a merced de las instituciones sociales: clero, ciencia, administración. Eso ya significa la existencia de ribetes anarquizantes, de una libertad inexistente para el hombre que tratará de ser anulada por instituciones cerradas.

Cuando se reduce el caso a pura cuestión de conciencia la intención personal se muestra recta pero falta la respuesta de la autoridad, en este caso eclesiástica, que rechazará la Fundación por no ajustarse a las normas existentes y procederá al igual que con Nazarín: reconocerá la hermosura del ideal que ha guiado la conducta de sus creadores pero rechazará sus planteamientos, y aunque sea consciente de su santidad no se atreverá a reconocerla plenamente. El problema psicológico de una parte y el social de otra, terminarán con la empresa benéfica de Halma. Y Nazarín es el encargado de anunciar a la fundadora cuál es el auténtico camino.

Correa habla de la «capacidad de videncia» (57) para explicar la espiri-

(54) Ib., 1810.
(55) Ib., 1829.
(56) Ib., 1847.
(57) G. CORREA, *Tradición mística y cervantinismo...*, 153.

tualidad de Nazarín. Si es cierto que algunos personajes religiosos de la novelística galdosiana están capacitados para señalar qué camino deben seguir
quienes les rodean, creo que en este caso se resuelve en una facultad plenamente natural de quien convive en una situación y llega a conocer los móviles
internos de las conductas y la suya propia. Aquellas consideraciones que hace
sobre la conducta de Halma, se las hace a sí mismo. Como dice Morón,
«pretender una Iglesia plenamente espiritual es un error de razón histórica» (58). Y así, aunque Galdós trata de explicar la unidad del primer Nazarín y el segundo, ya que precisamente su libertad es la base de la crítica
que ejerce sobre una fundación que se disputan las instituciones sociales, sin
embargo, esta afirmación suya significa la racionalización de su propio comportamiento y el que debe guardar toda forma de convivencia humana: «El
medio en que se vive... y se canta... algo ha de significar» (59).

Por otra parte, y esto es muy importante, no es menos cierto que san-
cione a las instituciones clásicas como inapropiadas para dar vida a esos
ideales: «La idea de dar a Pedralba una organización pública semejante a
la de los institutos religiosos y caritativos que hoy existen es un grandísimo
disparate» (60). Ni la Iglesia ni el Estado responden a esas exigencias que
deben realizarse «en una forma de absoluta libertad», sin «constitución ni
reglamentos», y por eso les recomienda un matrimonio que aquí significa
dos cosas: reducción de la religiosidad a un ámbito privado y superación
del celibato. Constata así la realidad de una santidad en familia, frente «al
ardor de una vida mística que sólo existía en su imaginación calenturienta,
capaz de generar pasiones incontroladas y patológicas». Es la denuncia de
los falsos misticismos que fuerzan una espiritualidad para la que no estaban
llamados y el establecimiento de una religiosidad plena dentro de un marco
secular, en el matrimonio: «Nada conseguirá usted por lo espiritual puro;
todo lo tendrá usted por lo humano. Y no hay que despreciar lo humano,
señora mía, porque despreciaríamos la obra de Dios, que si ha hecho nuestros corazones, también es autor de nuestros nervios y nuestra sangre» (61).

Se trataba, por tanto, de desenmascarar una falsa vocación (62) y la
ratificación de la libertad personal, pero aquí acaba la crítica de Pérez
Galdós. No estoy, pues, de acuerdo con la afirmación de Morón en el sentido de que «la solución de Nazarín a este conflicto no puede ser más

(58) C. MORÓN, o.c., 72.
(59) HA, 1860.
(60) Ib.
(61) Ib., 1862.
(62) «Esa idea de que yo me case me andaba rodando el alma, sin atreverse a
entrar en ella, porque la tenía ocupada por mil artificios de mi vanidad de santa ima-
ginativa y mística visionaria... (...) ¡Y el pobre José Antonio abrasado en un afecto
hacia mí, que yo interpretaba como agradecimiento muy vivo!» Ib., 1863. «Al fin comprende que debe llevarse la corriente de la vida por su cauce natural. Su determinación
resuelve de un modo naturalísimo todas las dificultades que en el gobierno de esta ínsula surgieron.» Ib., 1864.

deletérea desde el punto de vista católico» (63). En primer lugar porque soluciona el problema de acuerdo con los cánones católicos: devuelve al matrimonio (sacramento católico) la solución de una cuestión totalmente humana —el amor— que la Iglesia resuelve de la misma manera (64).

Es también significativo que esta actuación suponga el reconocimiento de su cordura por parte de la condesa y de don Remigio, el representante de la Iglesia en ese momento. El dictamen social necesario que ahora acepta su comportamiento —«no tengo inconveniente en darle de alta» (65), dijo el clérigo— es la expresión del orden alcanzado que culmina con la voluntad expresa de Nazarín de reingresar en la Iglesia: «Añadió el apóstol que su mayor gozo sería que le devolviesen las licencias para poder celebrar el santo sacrificio...» (66).

Galdós, por tanto, en esta novela no rechaza la vocación religiosa. Nazarín retorna a la Iglesia donde continúa el ejercicio de sus virtudes como fermento de cristianismo puro para los clérigos seculares que ejercitaban la caridad con el avieso deseo de extender el reinado temporal de la Iglesia. Es el pequeño cambio que Galdós propugna en favor del equilibrio que el novelista plantea en cada una de sus novelas a modo de moraleja, como imprescindible para la buena marcha social, ateniéndose a las normas dictadas de antemano por la Naturaleza donde cada realidad tiene su puesto. El desequilibrio acaece cuando se rompe la normatividad, cuando lo religioso invade el campo de los instintos o pretende imponer una visión unívoca de la realidad. Pero tampoco niega la Iglesia: Nazarín, el aspirante a revolucionario místico, es al final juez con capacidad de distinguir lo que pertenece a la Iglesia y aquello que cae fuera de su ámbito. La última afirmación de don Remigio significa el acatamiento por parte de la Iglesia —que casa a los cónyuges— del nuevo orden cosas: «Y así debe ser..., y así no tienen ustedes quebraderos de cabeza, ni que sufrir impertinencias de vecinos intrusos, ni el mangoneo de la dirección de Beneficencia o de la autoridad eclesiástica. Reyes de su casa, hacen el bien con libérrima voluntad sin dar cuenta más que a Dios...» (67).

6.   NATURALEZA Y SOBRENATURALEZA: EL PUESTO DE LO RELIGIOSO

Este «modo naturalísimo de solucionar el problema supone un avance respecto de *Angel Guerra* en la proximación a la problemática religiosa. Podríamos deducir, por una parte, la conclusión a que llega Pérez Gutiérrez:

---

(63) C. MORÓN, o. c., 73. Aunque después admite una posible interpretación católica, no la matiza adecuadamente.
(64) V. *Constitución «Lumen Gentium»* del Vat. II (Bilbao, 1965), 19.
(65) HA, 1866.
(66) Ib., 1865.
(67) Ib., 1866.

Galdós habría resuelto, según él, que «el valor de trascendencia espiritual y aun mística de las cosas, reside en ellas mismas» (68). Aun no siendo ilógica ésta, no me atrevo a decir que sea absolutamente cierta como finalidad expresa del autor. Faltan elementos de juicio para asegurar las relaciones inmanencia-trascendencia en *Nazarín* y *Halma,* al menos como pretende Pérez Gutiérrez; cuando el asunto podría estar más claro no falta algún elemento perturbador. Ahora bien, sí podemos señalar que Galdós comienza a dejar constancia de un adogmatismo religioso que se hará más evidente en *Misericordia.* La búsqueda del auténtico sentido de las cosas le lleva a rechazar aquello que considera artificioso y a reafirmar la validez de cada realidad por sí misma, incluso como la auténtica dimensión religiosa de las cosas sin falsos sobrenaturalismos, como dice a continuación Pérez Gutiérrez refiriéndose a Teilhard. Más bien creo que adelanta algo que se ve llegar en Galdós y que hará más evidente en *Misericordia* cuando se despreocupa del problema eclesiástico-clerical y aborda el problema de forma más abierta.

Sí está más clara una última cuestión: el puesto en que sitúa a lo religioso en el concierto de fuerzas, que viene a ser, al mismo tiempo, una definición de su naturaleza. Se apunta ya una reducción a la esfera privada y un despojamiento de sus quehaceres mundanos, entre ellos uno que tenía particular importancia: la beneficencia. Las novelas que hemos visto buscan, primero, la posibilidad de una vuelta a la caridad primitiva, espontánea; al no considerarla viable la reduce al ámbito individual en unos personajes mientras que otros se insertan en la Iglesia pero con un espíritu nuevo, diferente del oficialismo reinante: son los casos de Leré y Nazarín.

La última actuación del clérigo manchego, supone, además, que su espiritualidad ha sido puesta al servicio de las personas necesitadas, pero no económica sino personalmente. Es decir, como guía espiritual que busca una dimensión personal para las acciones del hombre, al margen de contenidos económicos. Probablemente una dimensión más auténtica para la caridad que en el orden de la beneficencia había sido sustituida por la vanidad o el amor propio.

---

(68) F. PÉREZ GUTIÉRREZ, o. c., 252.

V. EL AMOR EN SU DIMENSION RELIGIOSA. LA PRESENCIA DE DIOS

1. Planteamiento

Misericordia se sitúa, dentro de la producción galdosiana, en un lugar que nos indica la madurez artística del autor canario. En esta madurez confluyen una técnica novelística depurada donde los personajes conviven sin las tiranteces que su carga simbólica les imponía en otras ocasiones y un pensamiento que ha encontrado una visión penetrante de la realidad; la espiritualidad dimanante de su protagonista es al mismo tiempo la culminación y la profundidad del naturalismo. La expresión de cómo el artista tiene por misión detectar las significaciones trascendentes que esconde la realidad sensible o desentrañar el sentido profundo que la realidad encierra.

Esta misión exige el acercamiento a las cosas y a las personas tal como son y a este aspecto responde la descripción del submundo madrileño que Galdós observa durante meses: «En *Misericordia* me propuse descender a las capas ínfimas de la sociedad matritense describiendo y presentando los tipos más humildes, la suma pobreza, la mendicidad picaresca o criminal merecedora de corrección» (1). La novela, como dice después el autor, se halla aún ligada a los materiales recopilados para la composición de *Fortunata y Jacinta,* y significa la maduración de un período novelístico en el cual personajes, lugares y acontecimientos han sido observados desde distintas perspectivas hasta lograr una visión no sólo externa sino sobre todo interior. Así el arte propicia la observación de niveles de realidad que trascienden lo factual y donde la minuciosidad se pone al servicio de la integración. En esa dimensión de totalidad lo grande y lo pequeño se confunden y se alteran no pudiendo responder a criterios cuantitativos; la imaginación engendra obras más reales que la razón económica y el poderío del mundo interior se manifiesta en su auténtica dimensión.

Pérez Galdós da una respuesta a sus planteamientos anteriores, al eterno idealismo de Don Quijote y a los problemas del ser religioso, al poder de la realidad y a lo inocuo de la caridad material. Al propio tiempo esta bidimensionalidad idealismo-realismo que rige la estructura novelística opera

---

(1) B. Pérez Galdós, *Prefacio a «Misericordia»* (Madrid, 1913).

con el suficiente dinamismo como para lograr ese equilibrio ordenado que Galdós expresa como conclusión en todas y cada una de las novelas de esta época, aunque su interpretación sea diversa. Las variantes que *Misericordia* ofrece están en función del mundo en que opera, de acuerdo con la tendencia de un Galdós que se acerca al pueblo en busca de unos valores que la burguesía no supo hallar salvo reducidos grupos que podemos entroncar con el mundo institucionista-krausista, limitado pero fecundo.

Esta tensión creada puede, como siempre que se plantea este tema, hacer posible una doble interpretación de la novela que trataremos de matizar sopesando los elementos antitéticos de acuerdo con la mentalidad de Galdós y el momento histórico de la novela y clarificar la dificultad que entraña la interpretación de *Misericordia,* donde Galdós ofrece una visión compleja de la realidad. Una realidad creada simultáneamente por unas estructuras objetivas de carácter social, económico o político que funcionan de acuerdo con su propia dinámica histórica, y la capacidad del mundo interior del hombre, que muchas veces intenta cambiar la lógica de los acontecimientos y si no logra transformar la marcha de la historia sí puede, al menos, dar un sentido diferente a su entorno. Cambio apenas visible a los sentidos pero perceptible a la conciencia. que logra así un protagonismo que personaliza y humaniza la misma realidad.

En *Misericordia* queda reasumida la problemática sociorreligiosa que había planteado en las novelas anteriores. La diferencia más notable, en cuanto al planteamiento, está en un distanciamiento de la plataforma en que había situado hasta este momento el tema: Benigna, la protagonista, es seglar, sin vinculaciones eclesiásticas. Galdós parece querer recuperar una perspectiva diferente, más flexible, sin la necesidad de una respuesta inmediata a cuestiones doctrinales ya legisladas. El mundo clerical apenas hace acto de presencia si exceptuamos a don Romualdo, el sacerdote inventado por Benigna, que resulta coincidente con la realidad. Creo que este hecho, al margen del significado que tiene en su relación con la protagonista y que después explicaremos, no pasa de ser una interpretación a las coordenadas de la época dentro de las cuales la beneficencia está vinculada al clero. Precisamente, la caridad ejercida por Benigna muestra sus diferencias con la beneficencia pública. La novela, además, comienza su acción de puertas para afuera de la iglesia de San Sebastián donde sitúa «la cuadrilla de miseria que acecha el paso de la caridad, al modo de guardia de alcabaleros que cobra humanamente el portazgo en la frontera de lo divino, o la contribución impuesta a las conciencias impuras, que van a donde lavan» (2).

Esta posición significa un tratamiento más libre y más cotidiano. Benigna es una mujer de la calle, en el sentido correcto de la expresión, sin ningún tipo de representatividad institucional salvo las expectativas y costumbres de su clase social marginada. Por otra parte, aunque persisten las referencias

(2)   MIS, 1871.

bíblicas, como ha estudiado Schraibman, sin embargo, desaparece su influencia como falsilla de la novela, tal como sucede en *Nazarín*. Estas connotaciones dan a la novela un margen de realismo y una libertad importantes, que repercute claramente en los resultados.

Es preciso señalar que en *Casandra* encontramos aspectos completamentarios pero imprescindibles para configurar el pensamiento religioso de la obra galdosiana durante este período. Aunque escrita ocho años después concluye los temas elaborados durante la última década del XIX e incluso, como ha señalado Casalduero, recupera la problemática de su primera época. De esta novela nos interesan sobre todo algunos aspectos relacionados con el personaje de Rosaura más que todo lo referente a un fanatismo religioso, añejo en la propia novelística galdosiana. Tanto Benigna como Rosaura suponen la superación de la intolerancia religiosa y la expresión de la autenticidad. En este sentido cierran el esquema doctrinal religioso del liberal Benito Pérez Galdós.

Acerca de las técnicas literarias empleadas por Galdós en *Misericordia*, me remito al estudio de Luciano García Lorenzo (3); es necesario recordar solamente el juego galdosiano con dos planos de realidad simultáneos: «El entrecruzamiento de planos de la realidad soñada o inventada con los de la realidad concreta —dice Correa—, y su fusión final con esta última constituye, así, la característica particular del mundo novelesco de *Misericordia*» (4). Esta técnica no sólo permite contraponer o mezclar y hasta hallar los elementos integradores de un orden superior, sino también diseccionar las ilusiones vanas o enfermizas y las acciones impersonales o carentes de significado. Desde esta perspectiva dual el sueño es real y generador de realidad, donde la justicia imaginada es la idea ejemplar de su existencia positiva. El hombre se convierte así en el creador de las propias realidades, el que hace posible un estado de cosas u otro con su quehacer organizado, razonable... y con su espíritu, con su conciencia, mediante la cual su actuación se diferencia del resto de los seres.

2. SIGNIFICADO SOCIAL Y RELIGIOSO DE LA CARIDAD

Galdós nos presenta a Benigna como uno de los mendigos que buscan los donativos de los asistentes a San Sebastián, pero diferenciada del resto por su carácter afable y su comportamiento siempre correcto:

«... era la más callada y humilde de la comunidad, si así puede llamarse; bien criada, modosa y con todas las trazas de perfecta sumisión a la divina voluntad. Jamás importunaba a los "parroquianos" que entraban o salían; en los repartos aun siendo leoninos,

(3) L. GARCÍA LORENZO, o. c., 29-39.
(4) G. CORREA, *Realidad, ficción y símbolo en las novelas de Pérez Galdós* (Madrid, 1977), 216.

nunca formuló protesta, ni se la vio siguiendo de cerca ni de lejos la bandera turbulenta y demagógica de "la Burlada". Con todas y con todos hablaba el mismo lenguaje afable y comedido; trataba con miramiento a la Casiana, con respeto al Cojo, y únicamente se permitía trato confianzudo, aunque sin salirse de los términos de la decencia con el ciego llamado Almudena...» (5).

Su dimensión humana se muestra en su afición a la sisa —«la más intrépida sisona de Madrid»— y en una ligera tendencia a la superstición, fruto de la miseria que le hacía esperar cada día el milagro. Sin embargo, su humanidad pobre encierra un espíritu desbordado, generador de realidades pequeñas socialmente consideradas pero enormes en su dimensión personal. Su fuerza interior supera la mezquindad de una sociedad caduca, empobrecida económica y espiritualmente en aras de la paranoia. En Benigna personifica Galdós el ejercicio de la caridad en su máxima pureza dando un sentido religioso a su mendicidad: asistemática como es el puro ideal, no pertenece a ninguna institución, sino que, encarnada en su realidad social, ejerce la caridad de igual a igual: la limosna recibida sirve de consuelo a otros necesitados. Cuando abandona una casa rica para apoyar a su ama empobrecida rememora a Cristo según las palabras de San Pablo: «Pues conocéis la gracia de Nuestro Señor Jesucristo que siendo rico se hizo pobre por amor nuestro, para que vosotros fueseis ricos por su pobreza» (2 Cor. 8, 9-10). Usa de todas sus facultades para ejercer la caridad: sueña, imagina, recrea, rompiendo en su conciencia todas las leyes artificiosas, macroeconómicas, que deshacen y destruyen a grandes contingentes de hombres. Pero, como sucedía con Nazarín, su actuación es objeto de controversia: ¿sisona u honrada? Una interrogante que no tiene respuesta clara en los juicios de las gentes que desde su mezquindad se preguntan, haciendo confesión tácita de hipocresía por la moralidad de Benigna.

Esta caridad, expresión mendicante de quien, aun no teniendo, ofrece a quienes tienen menos, se opone de forma radical a quien ofrece metódicamente, de acuerdo con su libro de cuentas (6). Benigna es una mendiga que pide para quien se ha empobrecido y en esto se muestra radicalmente desprendida. Sin embargo, es muy difícil de precisar si puede darse una interpretación católica a su caridad como virtud teologal. Ciertamente Galdós admite una dimensión religiosa en la caridad de quien pide limosna de forma absolutamente generosa y desprendida frente a la caridad oficial, llena de connotaciones artificiales. El problema es aplicar el triángulo prójimo —Dios—,

---

(5) MIS, 1876.
(6) Don Carlos apuntaba las limosnas que daba, los sufragios que ofrecía: «¿De modo —dice Benigna— que el señor apunta las perras que nos da a los pobres de San Sebastián?
Día por día —replicó el anciano con orgullo—, moviendo más la cabeza. Y puedo decirle a usted, si quiere saberlo, lo que he dado en tres meses, en seis, en un año.» MIS, 1899-1900.

prójimo que supone una aceptación consciente por la fe de una dimensión trascendente según la cual, y como señala Correa, quien parece admitir claramente que este ciclo se cumple en la novela, «dar limosna es un merecimiento a los ojos del Señor» (7). La clave puede estar en la afirmación de Benigna, según la cual expresa su confianza en Dios y su conciencia de que cumple su voluntad cuando lucha por la subsistencia de cada día. Expresiones como estas: «... y sé que Dios me ha puesto en el mundo para que viva...» (8); «todo es de Dios» frente a «las cosas son del que las tiene» (9) muestran una confianza que parece reafirmar una visión trascendente que, sin embargo, se oscurece tras un suave barniz supersticioso que ya antes hemos mencionado, y según el cual, ese Dios estaría en la base de su deseo permanente por solucionar milagrosamente su situación miserable (10).

Por otra parte, Galdós hace un quiebro al problema al valerse de un recurso estético consistente en la creación imaginaria de don Romualdo para el cual trabajaría Benigna, y así guardar la honra de su señora. Con ello el significado de esa mendicidad amorosa se transforma en un caso de necesidad social. Cuando al final Galdós da vida real a esa imagen que estabilizará la economía, está probando el puesto que ocupaba la caridad de Benigna.

Galdós, pues, tampoco en esta novela se plantea teológicamente la existencia del ideal caritativo aunque aparentemente no falte ningún elemento para que lo parezca. Como sucede en las novelas anteriores, *Misericordia* vuelve a situar el tema de la caridad en un plano sociológico para así poder establecer una comparación entre los diversos modos de ejercerla y, además, situarla en el puesto adecuado una vez que ha establecido las sucesivas relaciones. Benigna, por tanto, es la caridad encarnada en un personaje humano que responde plenamente a las exigencias igualmente humanas de aquélla, donde las semejanzas con la persona de Cristo sitúan religiosamente el tema; pero no veo una dimensión trascendente, tal como señala Correa. Sitúa el espíritu evangélico de la caridad, «la pura caridad —dice Pérez Gutiérrez— que se ignora a sí y ama como respira» (11), en medio de la sociedad y con ello muestra sus posibilidades y su auténtico sentido que destruye las apariencias de las formas oficialistas, para después establecerse como un verdadero amor que tiene capacidad de redimir a los semejantes al margen de las reglas establecidas.

(7) F. Pérez Gutiérrez, o. c., 202.
(7) MIS, 1886.
(9) Ib.
(10) Se me hace problemático admitir que Dios equivalga exclusivamente a Humanidad, como pretenden Bleznick y Ruiz, pues el término supone un filosofismo lejano a Benigna. Sí puede aceptarse un humanitarismo que alcanza dimensión religiosa aunque no teologal, en pro del desprendimiento máximo de quien ejerce la caridad. V. Bleznick y Ruiz, o. c., 474.
(11) F. Pérez Gutiérrez, o. c., 252.

Benigna se hace mendiga para socorrer a quien se ha empobrecido (12) a causa de a mala administración. También ha de ayudar a los hijos que, nacidos de una generación desordenada, ellos mismos habían venido a padecer diversos tipos de perversidad o patología mental que les conducía a devaneos románticos desusados, como sucede a Obdulia (13); o bien su falta de inteligencia les impide salir de la pobreza como acaece con Antonio. Generaciones que habían perdido su puesto histórico, sin conciencia de su misión social y sin posibilidad de autorregeneración. Ni siquiera las medidas administrativas de don Carlos sirven ya para nada: «La locura de mi pariente —dice doña Paca— es arreglarlo todo con números...» (14); frente a esta actitud ofrece Benigna su entrega generosa y desinteresada: «... no hay que reparar en si apunta o no apunta para socorrerla» (15).

Ahí están esquemáticamente señaladas dos posturas principales: la administración despersonalizada, basada en la matemática del número pero que impide el establecimiento de relaciones humanas y esa otra actitud idealista, que frente a la economía planificada ofrece la generosidad del desprendimiento. La limosna presenta así una dimensión diferente frente al dinero que circula movido por las leyes económicas; y la existencia paralela de ambas transacciones nos remite a dos niveles de realidad diferentes y dos formas de conducta.

Así, la mendicidad de Benigna es el signo de su generosidad ante la miseria de su ama: «No vio más arbitrio para continuar la lucha que poner su cara en vergüenza saliendo a pedir limosna» (16); cada moneda de la colecta es la fuerza de su espíritu frente a las leyes macroeconómicas que la oprimen y si no puede cambiar la estructura social «de este desarreglado mundo», al menos sueña con todas sus fuerzas en poder quitar algo a los ricos: «Amos, la mitad que fuera, para repartirlo entre tantos pobrecitos que perecen de hambre! (...), ¿por qué no ha de haber otros reyes de "ilusión", que vengan al socorro de los ancianos, de las personas honradas que no tienen más que una muda de camisa, y de las almas decentes que no se atreven a salir a la calle porque deben tanto más cuanto a tenderos y prestamistas?» (17). ¿Por qué no pueden hacerse reales los sueños? La fuerza del mundo está en la imaginación de quienes no han creído en la lógica y así ella dialoga «con las astillas y los carbones» mientras busca la fórmula para luchar contra la miseria de quienes se evaden de ella también mediante la imaginación.

(12) Doña Paca es un ejemplar de esa burguesía venida a menos, una persona más de esos ejemplos sin número que nos ofrecen las poblaciones grandes: «... en su propio ser desde el nacimiento llevaba el desbarajuste de todas las cosas materiales (...) su cabeza no era buena para esto ni para el gobierno de la vida, que es la seguridad de vista en el orden moral.» MIS, 1887.
(13) Véase su retrato. MIS, 1890-3.
(14) Ib., 1920.
(15) Ib., 1899.
(16) Ib., 1895.
(17) Ib., 1903.

Galdós aporta aquí dos funciones muy diferentes de la ilusión: Benigna busca en ella las fuerzas necesarias para combatir la realidad, para enfrentarse con una cotidianidad mísera y poder remediarla aunque sea en busca en grado mínimo; mientras Frasquito y Obdulia, esa burguesía venida a menos, busca en la ilusión una forma de evasión, de desprendimiento de la realidad que les conduzca a un mundo de placeres y dichas, inexistentes a otro nivel. Sin duda, la pobreza de éstos es aún peor, porque ni siquiera tienen fuerzas para afrontarla; Benigna, que nunca conoció otra situación, ayuda a quienes en otros tiempos dilapidaban una fortuna que para nada se acordó de ella. Es más, incluso hubo de poner sus ahorros al servicio de estas fortunas desaparecidas.

Seguramente pueden observarse ciertas connotaciones de carácter burgués que dejan ver la mentalidad del autor y que, posteriormente, se harán más palpables. Frente a los embates de los movimientos proletarios, que buscaban la superación de la burguesía, está aquí la creación de un personaje oprimido cuya caridad no entiende de clases. Es el espiritualismo puro como salvación social frente a la lucha de clases que vendría a realizar una utópica igualdad social como fruto del desprendimiento, capaz de aguantar el desprecio de recibir para poder tener la satisfacción de dar.

3. CARIDAD COMO FORMA DE SER

Desde este punto de vista ella sería la mujer de promisión que Nazarín apuntaba; guía hacia la nueva Edad de Oro religiosa y, sin embargo, no se libra de los envites hipócritas de la sociedad. Y así, mientras Frasquito llega a considerarla como una «personificación de la Providencia, según la entendían y la entienden los pueblos antiguos y modernos» (18); mientras su ama en una ocasión reconoce que se desvive por los demás y se olvida de sí misma y del alivio de su cuerpo (19), no puede evitar la envidia y los celos que se ciernen sobre ella.

Esta actitud no mina su manera de ser, se comporta siempre amorosamente y no reacciona ante las manifestaciones clasistas: «Nadie reconoce como yo —dice doña Paca —tus buenas cualidades, porque las tienes; pero hay que ponerte siempre a distancia, no dejarte salir de tu baja condición, para que no te desmandes, para que no te subas a las barbas de los superiores» (20). Ejerce, pues, la pasividad absoluta y la predica con su comportamiento hasta ratificar que la caridad no es algo que se ejerce, sino una forma plena de ser y entender la realidad que busca a todos los niveles la manera de socorrer a los demás, de convertir el amor en código exclusivo

(18) Ib., 1915.
(19) Ib., 1921. «Benigna es un ángel —se permitió decir tímidamente—; es un ángel, palabra de honor.» Ib., 1960.
(20) Ib,. 1938.

de las relaciones humanas y la limosna en una pequeña esperanza de igualdad social siempre incumplida e irrealizada. Personajes como Benigna mantienen toda su fuerza interior, todo su espíritu prometeico para convertir
en realidad los deseos y las esperanzas, para fundir en un solo plano el pensamiento y la realidad. Y así muestran cómo la realidad está incompleta sin
ese período interior. Cuando la política es incapaz surge la capacidad del
sueño milagroso de aquella persona cuyo amor le lleva a suplir los fallos
sociales en virtud de su conciencia, que aun de forma inconsciente participa
en esta misión de los atributos divinos y alcanza así una dimensión religiosa:

> «Los sueños, los sueños, digan lo que quieran —manifestó Nina—,
> son también de Dios; ¿quién va a saber lo que es verdad y lo que
> es mentira?
> (...) Yo hago caso de los sueños, porque bien podría suceder, una
> esperanza, que los que andan por allá vinieran aquí y nos trajeran
> el remedio de nuestros males. Debajo de tierra hay otro mundo, y
> el que toque está en saber cómo y cuánto podemos hablar con los
> vivientes soterranos. Ellos han de saber lo mal que estamos por
> acá, y nosotros soñando vemos lo bien que por allá lo pasan...
> No sé si me explico..., digo que no hay justicia, y para que la
> "haiga", soñaremos todo lo que nos dé la gana, y soñando, un suponer,
> traeremos acá la justicia» (21).

En este sentido no importan los errores producidos por la ignorancia,
el «primitivismo ingenuo» (22) que desemboca en un ritualismo igualmente
primitivo, carente de la organización que rige una relación positiva, estructurada en preceptos como elementos de un plan preconcebido de acuerdo
con la revelación divina. «Benigna, a pesar de sus invocaciones retóricas a
Dios, favorece la espiritualidad de un humanismo poco conceptualizado y
grandemente intuido» (23).

Galdós ha creado un personaje fluctuante, en la frontera de lo divino
y lo humano, situado entre la realidad y el misterio. Benigna está al margen
de intereses y formalidades, capaz de inventar una forma de caridad donde
el dinero no es necesario, e igualmente capaz de sentir miedo y preocupación
aun después de desvivirse por los demás: «Señor don Romualdo, perdóneme
si le he inventado. Yo creí que no había mal en esto. Lo hice porque la
señora no me descubriera que salgo todos los días a pedir limosna para
mantenerla» (24).

A la locura de los números, opone la locura del amor. Por eso la com-

(21) Ib., 1930.
(22) D. BLEZNICK y M. RUIZ, o. c., 488. «... se manifiesta —dicen a continuación—
en el ritualismo por el que, como en toda religión en infancia, se trata de ordenar la
vida como expresión espontánea y mágica del instinto.»
(23) Ib.
(24) MIS, 1953.

paración con Guillermina Pacheco es parcial e incompleta. Esta responde a unos esquemas burgueses de la caridad como paliativo externo de una situación injusta y exponente de una buena conciencia necesaria para sobrellevar ese estado de cosas. Su actuación (que conocemos a través de *Fortunata y Jacinta)* muestra divergencias con su fe, supone una limitación insalvable para su pretendida santidad y la sitúa en un plano de ambigüedad donde creencia y caridad no se corresponden. Es, pues, la dimensión exterior de la caridad que, puesta al lado de Benigna, muestra su pequeñez. Gullón ha expuesto muy acertadamente esta situación:

> «Cuando más adelante (1897) Galdós escriba *Misericordia* ofrecerá en Benigna, tan santa vista de fuera, una encarnación vivísima, extremadamente individualizada de la caridad. Y bastará evocarla junto a Guillermina para advertir la enorme distancia que media entre la caridad y las actividades sociales encaminadas a preservar un sistema injusto corrigiendo los que se consideran sus abusos más flagrantes, es decir, las injusticias que pueden herir y sorprender a ciertas almas delicadas, como Justicia, que para vivir necesita del lujo complementario de una conciencia tranquila» (25).

Benigna, en cambio, pertenece al ejército de miseria, «pobre como ellos, que vivía de limosna, y se las gobernaba como podía para mantener a los suyos. Habíala hecho Dios generosa, eso sí; y si algo poseía, y encontraba personas más necesitadas que ella, le faltaba tiempo para desprenderse de todo..., y tan contenta» (26). Ahí tenemos, pues, una definición de la caridad como forma de ser y de vivir —caridad por dentro— frente a la caridad paternal y artificiosa de quien la ejerce sin necesitarla o lo hace de forma racional, es decir, sin que tenga consecuencias de raíz en su modo de ser y de vivir, sin un compromiso real con aquellos a quienes socorre puesto que no hay identificación personal ni social. Y, por último, cabe en este esquema la caridad «profesionalizada» de los clérigos.

El mismo título de la novela alcanza a enfrentar estas dos formas: la Benigna misericordiosa —que es misericordia— y la casa de Misericordia que recoge a todos los marginados de un sistema económico que engendra la marginación y, al mismo tiempo, sabe donde situar a esos marginados. Benigna se implica en su compromiso: «Tenía, pues, sobre sí la heroica mujer carga demasiado fuerte; pero la soportaba, y seguía con tantas cruces a cuestas, por la empinada senda, ansiosa de llegar, si no a la cumbre, a donde pudiera. Si se quedaba en mitad del camino tendría la satisfacción de haber cumplido con lo que su conciencia le dictaba» (27). Como punto de referencia don Romualdo es descrito como «tolerante con las flaquezas humanas, caritativo, misericordioso, en suma, con los procedimientos metódicos y el

---

(25) R. GULLÓN, *Técnicas de Galdós* (Madrid, 1970), 216.
(26) MIS, 1949.
(27) Ib., 1952.

buen arreglo que tan bien se avenían con su desahogada posición» (28); y esas cualidades tienen su expresión en su puesto de mayordomo en la casa de Misericordia, asediado por la calle por mendigos «importunos» que buscan su recomendación. «Podríamos creer —añadió— que es nuestro país inmensa gusanera de pobres, y que debemos hacer de la nación un asilo sin fin, donde quepamos todos, desde el primero al último. Al paso que vamos, pronto seremos el más grande hospicio de Europa» (29). De acuerdo con su mentalidad, estas palabras encierran en el contexto de la novela la tremenda ironía que resulta de la comparación con la caridad de Benigna.

4. CARIDAD Y LEGISLACIÓN SOCIAL

Cuando la «señá Benina» cae presa de la policía en una de sus redadas para retirar a los mendigos y mientras sufre —«su dolor llegaba al frenesí»— (30) porque su ama y Frasquito no tendrían qué cenar aquella noche, don Romualdo es el encargado de comunicar a doña Paca el anuncio de la fortuna en forma de herencia. Este hecho es crucial en el desarrollo de la novela y plantea dificultades de interpretación. Precisamente es un clérigo el encargado de comunicar la realización de ese «milagro» económico como lo era cada vez que comunicaba a algún mendigo que tenía puesto en la Misericordia. Nada más normal, socialmente considerado, que sea un sacerdote el albacea de la misericordia. Ahora bien, como producto objetivado de la imaginación de Benigna, metafóricamente hablando, adquiere vida personal y propicia el advenimiento de consecuencias no previstas con anterioridad: esa fortuna, que de alguna forma es obra suya, se volverá contra ella.

Por otra parte, el anuncio de don Romualdo significa la resurrección de esa clase burguesa decrépita que Benigna había ayudado a sobrevivir con su esfuerzo caritativo pero a quien no había logrado dar una base económica adecuada para su resurgimiento. En este sentido, la caridad se afirma como criterio válido temporalmente en un momento crítico, pero limitado de raíz como programa económico; la clase media aparece nuevamente en la mentalidad de Galdós como imprescindible y, por tanto, recuperable. Basta, además, este ascenso social para olvidar al benefactor de inferior condición: «A doña Paca le caía un hilo de lágrimas de cada ojo, y no acertaba a proferir palabra, ¡cuál sería su emoción, cuál es su sorpresa y júbilo, que se borró de su mente la imagen de Benigna, como si la ausencia y pérdida de ésta fuese suceso ocurrido muchos años antes!» (31). Y si bien posteriormente la recuerda, no se compromete en los momentos difíciles. Adopta con Benigna una posición semejante a la que hemos denominado oficialista.

(28) Ib., 1959.
(29) Ib., 1961.
(30) Ib., 1954.
(31) Ib., 1957.

Cuando existe esa nueva base económica hace acto de presencia Juliana, nuera de doña Paca y mujer que encarna las virtudes del pueblo. Emparentada con la clase media por uno de esos matrimonios que Galdós describe con abundancia, recuerda las características de Cruz, personaje de *La loca de la casa,* en cuanto personifica el orden, la razón y la voluntad frente a la insensatez y el capricho. En honor a estas virtudes dirige a la familia con mano de hierro y busca sobre todo la eficacia; «maestra en el orden gobernar», domina las voluntades de sus dirigidos con su personalidad recia de sus modales ordinarios.

Y la eficacia será la que rechace a Benigna como caduca, aunque reconzca su bondad: «Es muy buena, pero ya está caduca, mayormente, y no le sirve a usted para nada» (32). Su sitio está en la Misericordia, donde no le faltará de nada. La burguesía necesita de organización, y Juliana, según la opinión de Casalduero, «representa la razón contra la insensatez, el Derecho, pilar de la sociedad...» (33). Frente a ella la singular Benigna no tiene argumentos que oponer, no puede ir contra lo establecido: «No pases, no entres; quédate ahí, que nos vas a poner perdidos los suelos, lavados esta tarde...» (34).

De nuevo la caridad ejercida al margen de toda regla, tan sólo de acuerdo con la propia conciencia, es rechazada en una sociedad estructurada legalmente que lo más que hace es asegurar su supervivencia material.

Esta actitud lleva a Benigna a replantear su situación: «¡Qué ingratitud, Señor!... ¡Oh mundo..., oh miseria! Afrenta de Dios es hacer el bien...» (35). Estas palabras de Benigna son simplemente el reconocimiento de un fracaso pero, además, significan el equilibrio que se establece entre inteligencia y voluntad cuando hasta ahora siempre ésta había ido por delante: nunca había juzgado una situación, se había limitado a afrontarla de acuerdo con sus propios criterios. Era, como han señalado Bleznick y Ruiz, el espíritu prometeico que se sabía seguro, que se nutría «del amor por la vida como actividad constante, y del amor al prójimo como expresión personal» (36), sin necesidad de someterse a ninguna regla. Pertenece, pues, a esa élite selecta que supera la historia de cotidianidad, donde el orden y la normalidad tienen fundamental importancia. Su vida había sido toda ella una excepción y, por tanto, sólo un arquetipo que sobrevive en la conciencia de los hombres de todos los tiempos y lugares pero sin traducción en el orden social. Y es precisamente la actitud de los guardias que la apresan como a una más de los mendigos y la llevan al depósito de mendicidad de donde su voluntad

(32) Ib., 1970.
(33) J. CASALDUERO, o. c., 133. Galdós la describe como expresión de la Naturaleza: «Era Juliana, mujer sin principios, que apenas sabía leer ni escribir, pero que había recibido de la Naturaleza el don rarísimo de organizar la vida y regir las acciones de los demás.» MIS, 1982.
(34) MIS, 1974.
(35) Ib., 1976.
(36) D. BLEZNICK y M. RUIZ, o. c., 487.

no puede sacarla la que le hace ver la existencia de una voluntad superior
a la suya: la Sociedad. Siempre, pues, la Sociedad es omnipresente en la
obra galdosiana tal como Benigna ahora la conoce:

> «... y, por un lado, sacamos el provecho de tomar el aire y de ver
> cosas nuevas; por otro, sacamos la certeza de que todo es lo mis-
> mo, y que las partes del mundo son, un suponer, como el mundo
> en junto; quiere decirse, que en dondequiera que vivan los hom-
> bres, o verbigracia, mujeres, habrá ingratitud, egoísmo y unos que
> manden a los otros y les cojan la voluntad. Por lo que debemos
> hacer lo que nos manda la conciencia y dejar que se peleen aquellos
> por un hueso, como los perros; los otros por un juguete, como los
> niños, o éstos por mangonear, como los mayores, y no reñir con
> niños, o éstos por mangonear, como los mayores, y no reñir con nadie,
> y tomar lo que Dios nos ponga delante, como los pájaros...» (37).

Sin embargo, la pérdida del protagonismo no la lleva a la destrucción.
Sin un mal gesto decide marchar y pedir limosna para el ciego Almudena
que ha contraído la lepra: «Sentíase victoriosa después de haber perdido la
batalla en el terreno material» (38). Juliana la encontró «en buenas apariencias de salud, y además alegre, sereno el espíritu, y bien asentado el cimiento de la conformidad con su suerte» (39), cuando ella misma era presa
de una monomanía histérica y la misma doña Paca estaba muy desmejorada.
Su despotismo —el de Juliana— había impuesto el orden y la degradación
de la dignidad humana por su autoritarismo rígido que impedía la libertad
personal. Y si Galdós ha pulido el protagonismo caritativo de Benigna hace
ahora lo mismo con el liderazgo legislativo de Juliana. El mal se asienta en
su mente, «esa melancolía negra, pesada, fúnebre» y acentúa progresivamente su degradación hasta hacerla —dice el narrador— más tirana, «mal ha-
blada, grosera, insoportable». Está incapacitada para distinguir entre su
imaginación y la realidad: «Por fin sus monomanías histéricas se condensa-
ron en una sola, en la idea de que los mellizos no gozaban de buena salud.
De nada valía la evidencia de la extraordinaria robustez de los niños» (40).

Algo en realidad semejante a la sensación que Benigna había sentido:
«Extraña confusión y mezcolanza de lo real y lo imaginado» (41); y si Benigna había conocido la realidad por mediación —«no puedes entrar»—
hasta culminar en una conciencia clara es ahora Juliana quien tras una enfermedad similar accede al equilibrio. Y Benigna es protagonista de este
proceso. Su concepción absolutista del orden anulaba la libertad y era, por
tanto, inviable, tan «imaginaria» como lo había sido la caridad-libertad de
Benigna. Esta, con su perdón, reconcilia a Juliana con la Humanidad: «No

(37) MIS, 1980.
(38) Ib., 1979.
(39) Ib., 1983.
(40) Ib.
(41) Ib., 1951.

llores..., y ahora vete a tu casa, y no vuelvas a pecar» (42). Ambas quedan realizadas plenamente.

Esta dimensión que encontramos al final de *Halma* se vuelve a hacer presente aquí como expresión de ese equilibrio que Galdós busca una y otra vez. Si la caridad de Benigna podía conducir a una situación de tiranía basada en una voluntad individual que se resuelve en una libertad indiscriminada y anárquica, no es menos cierto que Juliana apunta al absolutismo impersonal. Ambas posturas debían ser superadas y recuperadas en lo que de positivo tenían: libertad y moralidad por parte de Benigna, ley y orden en Juliana.

La dialéctica armónica exige un equilibrio donde libertad y orden se muestren en dosis justas con la exigencia de situar cada componente de la realidad en supuesto natural.

En este sentido hemos afirmado el amor como dimensión religioso-moral que culmina en el perdón gratuito, sin necesidad de justificación jurídica y podemos señalar, siendo fieles al pensamiento galdosiano, cómo Benigna encarna así la forma de religión en que Galdós cree. Existe una identificación con Cristo en la conformación de sus acciones, que fueron expresión del amor y del perdón por encima de cualquier otra necesidad. Siempre que el comportamiento del hombre responda al amor y al perdón como formas de convivencia, se identifica con Cristo y se hace portador de valores religiosos. La Iglesia no es rechazada, Benigna reconoce que don Romualdo es un santo y su presencia permanece, pero la institución cada vez se difumina más en la novelística de Galdós: Benigna se mueve fuera del ámbito eclesiástico a diferencia de Leré, Angel Guerra y Nazarín (fuera no es contra, como muchas veces ha sido interpretada la obra de Galdós) y soslaya los problemas de ortodoxia eclesiástica para presentar un personaje «del más puro carácter evangélico», según las palabras del mismo autor (43), con lo que directamente mantiene la posibilidad de existencia religiosa al margen de la Iglesia como institución, por encima de la cual descubre el arquetipo del perdón, la rectitud y la serenidad de espíritu como expresión del amor que coadyuva a la convivencia humana.

5. AMOR COMO TOLERANCIA. LA PRESENCIA DEL DIOS UNIVERSAL

Es la segunda dimensión del amor de Benigna que se desarrolla en sus relaciones con el moro Almudena, oriental de procedencia, en quien la ceguera es predisposición para mejor conocer lo desconocido; capacitado, pues, para descubrir la bondad interior de Benigna sin tener que pasar por su

(42) Ib., 1984. De claro simbolismo evangélico. V. Jn. 8,11. Y con todo el espíritu evangélico como testimonio de pertenencia a los discípulos de Cristo.
(43) B. PÉREZ GALDÓS, Prefacio a «*Misericordia*».

fealdad exterior. Sus visiones juegan también un papel de anticipación, ya que cuenta cómo la parición del rey Samdai le dio a escoger entre un tesoro y una mujer bella, laboriosa y buena. Con él se decidió por lo segundo, le permitió verla en figura difuminada. Desde ese momento él la busca por toda la tierra. Es, pues, una anticipación de Benigna a la que llama «joya», y desde la primera vez que estuvo con ella advirtió que tan sólo ella era la mujer prometida. Esta pasión por Benigna crece a lo largo de la novela hasta adquirir la apariencia de una identificación mística. Se manifiesta tras unos días de penitencia para que su dios Adónai ablandara el corazón de la mujer amada. Cuando llega Benigna a verle, la recibe como visión angélica: «Tu ser com la zuzena branca... Com palmera del D'sierto cintura tuya..., rosas y casmines boca tuya..., la estrella de la tarde ojitas tuyas» (44).

La posesión espiritual de la mujer perfecta se realiza tiempo después en la visión de don Frasquito, a quien se le atribuían relaciones con Benigna: «Me acusan de un infame delito: de haber puesto mis ojos en un ángel, de blancas alas célicas, de pureza inmaculada. Sepan que yo respeto a los ángeles; si Nina fuese criatura mortal, no la habría respetado, porque soy hombre... (...) la Nina no es de este mundo..., la Nina pertenece al Cielo...» (45).

Galdós, que había planteado ya el tema del amor entre personas de distinta religión, lo sitúa ahora en un clima de utopía que, sin embargo, y como señala Casalduero, «con ser tan utópico, nos da una sensación de completa realidad: creemos en ese amor, queremos ese amor» (46) donde no se traiciona a Dios con la separación del fanatismo, sino que se le hace presente tras vencer las fuerzas irracionales que irreconcilian a los hombres. Almudena y Benigna, fuera del ambiente clerical en que se movían Morton y Gloria, sobreviven sin que para nada se mencionen la raza o la intransigencia en una situación de amor espiritual.

Cuando la presencia de Dios es una constante a Galdós no parece interesarle excesivamente las religiones confesionales que multiplican los dioses y los enfrentan. Busca una religión que no divida ni produzca situaciones límite de intolerancia o fanatismo. Por eso es cada vez más acusada su pretensión de situarla en un contexto de relaciones personales movidas por un amor desinteresado. Almudena no encuentra obstáculo alguno en la diferencia religiosa para lograr esa convivencia amorosa: «Casar yo tigo..., dirnos terra mía... Yo casar por *arreligión* tuya si *quierer* tú... Tú casar por *arreligión* mía, si *quierer* ella... Mí ser d'Israel...» (47).

Esta postura la mantiene Galdós como fruto de su creencia firme en la unidad por encima de cualquier otra diferencia. La palabra del ciego crea una imagen de Dios que supera toda división; expresión de una religiosidad

(44) MIS, 1946.
(45) Ib., 1982.
(46) J. CASALDUERO, *De Morton a Almudena,* en «Estudios de literatura española» (Madrid, 1967), 178.
(47) MIS, 1947.

primitiva, intuida, elaborada mirando al hombre y la Naturaleza. Es el Dios capaz de socorrer a los pobres y conocer cada estrella por su nombre. Un Dios que está por encima de todo, que impone su palabra sobre cada una de las cosas; un Dios, en definitiva, que no puede ser sometido. De alguna forma también, un Dios anterior a las confesiones religiosas:

> «No haber más que un Dios, uno sólo, sólo El —exclamó el ciego, poseído de exaltación mística—. El *melecina* a los quebrantados de corazón... El contar número de estrellas, y a *tudas* ellas por nombre llama. Adoran *Adonái* el animal y *tuda cuatropea* y el pájaro de ala... ¡Halleluyah!...
> (...) Voz de *Adonái* sobre las aguas, sobre aguas *mochas*. La voz de *Adonái* con *forza*, la voz de *Adonái* con *jermosura*. La voz de *Adonai* quiebra los *alarzes* del Lebanón y Tsión como fijos de unicornios... La voz de *Adonái* corta llamas de fuego, *face* temblar *D'sierto; fará* temblar *Adonái D'sierto* de Kader... La voz de *Adonái face adoloriar* ciervas... En palacio suyo *tudas* decir *grolia*. *Adonái* por el diluvio se asentó... *Adonái* bendecir su *puelbro* con paz...» (48).

Sin duda, Benigna también puede invocar a este Dios cuando recoge al ciego que ha contraído la lepra porque la caridad no entiende de ropajes y si antes atendió a Ponte puede hacer ahora lo mismo aunque la opinión pública no la comprenda: «¿O es que la caridad es una para el caballero de levita y otra para el pobre desnudo?» (49). Su Dios está por encima de estas diferencias, no realiza acepciones de personas y no duda en comprometerse totalmente desde lo más profundo de su conciencia como diferencia radical de todo sucedáneo de la caridad: «... pues abandonarle en tan lastimoso estado no lo haría por nada de este mundo, aunque ella se viera contagiada del asqueroso mal» (50). Y esto sin odio ni mala voluntad ante la incomprensión. El «todo es de Dios» no supone una teocracia sino tan sólo el apoyo en la esperanza de sobrevivir.

5.1. ELIMINACIÓN DEL DIOS BURÓCRATA

Galdós critica radicalmente un Dios social y autoritario al que se implica abusivamente en las realidades materiales, al que se convierte en poseedor de nuestras propias posesiones para garantizar una determinada situación. Esta crítica se condensa en *Casandra,* claro alegato contra el «Dios burócrata» que defiende doña Juana, representante de esas manifestaciones oscurantistas que adoran a un Dios que garantiza un determinado orden. Este

(48) Ib.
(49) Ib., 1975.
(50) Ib., 1979.

caparazón con que recubre toda la realidad no produce sino enfrentamientos entre quienes mantienen este estado de cosas y los amantes del progreso que confían en un desarrollo no sólo espiritual, sino material: la necesidad de cultivar las virtudes tanto como las mismas tierras.

Galdós critica al «Dios burócrata» que se erige en administrador de la riqueza a su antojo y capricho: «Detesto —dice Ismael— a un Dios Intendente y Cajero de la Humanidad, a un Dios Recaudador que nos aniquila...» (51). Un Dios que necesariamente es rechazado por quienes se sienten de una u otra forma discriminados en esa administración: «Dios está dormido..., durmamos... España, tienes cara de idiota. (...) Dios está chocho. El mundo se muere de imbecilidad» (52). Y aunque en la conciencia se aparece la voz de Dios que grita en el fondo del ser la existencia de una libertad administrativa: «Al daros vida os entregué a los azares del mundo. Todos habéis nacido desnudos y pobres... La riqueza es manejo vuestro. Los humanos la recogéis y la repartís a vuestro gusto. No por ricos, sino por humildes, entraréis en mi reino» (53), sin embargo, la sociedad ahoga esa voz para imponer sus propios dioses, en concreto su dualidad de Divinidades. El alegato que pronuncia Ismael llamó la atención a Unamuno, quien reflexionaba sobre una temática semejante (54):

> «Sin duda existen dos Dioses: el Dios de los Ricos y el de los Pobres. El primero es el que sostiene a todos los gobiernos y el inspirador de los que legislan... Todos los gobiernos, así monárquicos como republicanos, así conservadores como radicales, se apoyan en un Dios político, gubernamental, militar, judicial, administrativo y un poquito burocrático. Le invocan los reyes en toda alocución que suscriben, los ministros en los preámbulos de las leyes, los oradores en sus discursos, los generales en sus proclamas guerreras, y hasta los funcionarios en sus expedientes. Este Dios de los Ricos es el que ordena y dirige la Beneficencia pública, el que manda pagar las contribuciones, el que distribuye libros y programas a los maestros, fusiles a la Guardia Civil, millones a los frailes... (...) El otro Dios, el de los Pobres, es el que recoge a todos los desengañados del Dios de los Ricos, a los que no tienen influencia ni poder alguno en los mangoneos de la política ni de la Iglesia, a los que se pasan la vida encorvados sobre la tierra, sobre una máquina, sobre un pupitre, trabajando sin recompensa. Este es el Dios de los desesperados, o de los que esperan y nunca logran, de

---

(51) CA, 167.
(52) Ib., 158.
(53) Ib., 167.
(54) «Su Dios, el Dios burocrático es horrible, pero frente a él, ¿qué otro Dios se nos predica? Hace falta eso, el pobre Dios sufriente a quien amar sea compadecer; el pobre Dios preso de la materia, a quien tenemos que liberar. Y créame, amigo don Benito, no es la ciencia sola, y ante todo no es principalmente la ciencia la que nos ha de libertar.» J. SCHRAIBMAN y S. DE LA NUEZ, o. c., 65.

los que riegan con sus lágrimas el valle en que se solazan los ricos...» (55).

Galdós, pues, trata de descubrir la idolatría latente tras las manifestaciones aparentemente religiosas que producen una tremenda confusión hasta hacer imposible delimitar las esferas profana y religiosa, de tal forma que sólo la salvación religiosa conduce a la salvación industrial. Con ello propiciaba la existencia perdurable de la hipocresía como signo palpable de una despersonalización creciente causada por enajenación de la conciencia, «concesión leal a los tiempos en que vivimos» (56), acomodación a los ídolos que cada sociedad se ha creado para sustentar sus gustos, pasiones e intereses.

Así pues, la crítica galdosiana apunta a la profanación misma de los valores religiosos ejercida en aras de su mantenimiento; crítica a una sacralización de la política y la economía que constituye un fraude de los valores y del mismo Dios cuya imagen ha sido sustraída para sustentar determinados intereses, de tal forma que la ley sustenta la demagogia y el Derecho la destrucción del hombre.

5.2. *Afirmación del Dios de la conciencia*

Si había configurado unos personajes religiosos al margen de esta religión oscurantista, sin embargo, su idealismo les hacía inválidos para una vida en sociedad, tal como ya hemos señalado. El misticismo es singular, no colectivo, y el ideal caritativo presupone la inexistencia de instintos, sujetos a leyes físicas y no sólo espirituales. De ahí los fracasos parciales que sufrieron estos personajes. Sin embargo, la finalidad moral en la novelística galdosiana se muestra palpablemente en el papel final que confiere a estos personajes, lo que evita la situación nihilista que fácilmente aparecería tras la crítica a lo establecido y la inviabilidad de que el carisma subsista sin ninguna forma de organización. Sin negar abiertamente la existencia de la Iglesia, remite final y fundamentalmente lo religioso a la esfera privada.

Casandra, arquetipo de la feminidad, llena de pasión maternal, se opone al orden establecido por la estéril doña Juana hasta aniquilarla, llevada del instinto de conservación del amor a Rogelio y a sus hijos. Ella es quien simbólicamente suprime el estado de cosas sustentado por el Dios burócrata. Y el mal que es la muerte engendra el bien de la vida de los demás, de la libertad. Con los valores personificados por doña Juana no había posibilidad de equilibrio. Su muerte era, pues, inevitable y Casandra puede ser tenida por salvadora aunque el formalismo social exija la condena de su culpa.

Pero Casandra aún no es el modelo religioso que Galdós configura como conclusión; sus pasiones son fuertes y desbordadas, es excesivamente primitiva lo mismo que Rogelio, amante irracional del dinero. Si Galdós ha

(55) CA, 169.
(56) Ib., 205.

permitido la desaparición del falso orden religioso, exige también la aparición del nuevo. Rosaura encarna ese nuevo orden, pero a diferencia de Nazarín o Benigna no presenta la excepcionalidad de un comportamiento desligado del marco social:

> «... su naturaleza seráfica es el amor a los suyos, sus alas son la inflexible voluntad de cumplir sus deberes. Jovencita, estuvo a dos dedos de ser monja; luego, el Destino la metió en el monjío del matrimonio. Su hábito es cualquier traje de sus humildes roperos; su Orden es la de traer remesas de criaturas al mundo; su regla, el deber para con los suyos y para con todo el prójimo que al encuentro le salga» (57).

Así, pues, la singularidad de este personaje reside no en la realización de obras heroicas, sino en su conciencia que transforma y autentifica las obras de la vida cotidiana. Galdós ha creado un personaje religioso capaz de convivir y dar sentido a la existencia de quienes le rodean sin la excepción del claustro o la peregrinación mística (58).

Casandra la acepta como santa, como la forma de religión y cristianismo que ella puede acatar sin perder su propia personalidad. La escena final, según ya vimos (59), constituye el equilibrio del orden secular y el orden religioso que puede convivir con aquél. Si allí hablábamos de salvación individual aquí debemos hacerlo de salvación social; ambas se nos muestran en esta síntesis plenamente identificadas. Es posible esto cuando la religión es un sentimiento de Humanidad que conduce al ejercicio de la caridad sin romper el sentido del deber —estando supeditado a él— y haciendo posible que cada uno descubra en su propia conciencia la verdad; caridad, pues, que coopera en la destrucción de los ídolos que impiden esta acción: el ruido de las devociones frente a la piedad que florece en el silencio, los altareros gritones y el tumulto irreverente que no permiten la serenidad que necesita la conciencia para conservar la fe en Cristo.

Esta escena es la síntesis galdosiana de sus aproximaciones a lo religioso tras un proceso de delimitación progresiva de sus márgenes. Si allí mostramos sus peculiaridades en orden a la salvación individual, después de analizar las relaciones entre Religión y Sociedad accedemos a la misma conclusión en orden a conocer la concepción galdosiana de lo religioso y la necesidad de una privatización que salvaguarde la esencia de lo más genuino de la religión y al mismo tiempo aporte sus virtualidades a las relaciones personales sin interferencias con la estructura social.

(57) Ib., 126.
(58) Ib., 165. V. Parte primera, V, nota 53.
(59) V. Parte primera, V, nota 55.

Conclusión

Los análisis precedentes nos presentan el pensamiento de Pérez Galdós durante el período comprendido entre 1888 y 1905; *Casandra* cierra un ciclo de preocupaciones humanas, éticas y religiosas de su producción. La gestación de este pensamiento responde a unos condicionamientos históricos y culturales muy concretos de los que recibe fundamentalmente su sentido, y su creatividad está puesta al servicio de una solución igualmente concreta de la problemática generada por esos acontecimientos. Esta producción galdosiana recibe su más prístino sentido de la realidad española restauracionista, observada con la lente de un liberal cuyas preocupaciones más íntimas se centraron en la construcción de un marco de convivencia social donde individuo y sociedad participaran de los beneficios del progreso y la libertad como factores necesarios del desarrollo hacia la plena realización.

Esta óptica supuso la eliminación del oscurantismo y se constituyó en una concepción del hombre y la sociedad que superó el puro localismo histórico debido al dinamismo fluido y permanente del tratamiento ético y religioso que Galdós imprime. Al mismo tiempo este juego de preguntas y respuestas condicionó el ámbito de sus mismas posibilidades para responder a las preguntas iniciales —tradicionalismo y krausismo— y no fue capaz de superarlas cuando la sociedad española planteó nuevos interrogantes con fuerza desde fuera de la burguesía. La ética y la religión que Galdós defiende no superaron los límites de esta burguesía que luchó frente a las actitudes clericales no ciertamente por pose, sino por razones de pura supervivencia política y cultural. En el fondo existe, pues, una radical cuestión de poder que se trasluce en la crítica que realiza a las diversas modalidades sacralizadoras, aunque esto le supone una labor de desgaste al introducirse en la enorme tela de araña de principios, actitudes y costumbres que dimanaban de los centros clericales, directa o indirectamente.

La apertura de Galdós a las nuevas actitudes sirvió para que evolucionara más su predisposición personal que su racionalidad, la cual permaneció ligada a sus primitivos pilares. Si busca los valores morales del pueblo es, principalmente, como savia revitalizadora de la burguesía, aunque esto significa, en buena parte, un acto de fe sincera en la autenticidad popular; y si se acerca al socialismo es más como necesidad del equilibrio que la sociedad precisa para no derrumbarse que por convicción de que haya un sujeto histórico diferente de la burguesía. Es una evolución más centrífuga que centrípeta.

Esta limitación intrínseca del pensamiento galdosiano que comparte con los intelectuales de su tiempo apenas sin excepciones, no le impidió criticar a las doctrinas políticas o religiosas viciadas de raíz por un excesivo formulismo en sus imposiciones, las cuales traslada sucesivamente a su mundo literario para situarlas frente a manifestaciones más frescas que supongan una realización más auténtica. En este sentido rechaza igualmente las concepciones utópicas que, si bien sirven como instrumento crítico para desenmascarar los absolutismos, tanto éticos como religiosos, deben someterse, posteriormente, a un proceso de transformación en realidad, es decir, en realidad histórica donde queda inmersa incluso la conciencia humana. Desde estos presupuestos, provisto de una metodología positivista para el análisis, realiza una empresa teleológicamente dirigida al reordenamiento de la realidad trasladada a una esfera estética donde las piezas son conjugadas de tal forma que se presenten al lector provistas de un nuevo sentido, hasta configurar una visión coordinada de acuerdo con los criterios de libertad y orden.

1. LA RELACIÓN HOMBRE-SOCIEDAD EN EL PENSAMIENTO GALDOSIANO

1.1. *La libertad*

Estos pilares de su pensamiento —libertad y orden— no se reducen a un tratamiento jurídico que los afianzara mediante leyes articuladas en orden a este fin; menos aún sitúa el problema en el terreno económico propugnando un sistema igualatorio que garantice el orden y la libertad. La realización humana exige un proceso de interiorización y de unificación, donde la conciencia aporta el auténtico sentido de las acciones de acuerdo con la moral que ella genera. La libertad pasa, pues, por la libertad individual y la ética lo es fundamentalmente del individuo.

Desde estos presupuestos ejerce Galdós sus críticas contra la moral objetiva cuyo cumplimiento viene dado por el ejercicio de unas acciones estereotipadas y desligadas de la propia intención del individuo que terminan por ser rutinarias y vacías. La ética galdosiana es autonómica y ello determina que el comportamiento adquiera, en la propia conciencia que la genera, su sentido.

Esta moral, aparentemente laxa, fluctúa en la novelística galdosiana entre su capacidad para producir un «vert galant» de signo claramente burgués, donde el rico, en condiciones favorables, hace uso de ella, y la posibilidad de convertir al individuo en un ser de convicciones profundas, que actúa de acuerdo consigo mismo y es capaz de dar un sentido unificado a todos sus actos hasta lograr de sí mismo un ser totalmente coherente, a salvo de cualquier tipo de ambigüedad. Esta segunda dimensión de matiz krausista supone en Galdós una fuerte secularización del principio de autorrealización cercano al ascetismo del místico religioso que conduce a un estado en que la verdad interior se muestra como la auténticamente segura por encima de las normas establecidas y, por tanto, capacitada para dotar a la realidad de su sentido.

El hecho de que Galdós tenga una visión positivista de la realidad, le hace considerar, dentro de la verdad del individuo, el dictamen de la realidad, compleja y pluridimensional, donde nada es desechable en orden a la plena realización. En este sentido, la perfección moral es obra del ejercicio de la libertad que asume la liberación de cada impulso, sin más mutilaciones que las propias características y las exigidas por la convivencia, de acuerdo con los criterios de la sociedad.

La ética galdosiana es una adaptación de estoicismo y epicureísmo que Galdós conjuga de acuerdo con una selección donde el estoicismo aporta el sentido activo de la vida, el sentido unitario del comportamiento y el conflicto entre libertad y necesidad. Galdós, que apela a la libertad, exige el ajuste a la Naturaleza. La perfección consiste en la adecuación del comportamiento a la Naturaleza, y, en este sentido, la libertad encuentra su limitación. Sin embargo, hay dos niveles: 1. La naturaleza humana individual, a la que debe ajustarse la propia libertad; lo contrario supondría la destrucción del individuo y por eso la libertad coincide con la necesidad. 2. La Naturaleza, como término universal, es la complejidad misma y, por encima de concepciones parciales o estereotipadas, contiene todas las posibilidades. Así se presenta como libertad frente a la normativa estrecha de los legalismos; término ideal que permite la marcha hacia estructuras sociales más libres, ya que Galdós adjudica a la Sociedad la misión de adecuar esta libertad natural.

El epicureísmo, por una parte, aporta un cierto hedonismo que trasluce la moral galdosiana con su matiz de individualismo, la necesidad de preguntarse por el cómo antes de teorizar en exceso, su apertura a los valores de la vida y, en definitiva, ese humanismo que busca una realización un poco intimista, por una parte, y dentro de una armonía, por otra. El estoicismo aporta los márgenes de la moral galdosiana, mientras el epicureísmo aporta sus posibilidades; ambos igualmente importantes hasta garantizar una libertad que no comporta un relativismo moral sino en la medida en que acepta un normativismo rígido. Pero tampoco acepta la libertad utópica que le parece igualmente infecunda al oponerse sistemática a la lógica de los hechos.

1.2. *El amor*

El amor aporta al hombre la capacidad para convivir y fundamenta las virtudes que contribuyen a mejorar esta convivencia. Contiene una amplia variedad de matices que se concretan en la entrega máxima del individuo. Excluye por igual el legalismo y el contrato y se basa en la propia intención de entrega hasta la máxima posibilidad de fundamentar el sentimiento de Humanidad, e incluso alcanzar como prolongación —sin ruptura— una dimensión religiosa. Es la fuerza salvadora por antonomasia siempre que se adecua a las leyes naturales, es decir, siempre que se realiza sin idealismos utópicos.

Esta confianza en el amor como base de su humanismo significa, y queda ratificado en su novelística, desconfianza hacia los programas teóricos como sustento exclusivo de la sociedad. Admite, por supuesto, la necesidad del Derecho y la Política, pero muestra igualmente su insuficiencia. Ello es una consecuencia más de su experiencia en la Democracia frustrada de 1868, la vacuidad política, etc., y su confianza en los hombres electos para abrir un camino de salvación a los demás.

La despreocupación que en la novelística galdosiana hay por la justicia podría, en última instancia, interpretarse en este contexto. Es decir, la justicia pertenecería a un orden de valores siempre defendido y nunca cumplido por los programas sociopolíticos, y sólo el amor aseguraría unos márgenes de igualdad. Sería, pues, factible antes la fraternidad amorosa que la justicia social. Sin embargo, este olvido se debe también a otras causas menos claras, sintetizadas en su posición burguesa, carente de una toma de conciencia real sobre la problemática de las clases inferiores. La despreocupación por la problemática socioeconómica induce a pensarlo así. Desde este punto de vista el amor ocupa en la ética galdosiana un lugar paradójico sobre el cual se cierne el vacío. Galdós en este tema no sacó las consecuencias de la diferencia entre los hombres moralmente superiores y el resto. Y así como su escepticismo le condujo a basar la convivencia en el amor, este mismo escepticismo no le llevó hasta muy tardíamente a aludir de forma explícita a la Justicia como necesaria para esa misma convivencia.

1.3. *El Orden*

El orden se constituye en pilar básico del humanismo galdosiano: libertad individual pero en orden. Es el baremo de la libertad y en algún sentido prioritario sobre ella. Sus propias experiencias fracasadas y su mentalidad burguesa le empujaron a un miedo cerval hacia aquello que pudiera implicar algún tipo de desorden tanto social como moral. Las críticas que ejerce sobre las contradicciones sociales encuentran la limitación de sus propios prejuicios hasta disolverse suavemente en un pragmatismo que recorta aquellos intentos de solución que se le presentan como no controlables. No es, sin embargo, un pragmatismo craso, dimanante de una visión materialista, sino de la actitud que nace en su opción realista, y está de acuerdo con sus criterios. La realidad así se circunscribe alrededor de «su» realidad. El orden regula y coordina las libertades individuales y eso explica que para Pérez Galdós tengan razón de ser la buena educación, el buen gusto y el cuidado de las formas, y no con un significado peyorativo, sino como adaptación necesaria al momento histórico, como moral flexible que ayude a satisfacer las necesidades de acuerdo con el propio sujeto y sin alterar el orden vigente de una forma esencial.

Frente al objetivismo ético propugnado por las instituciones —Ejército, Iglesia, Magistratura— defiende un formalismo moral flexible que goza de gran adaptabilidad histórica. Y ese planteamiento moral se cruza con sus preocupaciones sociales en un momento en que el liberalismo es cuestionado por los nuevos movimientos que no eran vistos como base de un nuevo orden, sino como destructores del orden vigente. En este sentido la crítica galdosiana es más clarividente para demostrar los restos de las morales pasadas que para asimilar las que apuntaban hacia el futuro. No comprendió totalmente las necesidades de las nuevas clases social y su nivel de comprensión se vio limitado al dejar fuera elementos que eran imprescindibles para entenderlas.

En este aspecto el progresismo galdosiano y su defensa de la libertad individual y el orden se nos presentan como base de una moral conservadora.

1.4. *Armonía*

Es la síntesis del pensamiento galdosiano. La dialéctica de sus planteamientos se ve restringida por su concepción teleológica que concluye en la supervivencia de los antagonismos de forma simultánea, lo que nos presenta como la forma adecuada para que se produzca el trasvase de valores fundamentalmente éticos de una clase social a otra sin traumas. Muestra la posibilidad de armonía entre aristocracia y burguesía, entre burguesía y pueblo como necesarias para el equilibrio y orden sociales, si bien sufre una traslación, ya que, en 1892, considera que los valores morales están en posesión de la aristocracia y el trabajo en poder del pueblo; mientras, en 1897, piensa que ambos pertenecen al pueblo y deben ser puestos al servicio de esa baja burguesía, cuya posición había imposibilitado la formación de unas clases medias consistentes.

Esta concepción supone un progreso frente a los absolutismos que excluyen los contrarios, y, en esta medida, las preocupaciones eticosociales de Galdós son progresistas; en la misma medida son conservadoras frente a las nuevas clases sociales que no se erigen en sujetos históricos, sino que son puestas al servicio de la burguesía. La ética galdosiana basa la armonía en la propiedad y el orden; de ahí que estratifique jerárquicamente la sociedad y busque la igualdad más por vía del humanismo ético, de matiz paternalista, que si resuelve los problemas teocráticos y tecnocráticos deja intocados prácticamente los problemas de justicia social, aunque su intención fuera solucionarlos por vía de un humanitarismo de matiz ilustrado. En este sentido la ética de Pérez Galdós es potenciadora a nivel cultural y restrictiva a nivel social. Armonía del individuo consigo mismo y de la sociedad consigo misma son el mismo y único principio, síntesis de su pensamiento.

El hecho de tener que salvar con imperiosa necesidad un orden que era fundamentalmente el suyo, le hizo caer en una cierta ambigüedad: junto a concepciones que superan cualquier forma de legalismo, cercanas a posiciones modernas de movimientos de liberación, encontramos el mantenimiento de las funciones sociales tradicionalmente básicas. En realidad Galdós plantea un doble nivel de orden: uno, para la esfera del amor, donde se muestra librepensador, y, otro, en la esfera político-social, en la cual Galdós es claramente conservador.

2. RELIGIÓN, SOCIEDAD Y CONCIENCIA INDIVIDUAL

La pregunta, por lo religioso, surge en Galdós como alternativa a la religión oficial y dentro de una concepción teleológica esencialmente ética del hombre y la sociedad. Hace una valoración de lo religioso y su preocupación se dirige a situarlo correctamente en ese conjunto armónico que propugna, donde la religión permanezca como acto original que confiere significado al comportamiento del hombre. Debe hablarse, pues, sin duda de una concepción «ético-humanista», superación, al mismo tiempo, de la religión positiva, del eclesiocentrismo y de la carencia de sentido a las acciones humanas. Mantiene la concepción teleológica de la religión natural y el rechazo del dogmatismo que comparte con los krausistas; acepta la necesidad de lo religioso como inapelable y la existencia de un Dios que garantice una convivencia fraternal, la libertad de conciencia y la existencia del mundo moral.

2.1. *Enfoque social de lo religioso*

Galdós parte de una constatación sociológica: la importancia social del fenómeno religioso. Y, segundo, la experiencia negativa del puesto que la religión ocupaba en la sociedad española.

No se trata de un acercamiento teológico tendente a la articulación de los principios religiosos de una religión positiva, sino de una convicción en su importancia emanada de su visión de la historia y la necesidad de que garantice la libertad individual y se integre dentro del orden social.

Desde esta perspectiva enfoca sus críticas hacia aquellas manifestaciones que se le aparecen como patológicas de acuerdo con sus dos criterios básicos. En este sentido los clérigos son descritos más como profesionales que como personas vocacionales; las personas en quienes la religión es sustitutivo psicológico o social son contempladas como impedimentos para la implantación de lo religioso en su lugar adecuado. Ambos han perdido el sentido primordial de lo religioso y sus desviaciones producen la intolerancia y el fanatismo que son las formas religiosas del absolutismo. Y el absolutismo impide la libertad, provoca el desorden.

Existe, pues, en Galdós un nivel hondo de preocupación religiosa demarcado dentro de estos límites y convertido en una obsesión que le obliga repetidamente a volver sobre la misma temática. La importancia de la religión como elemento de salvación hay que entenderla en su punto de partida con un sentido de acción socialmente positiva: combate cualquier manifestación absolutista que distorsiona a la sociedad y al individuo, ambos irremisiblemente unidos.

Su crítica contiene muy pocos matices y se hace en bloque hacia una forma concreta y completa de encarnar lo religioso: el catolicismo de la España restauracionista. Este monolitismo, que es una simplificación limitadora, se explica por ese carácter obsesivo que lo religioso tuvo para los liberales, pero ni significa crítica al catolicismo en sí, ni siquiera a la existencia de la Iglesia como institución.

2.2. *El misticismo como religión alternativa*

La última década del XIX coincide con una revitalización, un renacimiento de lo religioso. Galdós aborda en sus novelas el fenómeno del ser místico. Ahí encontró el mensaje cristiano —Galdós se mueve siempre dentro del marco del cristianismo— sin la estructura de la institución eclesiástica; era el mensaje en su realización primordial, primitiva, con mucho de vivencia y poco de organización. Esta perspectiva le sirvió como base de crítica a la institución religiosa por antonomasia: era la opción carismática opuesta a la Iglesia canónica. Con ello superaba la imagen negativa de la crítica de su primera época y aportaba elementos positivos pertenecientes a la misma religión: crítica no desde la arreligiosidad, sino desde el planteamiento primitivo de la misma religión. Tomó los aspectos más activos del misticismo hispánico, aquellos que servían a su humanismo, y dejó prácticamente intocado el resto. No comprendió, de ninguna forma, ni el celibato ni la vida contemplativa.

El problema se planteó en la aplicación de esta nueva forma de religiosidad como elemento social, de acuerdo con el principio de su necesidad. En este aspecto el misticismo mostró su fracaso como idea capaz de transformar la estructura social. El mensaje produce efectos contradictorios cuando no está dotado de alguna forma de organización.

En una lectura paralela de su artículo *El 1.º de mayo* y la novela *Ángel Guerra,* e incluso *Nazarín,* se nos muestra este intento de apoyar con los principios del espiritualismo una concepción social burguesa, donde la inevitable desigualdad externa fuera compensada por el consuelo de la igualdad interior de las conciencias.

El misticismo fracasa como programa social y fracasa también en su intento de suplantar a la institución eclesial. Ni el hombre es conciencia pura ni la sociedad tampoco. Además, el místico encierra el germen del anarquismo en cuanto supera el orden establecido, propugna una forma de libertad inviable, es ahistórico en su concepción y como tal, una excepción.

La excepción nunca puede ser ley. De otra parte, y aunque parezca paradójico, el misticismo puede ser una nueva forma de absolutismo.

La aceptación de la Iglesia tal como la veía era imposible; el misticismo carecía de posibilidades en su presentación ainstitucional. Galdós establece una doble vía de superación: 1. Situar al místico dentro de la Iglesia, previo proceso de racionalización de aquél. Es la tesis que mantiene en *Nazarín-Halma:* el místico como fermento de espiritualidad pero insertado en la organización eclesiástica. 2. Secularización del místico. Esta segunda vía posee un mayor alcance.

2.3. *La conciencia, ámbito de lo religioso*

Con esta segunda vía Galdós corrige en un sentido el componente social que guió el giro espiritualista de su novelística en los comienzos de los años noventa: una concepción de la religión cercana al concepto «opio del pueblo». Los componentes que responden a las virtualidades intrínsecas del propio realismo estético le ayudaron tanto a la evolución de su obra como a la corrección del primer componente.

Entre el mantenimiento de una religión eclesial o una religión puramente espiritualista que, según Galdós, mostraban su fracaso —la primera por su intolerancia y dogmatismo, la segunda por su falta de visión histórica— y la negación de toda forma religiosa que Galdós considera necesaria como signo del hombre integral y garantía de un comportamiento ético de la sociedad, encuentra la vía intermedia de un humanismo religioso circunscrito al ámbito del amor fraternal cristiano puesto al servicio de una convivencia nacional, de unas relaciones personales en un marco de tolerancia, donde el orden social del liberalismo queda intacto si bien asegura unas relaciones humanitarias de los poderosos sobre los menesterosos. Su visión de la historia le hizo rectificar el catolicismo; su visión del futuro rectificó el espiritualismo místico de cuño anarquizante hasta circunscribir lo religioso al ámbito de la conciencia, de forma que esté supeditado al deber y al mismo tiempo lo garantice. Esta conclusión de su pensamiento se objetivó en su participación política dentro del socialismo paternal que profesó en los últimos años de su vida.

La convicción de Galdós acerca de la necesidad social e histórica de los valores religiosos preside cada paso progresivo hacia la determinación de los mismos. Y en este sentido *Misericordia* significa que la posesión y ejercicio de esos valores como «manera de ser» constituye el estado religioso sin necesidad de ninguna ratificación sacramental. La grandeza del hombre reside así en su conciencia que se identifica con el amor y la sencillez evangélicos sin intermediarios. Este paso que da Galdós se resume adecuadamente en unas palabras que Azcárate, citando a Vacherot, pronuncia en una conferencia de 1909: «¿No es la religión de los sencillos de corazón y de espíritu la que enseñaba Jesús al pueblo de Galilea? No apelaba a la Teología, ni a la Metafísica, ni a la erudición, ni a la crítica ni a ninguna doctrina de escuela; no hablaba más que a la conciencia que era la única llamada a responder. Sentir, amar; todo el nuevo Cristianismo consiste en eso; sentir la verdad íntima, la verdad del corazón, es decir, lo bello, lo justo, lo bueno, y amarlo en la persona de Cristo» (1).

El perdón sintetiza la respuesta de una conciencia imbuida de estos sentimientos. Primero Benigna, después Rosaura son exponentes de este perdón que eleva a quienes lo pronuncian a la categoría de santos. En el segundo caso Galdós deja más claro su papel de intercesores que sin ningún rito ni ablución transmiten la paz y la alegría divinas de conciencia a conciencia.

Galdós ratifica con la presencia de Dios el hecho de que ahí se produce una experiencia religiosa. Ese Dios se convierte en la garantía de un humanismo cuyas virtudes son el Amor, la Libertad y el Perdón en un contexto de orden y armonía. Desaparece la institucionalización y se hace posible la dimensión salvadora del amor que se eleva a categoría religiosa en su universalidad. Queda vaciado de todo contenido económico o legal hasta hacer posible la comprensión de los hombres por encima de las situaciones o las instituciones.

2.4. *Concepción histórica de la salvación*

La salvación galdosiana debe interpretarse en términos de temporalidad donde se producen el fanatismo, los errores, las contradicciones... campo de su plantamiento. Sin embargo, nunca niega una dimensión trascendente y se deduce que no es sustancialmente diferente. Es decir, la salvación temporal implica la salvación total. Sí queda claro que es la historia el lugar donde acaecen salvación y perdición y que la muerte es el límite del tiempo. Dios se hace presente en ese ámbito pero debe ser liberado de la burocracia y la materia para que realmente pueda ser un Dios Salvador. Y Galdós, al igual que hará Unamuno, no apela a la Teología ni a la Ciencia sino a la conciencia de los seres que saben imprimir a su existencia una dimensión amorosa con miras universales.

El problema queda, pues, sólo planteado pero está clara la superación de cualquier forma de dualismo: la trascendencia del hombre comienza en la historia y el Dios trascendente y universal se manifiesta en esa historia a través de los individuos que han prescindido del formalismo ritualista y presentan una conciencia universal limpia de fanatismo.

3. ETICA, RELIGIÓN Y DERECHO

Etica y Religión no aparecen radicalmente diferenciadas sino en prolongación hasta configurar una concepción que Galdós compendia en una

---

(1) Vacherot cit. por G. AZCÁRATE, *Conferencia pronunciada el 16 de malo de 1909,* anexo a la *Minuta de un testamento* en la edic. de E. DÍAZ (Barcelona, 1967), 284.

visión ético-religioso-humanista con que cierra este ciclo novelístico. La ética responde a unas necesidades individuales y sociales y es connatural a ellas en orden a su satisfacción; es una toma de posición del individuo sobre su propia realidad como deber. Lo religioso supone una dimensión unida a la anterior y asegura un sentimiento de Humanidad que ordena al individuo ayudar a los demás. Ambas, por tanto, se generan en la conciencia pero lo religioso asegura la superación del individualismo egoísta. Por eso no comprendía que lo religioso pudiera encerrarse en un claustro. Es algo esencialmente comunicativo; con ello pone la prioridad del individuo al servicio de la Humanidad.

Ambas, pues, se conjugan, son inseparables y complementarias: la ética se transforma en religión en un momento dado de la conformación del amor, que *nace como sentimiento exclusivo personal y se transforma después en un sentimiento de humanidad,* aunque Galdós no explica totalmente la articulación de este proceso. Una y otra tienen implicaciones sociales pero no se generan en la sociedad. El perfeccionamiento ético y religioso de los individuos traerá consigo la mejora de la sociedad sobre la base de la existencia del Derecho, pilar de la Sociedad, pero sólo verdaderamente eficaz cuando recibe la virtualidad del amor, con lo cual Galdós atribuye a la moral la fuerza fundamental de transformación de la sociedad. Sin el amor no podrá sobrevivir a pesar de su aparente eficacia. Sobre estos tres puntos de apoyo se construye el mundo galdosiano.

Bibliografía

I. FUENTES (1)

B. Pérez Galdós, *Obras Completas*, v. V (Madrid, 1970):
   Miau (1888), 551-682.
   La incógnita (1888-89), 685-786.
   Torquemada en la hoguera (1889), 904-34.
   Realidad (1889), 789-900.
   Angel Guerra (1890-91), 1198-1532.
   Tristana (1892), 1535-1606.
   La loca de la casa (1892), 1609-72.
   Torquemada en la cruz (1893), 935-1015.
   Torquemada en el purgatorio (1894), 1016-1109.
   Torquemada y San Pedro (1895), 1110-94.
   Nazarín (1895), 1675-1762.
   Halma (1895), 1765-1868.
   Misericordia (1897), 1871-1984.
   Obras Completas, v. VI (Madrid, 1968):
   El abuelo (1897), 12-114.
   Casandra (1905), 118-220.
   Realidad (1892), 508-55.
   La loca de la casa (1893), 556-603.
   La de San Quintín (1894), 658-97.
   Los condenados (1894), 698-748.
   Voluntad (1895), 749-81.
   La fiera (1896), 818-51.
   Electra (1901), 852-902.
B. Pérez Galdós, *Obras Inéditas* prologadas por A. Ghiraldo, v. IV, t. II, *Política española* (Madrid, 1923).
B. Pérez Galdós, *Observaciones sobre la novela contemporánea en España* (1870).
— *Prólogo a «El sabor de la tierruca».*
— *La sociedad presente como materia novelable* (discurso leído ante la Real Academia Española con motivo de su recepción, 1897).
— *José María de Pereda, escritor* (discurso de contestación con motivo de la recepción de José María de Pereda en la Real Academia Española, 1897), recogidas y prologadas por L. Bonet, *Ensayos de crítica literaria* (Barcelona, 1972).
B. Pérez Galdós, *Carta a D. Alfredo Vicenti, director de «El Liberal».*
— *Al pueblo español.*
— *Mensaje* de don Benito Pérez Galdós que se leyó en el mitin de la constitución del

---

(1) Se citan exclusivamente aquellas que directamente han servido para la elaboración de esta monografía.

«Bloque», recogidos por A. CAPDEVILA, *El pensamiento vivo de Galdós* (Buenos Aires, 1944).

B. PÉREZ GALDÓS, *Prefacio a «Misericordia»* (Madrid, 1913).

— *Memorias de un desmemoriado.*

Niñerías.

Soñemos alma, soñemos.

Rura.

¿Más paciencia...?

Prólogo a «Alma y Vida», o. c., v. VI (Madrid, 1968).

C. BRAVO VILLASANTE, *Veintiocho cartas de Galdós a Pereda*, en «Cuadernos hispanoamericanos», núms. 250-52 (Madrid, 1900-71), 9-51.

W. SHOEMAKER, *Las cartas desconocidas de Galdós en «La Prensa» de Buenos Aires* (Madrid, 1973).

II. ESTUDIOS SOBRE GALDOS Y SU EPOCA

L. ALAS («Clarín»), *«Halma», novela de Pérez Galdós*, en «El Imparcial», 30 de diciembre de 1895.

— *Benito Pérez Galdós*, recogido por D. ROGERS, *Benito Pérez Galdós* (Madrid, 1973), 21-40.

— *Solos de Clarín* (Madrid, 1971).

J. J. ALFIERI, *El arte pictórico en las novelas de Galdós*, recogido por D. ROGERS, *Benito Pérez Galdós* (Madrid, 1973), 169-84.

A. ALONSO, *Lo español y lo universal en la obra de Galdós*, en «Materia y forma de poesía» (Madrid, 1969), 201-21.

— *Don Quijote, no asceta, pero ejemplar caballero y cristiano*, en «Materia y forma de poesía» (Madrid, 1969), 159-200.

E. ALLISON PEERS, *Historia del movimiento romántico español* (Madrid, 1973).

J. L. ARANGUREN, *Moral y sociedad* (Madrid, 1965).

— *Etica* (Madrid, 1972).

M. ARBELOA, *Socialismo y anticlericalismo* (Madrid, 1973).

C. ARENAL, *La cuestión social* (Madrid, 1924).

M. AUB, *Galdós y «Nazarín»*, en «Les Lettres françaises», núm. 151, diciembre 1960, 7.

F. AYALA, *La novela: Galdós y Unamuno* (Barcelona, 1974).

— *Sobre el realismo en literatura con referencia a Galdós*, en «Experiencia e invención» (Madrid, 1960).

G. AZCÁRATE, *Minuta de un testamento*, con estudio preliminar de E. DÍAZ (Barcelona, 1967).

S. BACARISSE, *The realism of Galdós: Some reflections on Language and the perception of reality*, en «Bulletin of Hispanic Studies», XLII, 1965, 239-50.

M. BAQUERO GOYANES, *Perspectivismo irónico en Galdós*, en «Cuadernos hispanoamericanos», núms. 250-52 (Madrid, 1970-71), 143-60.

— *Las caricaturas literarias de Galdós*, en «Perspectivismo y contraste» (Madrid, 1963), 43-82.

P. BELTRÁN DE HEREDIA, *España en la muerte de Galdós*, recogido por D. ROGERS, *Benito Pérez Galdós* (Madrid, 1973), 89-112.

CH. BERKOWITZ, *Benito Pérez Galdós: Spanish Liberal Crusader* (Madison, 1948).

— *La biblioteca de Pérez Galdós* (Las Palmas, 1951).

J. BLANQUAT, *Lecturas de juventud*, en «Cuadernos hispanoamericanos», núms. 250-52, (Madrid, 1970-71), 161-220.

D. BLEZNICK y M. RUIZ, *La Benigna misericordiosa: conciliación entre la filosofía y la fe*, en «Cuadernos hispanoamericanos», núms. 250-52 (Madrid, 1970-71), 472-89.

L. Bonet, *Ensayos de crítica literaria* (Barcelona, 1972).
— *Galdós entre la burguesía y la revolución*, en «Insula», núm. 353 (Madrid, 1976), 1 y 14.
— *El naturalismo*. Introducción a una selección de texto de E. Zola (Barcelona, 1972).
R. Boch, *Galdós y la teoría de la novela de Lukács*, en «Anales galdosianos» (Pennsylvania, 1967), 170-83.
J. Bowker, *El sentido de Dios* (Barcelona, 1977).
C. Bravo Villasante, *Galdós visto por sí mismo* (Madrid, 1970).

V. Cacho Viu, *La Institución Libre de Enseñanza* (Madrid, 1962).
J. Casalduero, *Vida y obra de Galdós* (Madrid, 1970).
— *Historia y novela. Trayectoria de un conflicto*, en «Cuadernos hispanoamericanos», núms. 250-52 (Madrid, 1970-71), 135-42.
— *Naturalismo y espiritualismo en las novelas de Galdós,* en «La Nación», Buenos Aires, 9 de mayo de 1943.
R. Cardona, *Cervantes y Galdós,* en «Letras de Deusto», núm. 8 (Bilbao, 1974), 189-206.
M. Cascón, *Las directrices del pensamiento español en el siglo XIX según Menéndez Pelayo* (de una carta inédita de don Marcelino al filósofo francés M. Pierre Cazac), en «Pensamiento», núm. 8 (1952), 228-33.
G. Correa, *El simbolismo religioso en las novelas de Pérez Galdós* (Madrid, 1962).
— *El sentido de lo hispánico en Pérez Galdós,* en «Thesaurus», t. XVIII, núm. 1 (Bogotá, 1963), 14-28.
— *Simbolismo mítico en Pérez Galdós,* en «Thesaurus», t. XVIII, núm. 2 (Bogotá, 1963), 428-44.
— *Presencia de la Naturaleza en las novelas de Pérez Galdós,* en «Thesaurus», núm. 3 (Bogotá, 1963), 646-65.
— *La concepción moral en las novelas de Pérez Galdós,* en «Letras de Deusto», núm. 8 (Bilbao, 1974), 5-32.
G. Correa, *Tradición mística y cervantinismo en las novelas de Galdós 1890-97,* recogido por D. Rogers, *Benito Pérez Galdós* (Madrid, 1973), 143-93.
— *Pérez Galdós y la tradición calderoniana,* en «Cuadernos hispanoamericanos», números 250-52 (Madrid, 1970-71), 221-41.
— *Realidad, ficción y símbolo en las novelas de Pérez Galdós* (Madrid, 1977).
D. Cortés, *Ensayos sobre el catolicismo, el liberalismo y el socialismo, considerado en sus principios fundamentales* (Madrid, 1891).

C. Díaz, *Diecisiete tesis sobre anarquismo,* en «Sistema», núm. 13 (Madrid, 1976), 5-26.
E. Díaz, *La filosofía social del krausismo* (Madrid, 1973).
L. Díez del Corral, *El liberalismo doctrinario* (Madrid, 1956).

P. Earle, *La interdependencia de los personajes galdosianos,* en «Cuadernos hispanoamericanos», núms. 250-52 (Madrid, 1970-71), 117-34.
— *Galdós entre el arte y la historia,* en «Insula», núm. 342 (Madrid, 1975), 1 y 10-11.
— *Torquemada: hombre-masa,* en «Anales Galdosianos» (Pennsylvania, 1967), 29-43.
H. Elbert, *El tema de la caridad en la obra de Galdós,* en «Revista de la Universidad de Madrid», XII, 1964, 766-7.
I. Elizalde, *Angel Guerra y su proyecto de religión nacional,* en «Letras de Deusto», núm. 8 (Bilbao, 1974), 161-70.
A. Elorza y C. Iglesias, *Burgueses y proletarios.* Clase obrera y reforma social en la Restauración (Barcelona, 1973).
L. Entralgo, *La generación del 98* (Madrid, 1970).
J. Entrambasaguas, *Benito Pérez Galdós,* en «Las mejores novelas contemporáneas» (Barcelona, 1971).
Sh. Eoff, *El pensamiento moderno y la novela española* (Barcelona, 1965).

J. Fernández Montesinos, *Introducción a una historia de la novela en España en el siglo XIX* (Madrid, 1966).

— *Galdós* (Madrid, 1969).
— *Galdós autor dramático* («Realidad» y realismo), en «Insula», núm. 82 (Madrid, 1952), 2 y 11.

V. GAOS, *Notas sobre la técnica de Galdós*, en «Insula», núm. 82 (Madrid, 1952), 5.
R. GARCÍA Y GARCÍA DE CASTRO, *Los intelectuales y la Iglesia* (Madrid, 1934).
L. GARCÍA LORENZO, *«Misericordia» de Galdós* (Madrid, 1975).
M. C. GARCÍA NIETO Y OTROS, *Restauración y desastre*. Bases documentales de la España contemporánea (Madrid, 1972).
J. J. GIL CREMADES, *Krausistas y liberales* (Madrid, 1975).
— *El reformismo español. Krausismo, escuela histórica, neotomismo* (Barcelona, 1969).
G. GILLESPIE, *«Miau»: hacia una definición de la sensibilidad de Galdós*, en «Cuadernos hispanoamericanos», núms. 250-52 (Madrid, 1970-71), 415-29.
L. GOLDMANN, *Para una sociología de la novela* (Madrid, 1975).
E. GÓMEZ DE BAQUERO («Andrenio»), *El problema religioso en «Torquemada y San Pedro» y «Nazarín»*, en «Novelas y novelistas» (Madrid, 1918), 58-75.
— *«Halma», «Nazarín» y el misticismo ruso*, en «La España moderna», enero de 1896, 147-53.
J. M. GARCÍA GÓMEZ-HERAS, *La pregunta por lo religioso y divino*, en «Cuadernos salmantinos de filosofía», v. I, núm. 1 (Salamanca, 1974), 83-110.
M. D. GÓMEZ MOLLEDA, *Los reformadores de la España contemporánea* (Madrid, 1966).
R. GULLÓN, *Galdós, novelista moderno* (Madrid, 1966).
— *Técnicas de Galdós* (Madrid, 1970).
— *Psicología del autor y lógicas del personaje* (Madrid, 1979).
G. GULLÓN, *«Misericordia»: un milagro realista*, en «Letras de Deusto», núm. 8, (Bilbao, 1974), 171-88.
G. GULLÓN y A. GULLÓN, *Teoría de la novela* (Aproximaciones hispánicas) (Madrid, 1974).
R. GUTIÉRREZ GIRARDOT, *Fin del arte y pérdida del aura*, en «Insula», núm. 327 (Madrid, 1974), 1 y 3.

A. HAUSER, *Historia social de la literatura y el arte* (Madrid, 1969).
F. HETTINGER, *Apología del cristianismo* (Madrid, 1875).
H. HINTENHAUSER, *Los Episodios Nacionales de Benito Pérez Galdós* (Madrid, 1964).

E. INMAN FOX, *La crisis intelectual del 98* (Madrid, 1976).

J. JELELATY, *L'amour dans l'ouvre romanesque de Galdós*, en «Letras de Deusto», núm. 8 (Bilbao, 1974), 71-94.
J. JIMÉNEZ BLANCO, *Estructura social e ideologías*, en «Historia social del siglo XIX» (Madrid, 1972).
A. JIMÉNEZ-LANDÍ, *La Institución Libre de Enseñanza* (Madrid, 1973).
J. M. JOVER ZAMORA, *Conciencia obrera y conciencia burguesa en la España contemporánea* (Madrid, 1957).
A. JUTGLAR, *Ideologías y clases en la España contemporánea* (Madrid, 1973).

S. LAPORTA y F. MIGUEL, *Adolfo Posada: política y sociología en la crisis del liberalismo español* (Madrid, 1974).
M. LASSALETTA, *Aportaciones al estudio del lenguaje coloquial galdosiano* (Madrid, 1975).
D. LIDA, *Sobre el «krausismo» de Galdós*, en «Anales galdosianos» (Pennsylvania, 1967), 1-27.
J. LÓPEZ MORILLAS, *El krausismo español* (México, 1956).
— *Hacia el 98: literatura, sociedad e ideología* (Barcelona, 1972).
— *Krausismo, estética y literaria* (Barcelona, 1973).
G. LUKÁCS, *Sociología de la literatura* (Barcelona, 1973).
— *Teoría de la novela*, o. c., v. I (México, 1975), 281-420.
V. LLORENS, *Historia y novela en Galdós*, en «Cuadernos hispanoamericanos», números 250-52 (Madrid, 1970-71), 73-82.

G. Marañón, *Galdós, íntimo*, o. c., v. IV (Madrid, 1969), 27-9.
— *Galdós en Toledo*, o. c., v. IV (Madrid, 1969), 349-53.
— *El mundo por la claraboya*, en «Insula», núm. 82 (Madrid, 1952), 2.
M. Martínez Cuadrado, *La burguesía conservadora (1874-1931)* (Madrid, 1973).
M. Mayoral, *Tristana; ¿una feminista galdosiana?*, en «Insula», núm. 320-21, 28.
M. Menéndez Pelayo, *De Menéndez Pelayo sobre Galdós*, en «Historia de los heterodoxos españoles», t. VI (Madrid, 1963), 479-81.
— *Don Benito Pérez Galdós* (discurso leído ante la Real Academia Española en respuesta al de Galdós), recogido por D. Rogers, *Benito Pérez Galdós* (Madrid, 1973), 51-74.
E. Miró, *Tristana o la imposibilidad de ser*, en «Cuadernos hispanoamericanos», núms. 250-52 (Madrid, 1970-71), 505-22.
C. del Moral, *La sociedad madrileña fin de siglo y Baroja* (Madrid, 1974).
C. Morón, *Nazarín y Halma: Sentido y unidad*, en «Anales galdosianos» (Pennsylvania, 1967), 67-81.
S. de la Nuez y J. Schraibman, *Cartas del archivo de Galdós* (Madrid, 1967).

C. Ollero, *Galdós y Balzac*, en «Insula», núm. 82 (Madrid, 1952), 9-10.
S. Ortega, *Cartas a Galdós* (Madrid, 1965).

J. Palley, *«Nazarín» y «El idiota»*, en «Insula», núm. 258 (Madrid, 1968), 3.
E. Pardo Bazán, *Cartas a Galdós* (Madrid, 1975).
A. A. Parker, *«Nazarín» or the Passion of our Lord Jesus Christ according to Galdós*, en «Anales galdosianos» (Pennsylvania, 1967), 83-101.
W. Pattison, *El naturalismo español* (Madrid, 1965).
— *Verdaguer y Nazarín*, en «Cuadernos hispanoamericanos», núms. 250-52 (Madrid, 1970-71), 537-45.
— *Benito Pérez Galdós and the Creative Process* (Minneapolis, 1954).
F. Pérez Gutiérrez, *El problema religioso en la generación de 1868* (Madrid, 1975).
J. Pérez Vidal, *Galdós en Canarias* (Las Palmas, 1952).
H. Peseux-Richard, *Novelas españolas contemporáneas: «Nazarín», «Halma»*, en «Revue hispanique», III, 1896, 362-3.

J. P. Quiñonero, *Propuestas para una revisión galdosiana*, en «Cuadernos hispanoamericanos», núms. 250-52 (Madrid, 1970-71), 678-93.

A. Regalado, *Benito Pérez Galdós y la novela española* (Madrid, 1966).
R. Ricard, *Galdós ante Flaubert y Alphonse Daudet*, recogido por D. Rogers, *Benito Pérez Galdós* (Madrid, 1973), 195-208.
— *La segunda conversión en las novelas de Galdós*, en «Revista de Occidente», II época (Madrid, 1964), 114-18.
A. del Río, *La significación de la «La loca de la casa»*, recogido por D. Rogers, *Benito Pérez Galdós* (Madrid, 1973), 321-50.
F. Romeu, *Las clases trabajadoras en España* (Madrid, 1970).
I. Rubio, *Ibsen y Galdós*, en «Letras de Deusto», núm. 8 (Bilbao, 1974), 207-24.
F. Ruiz Ramón, *Tres personajes galdosianos* (Madrid, 1964).

H. Sáenz Sáenz, *Visión galdosiana de la religiosidad de los españoles*, en «Hispania», XX, 1937, 235-42.
C. Sánchez Agesta, *Sentido sociológico y político del siglo XIX*, en «Revista de estudios políticos», núm. 75 (Madrid, 1954), 23-43.
A. Sánchez Barbudo, *Estudios sobre Galdós, Unamuno y Machado* (Madrid, 1968).
— *Torquemada y la muerte*, en «Anales galdosianos» (Pennsylvania, 1967), 45-52.
J. Schraibman, *Las citas bíblicas en «Misericordia» de Galdós*, en «Cuadernos hispanoamericanos», núms. 250-52 (Madrid, 1970-71), 490-504.
F. Sardá y Salvany, *El liberalismo es pecado* (Barcelona, 1887).

C. Seco Serrano, *Sociedad, literatura, política en la España del siglo XIX* (Madrid, 1973).
— *Los «Episodios Nacionales» como fuente histórica*, en «Sociedad, literatura, política en la España del siglo xix» (Madrid, 1973).
F. Sopeña, *Arte y sociedad en Galdós* (Madrid, 1970).
R. Soto Vergés, *La narrativa galdosiana: Realismo y metafísica al estilo español*, en «Cuadernos hispanoamericanos», núms. 250-52 (Madrid, 1970-71), 382-92.
F. Suárez, *Planteamiento ideológico del siglo XIX español*, en «Arbor», núm. 29 (Madrid, 1948).

E. Terrón, *Sociedad e ideología en los orígenes de la España contemporánea* (Barcelona, 1969).
M. Tuñón de Lara, *Medio siglo de cultura española 1885-1936* (Madrid, 1970).
— *Estudios sobre el siglo XIX español* (Madrid, 1973).
Y. Turín, *La educación y la escuela en España 1874-1902* (Madrid, 1967).

M. de Unamuno, *La sociedad galdosiana*.
— *Nuestra impresión de Galdós*, en «De esto y aquello», o. c., v. III (Madrid, 1966), 1203-9.

J. Vicens Vives, *Coyuntura económica y reformismo burgués* (Barcelona, 1971).

L. B. Walton, *La psicología anormal en la obra de Galdós*.
H. C. Woodbridge, *Benito Pérez Galdós: A Selective Annotated Bibliography* (Metuchen, N. J., 1975).

Indice